**초등
철학 필독서
30**

• 초등학교 선생님이 직접 읽고 추천하는 •

초등 철학 필독서 30

김철홍 지음

들어가면서

보다 생각이 깊은
어른으로 성장하기를

어린이가 세계와 소통하는 첫 질문 '왜'

어린이들은 세상과 어떻게 소통할까요?

　스스로 경험하여 세상을 알아갈 수도 있고, 부모님이나 친구들에게서 배우기도 하며 또 자신이 읽은 책으로부터 이 세상을 접하게 됩니다. 어린이들이 세상과 소통하는 방법과 과정은 생각보다 훨씬 섬세합니다. 어른의 시각과 생각으로는 해석하기 어려운 경이로움이 있으며 무엇보다 즐거운 상상력의 힘이 녹아들어 있습니다.

　작가 안나 비바렐리Anna Vivarelli는 이런 어린이들의 세계를 가장 잘 표현한 학문이 '철학'이라고 말합니다.

　"철학이란 앎을 사랑하는 것, 스스로의 내면을 들여다보는 것 그리고 열린 눈으로 세상을 관찰하는 것을 뜻합니다. 철학은 모든 것에 대해서 스스로에게 '왜'라고 묻는 것, 바로 '질문하기'를 말합니다."

　어린이들이 세계와 소통할 때 제일 먼저 하는 것이 '왜?'라는 질문입니다. "왜 어른들은 인생을 고달프다고 할까요?", "옳고 틀린 것은 누가 정하는 건가요?", "왜 똑같이 나누지 않나요?" 등 인간을 둘러싼 모든 것이 궁금하고 알고 싶습니다. 그러면서 깨닫게 되지요. '나'라는 존재는 특별하며, 우리 인간만이 이처럼 나와 세상에 대한 물음을 던진다는 사실을 말입니다. 그러니까 우리는 '여기 이 세상에 속한 특별한 존재'인 셈이지요.

철학을 공부해야 하는 이유

어린이 철학 교육자 매튜 립맨_Matthew Lipman_은 철학 교육의 필요성을 이렇게 말합니다.

"철학 교육은 어린이들이 '왜'를 질문하게 하며 자신의 삶에서 세계가 던지는 의미를 찾도록 이끈다. 철학을 통해 어린이들은 삶의 의미에 대해 더 많이 생각하게 되고, 더 의미 있는 활동을 하게 된다. 철학 교육은 그래서 필요하다."

흔히 철학이라고 하면 아주 어려운 학문, 대학교에서 배우는 학문 그래서 어른만이 공부할 수 있는 학문이라고 합니다. 하지만 어른들은 철학보다 경제, 행정, 교육, 무역, 공학, 컴퓨터 등 실용적인 학문을 더 선호합니다. 철학이 실용적이지도 않고, 돈이 되지 않는다고 여기기 때문입니다.

그런데 돈을 벌고 싶어서 경제학을 공부하면 반드시 돈을 벌까요? 어쩌면 경제학보다 경영과 회계, 무역을 공부하고 환율과 금리, 주식의 지수, 세금을 이해하는 게 더 현실적입니다. 아니면 직접 사업이나 장사를 하거나 부동산, 주식 등에 투자하는 것이 더 빠를 수 있습니다. 물론 위험부담이 매우 크지요.

정치를 하고 싶어서 정치학을 공부하면 정치가가 될까요? 어쩌면 정치학보다는 행정, 법, 환경운동, 노동운동, 시민운동 등을 공부하는 게 더 현실적입니다. 혹은 젊은 시절부터 정당에 가입하여 활동하는 것이 훨씬 더 빠를 수 있습니다. 물론 당선된다는 보장이 없지요.

철학을 공부해야 하는 이유는 돈을 벌거나 권력을 잡기 위함이 아닙니다. 그런 돈과 권력의 올바른 이해와 사용을 위해 그 원리와 한계를 배우고자 함입니다. 그래서 자본과 권력에 대한 본질을 연구하고 정의롭게 살기 위해 철학이 꼭 필요합니다.

왜 어린이에게 철학을 가르칠까

21세기 학교 교육은 어린이 스스로 개인과 사회, 나아가 세계를 마주하여 문제를 해결하고, '더불어 살아가기'의 가치를 알고 실천할 수 있는 힘을 키우는 것이 핵심입니다. 자신과 세계를 마주할 때 발생하는 문제를 어떻게 해결해야 하는지를 판단하고 분석하는 능력과 통합적으로 바라보고 종합하는 비판적 사고력, 이 모든 것을 자기 것으로 만들고 일상생활에서 실천하는 실천력을 어떻게 함양하느냐에 주목하는 것이죠. 이러한 능력들은 어린이들에게 사려 깊은 사고력과 판단력, 실천력을 요구하는데 이는 바로 어린이 철학의 주제이기도 합니다.

철학 공부는 생각을 하게 하는 공부입니다. 생각은 자주 할수록, 깊이 할수록 더 잘하게 됩니다. 어릴 때부터 좋은 행동으로 습관을 기르듯 생각하는 습관도 길러야 하지요. 자주 질문하고 그 질문의 답을 찾아가는 생각이 곧 철학입니다.

이런 이유로 어린이 철학 교육에서 추구하는 철학은 '사려 깊은 어린이를 위하여'입니다. 사려 깊다는 것은 단순히 생각이 깊다는 뜻만 있는 것이 아니라 주위 환경과 여러 상황을 고려해 생각하고 행동하는 실천성을 가진 사고력을 말합니다. 그래서 사려 깊은 어린이는 어떤 문제 상황에 심사숙고하는 정신적 과정을 거치며 합리적인 해결 방식을 위해 다양하고 다면적인 접근으로 의미를 발견하고자 합니다. 이러한 생각의 습관은 보다 사색적이고, 합리적이며, 반성적인 인간으로 성장하게 할 것입니다.

그래서 어린이 철학 교육은 어린이들에게 문제 해결과 판단의 과정에서 좀 더 사려 깊고 분별 있게 판단해 문제를 해결할 수 있도록 돕습니다. 이 과정을 통해 논리적·비판적 사고, 창의적 사고, 배려하는 사고를 함양할 수 있습니다.

책 30권으로 어린이 철학자가 되는 시간

이 책에는 초등학생들에게 추천하는 다양한 철학책이 담겨 있습니다. 초등 저학년도 재미있게 읽고 생각할 수 있는 철학동화와 고학년도 관심 갖고 흥미를 느낄 수 있는 어린이 철학 입문서 30권을 엄선하였습니다.

미국의 어린이철학교육연구소*IAPC: Institute for the Advancement of Philosophy for Children*는 어린이에게 철학을 가르쳐야 한다고 주장하며 그 과정을 체계적으로 제시했는데요. 어린이가 철학에 관심을 가지는 가장 좋은 방법은 이야기식으로 접근하는 것이라고 합니다.

철학은 우리 인간과 인간을 둘러싼 세계에 대한 이야기입니다. 그래서 어른이든 어린이든, 우리는 철학에 관심을 가지고 귀를 기울입니다. 특히 어린이들에게 철학 공부는 인간과 세계를 이해하는 시작과 같습니다.

독일 실존주의 철학자 카를 야스퍼스*Karl Jaspers*는 이렇게 말합니다.

"철학은 누구나 접근할 수 있어야 한다. 철학에 대한 인간의 본래적 기질은 어린이들의 질문에서 훌륭하게 잘 드러난다. 우리는 철학적인 심연을 꿰뚫는 말을 어린이들에게서 자주 듣는다."

그렇습니다, 맞아요. 우리는 모두 '어린이 철학자들'입니다.

2024년 이른 봄날에
김철홍

차례

들어가면서 　 보다 생각이 깊은 어른으로 성장하기를 　 004

1장 어떻게 생각해야 할까?
: 철학의 쓸모

BOOK 1	《어린이를 위한 철학의 쓸모》 철학을 배우면 할 수 있는 것들	014
BOOK 2	《생각의 힘을 키우는 주니어 철학》 인생의 무기가 되는 철학	023
BOOK 3	《배운다는 건 뭘까?》 배우는 것에 대해 생각해봐요	033
BOOK 4	《늑대와 양에 관한 진실》 어쩔 수 없는 일이란 없어!	042
BOOK 5	《안다는 것은 무엇일까요?》 아는 것에 대해 생각해봐요	051
BOOK 6	《생각하는 습관을 키우는 어린이 철학 교실》 세상의 모든 것이 궁금해!	060
BOOK 7	《생각하는 것이 왜 중요할까요?》 나와 세계를 깊이 들여다보다	070
BOOK 8	《크다! 작다!》 세상은 흑과 백이 아니야	080
BOOK 9	《생각을 깨우는 철학》 생각의 틀을 깨는 건 쉬워요	090
BOOK 10	《철학자는 왜 거꾸로 생각할까?》 새로운 것들을 발견하게 돼요!	101

2장 나는 누구일까?
: 나와 세상 이해하기

BOOK 11	《소크라테스 토끼의 똑똑한 질문들》 세상에 나가기 전에 생각해볼 것들	112
BOOK 12	《아홉 살 마음 사전》 내 마음을 정확히 전달해요	122
BOOK 13	《시간이 보이니?》 시간이란 무엇일까?	131
BOOK 14	《표범이 말했다》 삶과 죽음의 의미를 생각해봐요	140
BOOK 15	《자미아의 생각 공부》 이미 아는 것에 질문을 던지자	150
BOOK 16	《쓸모없어도 괜찮아》 누구나 특별하고 소중한 존재예요	160
BOOK 17	《어린이 철학 카페》 128개의 궁금증을 해결하다	169
BOOK 18	《달라도 괜찮아 우린 함께니까》 나와 너, 우리가 사는 세상	179
BOOK 19	《딱 한마디 철학사》 궁금하거나 고민될 때 철학하기	189
BOOK 20	《동양철학자 18명의 이야기》 나의 가치관을 세우자	199

3장 어떻게 살아가야 할까?
: 올바른 삶 고민하기

BOOK 21	《공자 아저씨네 빵가게》 배움과 관계의 가치는 무엇일까?	210
BOOK 22	《예술이 뭐예요?》 우리 삶에 예술이 필요한 이유	219
BOOK 23	《철학, 과학 기술에 다시 말을 걸다》 인간과 기술은 어떻게 공존할까?	229
BOOK 24	《로크 씨, 잘못된 정부는 바꿀 수 있나요?》 왕과 국가, 정치의 탄생에 대하여	239
BOOK 25	《자유가 뭐예요?》 자유는 스스로 지켜내야 해요	248
BOOK 26	《10대를 위한 공정하다는 착각》 돈과 공부가 세상의 전부인가요?	258
BOOK 27	《비판과 토론 닫힌 세상을 열다》 개인과 전체를 생각하다	268
BOOK 28	《왜 그렇게 생각해?》 옛날 철학자들은 어떻게 생각했을까?	278
BOOK 29	《논어, 공자와 제자들의 인생 수다》 2,500년을 뛰어넘은 공자의 가르침	288
BOOK 30	《10대를 위한 정의란 무엇인가》 정의로운 사람으로 성장하자	298
더 읽을거리	초등 학년별 철학 필독서	308

1장

어떻게 생각해야 할까?
: 철학의 쓸모

Philosophy Book 01

《어린이를 위한 철학의 쓸모》
철학을 배우면 할 수 있는 것들

오가와 히토시 | 길벗스쿨 | 2023.1

철학은 배워서 어디에 써요?

"선생님, 철학은 배워서 어디에 써요?"

간혹 이런 질문을 하는 친구들이 있어요. 철학이 궁금하기도 하지만 낯설고 어렵게 느껴져서 이렇게 묻곤 합니다. 한번 생각해볼까요? 컴퓨터 공학과는 컴퓨터 관련 학문이지요. 그래서 IT 기업이나 로봇, 전자 분야 회사에서 일을 할 때 필요할 것 같습니다. 의대나 간호학과는 병원에서 일할 때 유용하고, 신문방송학과는 방송사나 언론사에서 일할 때 도움이 됩니다. 사범대학이나 교육대학에서는 선생님이 되는 데 필요한 공부를 하지요. 그런데 철학과는 어떤가요? 어떤 일을 하는지 잘 떠오르지가 않지요?

　대학에서 오랫동안 가르쳐온 전통적인 학문인 문학과 역사, 철학 등 인문 학문들과 사회학, 심리학, 문화인류학 등 사회계열 학문들은 이제 학생들에게 인기가 없어요. 하지만 이 학문들이 세상에 필요 없는 게 아닙니다. 다른 학문의 근간이 되기도 하고, 가장 인간다운 학문이기도 하지요. 철학은 생각을 하게 하는 공부입니다. 생각이란 것도 자주 또 깊이 해야 더 잘할 수 있지요. 무엇이든 자주 질문하고, 그 질문에 대한 답을 찾아가는 생각이 곧 철학입니다.

　《어린이를 위한 철학의 쓸모》는 여러분이 당당한 질문으로 단단한 나를 만들 수 있는 86가지 생각의 도구를 담고 있는 책입니다. 재밌고 웃긴 생각들도 많아요. '의심하는 건 쉽나요, 어렵나요?', '왜 공부보다 노는 게 더 좋아요?', '왜 다들 유튜버가 되고 싶어 해요?', '왜 욕을 해요?', '공부를 꼭 해야 해요?', '영웅은 왜 언제나 늦게 나타나요?' 등 여러분이 평소에 가지고 있던 궁금증들이 모두 철학적 물음이 될 수 있다는 것을 보여줍니다.

생각을 맛있게 요리해봅시다

요리는 언제나 즐거운 일입니다. 평소 먹고 싶었던 것을 요리책이나 SNS, 유튜브 등을 통해 따라해보고 맛있게 먹었던 경험들이 있을 거예요. 또 요리하다가 이것저것 섞어서 새로운 요리를 만들어보기도 했을 겁니다. 생각하는 것도 새로운 요리를 만드는 것과 같아요.

《어린이를 위한 철학의 쓸모》에서 말하는 것처럼 생선과 초콜릿을 넣은 새로운 요리를 생각해본다면 어떨까요? 순간 당황할 수도 있습니다. "네? 생선과 초콜릿으로 만든 요리라구요?" 도무지 머릿속에서 어떤 요리인지 상상이 되질 않습니다. 이때 여러분의 머릿속에서는 다양한 생각 활동들이 일어납니다. 새로운 일, 새로운 것에는 정답이 없어요. 평소에 알고 있던 모든 지식들을 동원해서 '생선과 초콜릿의 만남'이라는 새로운 요리를 창조해야지요.

이러면 어떨까요? 바싹 구운 생선에 레몬이나 오렌지를 뿌릴 때 초콜릿을 섞어서 뿌려 보는 겁니다. 아마도 생선구이에 새콤한 레몬향과 달콤한 초콜릿맛까지 곁들여져 맛있을 것 같습니다. 전체적인 요리의 아이디어(생각)를 구상(생각)해보았네요. 어떻게 진행할지도 생각했습니다. 자, 이제 요리를 시작해볼까요?

먼저 생선에 칼집을 내어 평소처럼 맛있게 구울 준비를 합니다. 손질한 생선에 약간 밑간을 하고 적정한 온도의 오븐에 넣습니다. 잘 구워진 생선을 꺼내 레몬과 초콜렛이 섞은 양념을 몸통에 발라볼까요? 아마도 새로운 요리가 탄생될 것 같습니다.

이처럼 음식을 만들 때 여러 가지 재료가 필요해요. 다양한 재료들을 이리저리 적절하게 조합하여 요리하듯, 생각하기도 여러 가지 재료를 모아 머릿속에서 조합하는 과정이랍니다. 만약 생선과 초콜릿으로 만든 음식의 맛이 별로라면 또 다른 재료들을 첨가하여 다른 방법으로 요리하면 됩니다. 머릿속의 재료들을 아는 방법 말고 또 다른 방법으로 조합하면서 마음에 들 때까지 해보는 것, 그게 바로 생각이 아닐까요?

세계를 보는 눈이 달라져요

자, 지금 눈앞에 물이 반쯤 든 컵 하나가 놓여 있습니다. 이 컵을 보고 '컵에 든 것이 물일까?', '컵에 든 물 위에 무엇이 있을까?', '컵에 물이 왜 반밖에 없을까?', '컵의 진짜 모습은 무엇이지?' 등 여러 가지 의문과 질문을 던질 수 있습니다. 이처럼 무언가를 보고 머릿속에 문득 떠오르는 생각뿐 아니라 '좋아한다는 것은 뭘까?' '좋아하면 무엇이든 해줄 수 있을까?' '왜 사람을 괴롭힐까?' 등 우리 주변의 모든 일에 대한 생각들이 모두 철학의 물음이 됩니다.

철학이란 무엇일까요? 철학은 '밝을 철哲', '배울 학學'이라는 뜻으로, 말 그대로 밝음을 배우는 학문이에요. 즉 지혜를 밝히는 학문이지요. 그래서 철학은 모든 걸 의심하고, 질문을 던지고 그 해답을 찾아가는 공부입니다. 《어린이를 위한 철학의 쓸모》의 작가는 이렇게 말합니다.

"당연하다고 여겨 온 답이기에 평소보다 생각을 더 넓혀서 의심해보고 다른 관점으로 바라본 다음 그 의미들을 머릿속에서 다시 짜맞춰 보아야 합니다."

이렇게 철학적 사고를 하게 되면 당연히 생각의 힘이 커지고 세상을 보는 눈이 이전과는 달라집니다. 위대한 철학자들은 다른 관점으로 세계를 해석하고 위대한 사상을 만들어냈지요.

데카르트의 '나는 생각한다. 그러므로 나는 존재한다'라는 철학은 기존의 신 중심 세계관을 '나'라는 인간 중심 세계관으로 바꾸었습니다. 또 칸트는 인간의 이성이 대상을 따라야 하는 게 아니라 대상이 이성의 형식에 따라야 한다고 주장해 인식론의 대전환점을 마련했습니다. 마르크스는 생산력 및 생산 관계로 이루어진 하부구조가 상부구조를 지배한다며 경제적 토대인 공장과 노동자 계급이 상부구조인 정치와 이념을 지배한다고 보았습니다. 그 결과, 사회주의 및 공산주의 사상이 탄생하게 되었지요. 이 밖에도 수많은 철학자의 다른 시선과 독창적인 생각들이 세계를 다르게 해석하여 우리 인류에 많은 영향을 미쳤습니다.

철학을 배우면 이런 게 좋아요

사람은 누구나 멋있어 보이고 싶습니다. 어떻게 하면 멋진 사람이 될 수 있을까요? 생각해봅시다. 철학은 생각하기를 위한 방법을 배우는 것이니까요.

어떤 사람이 인기가 있다면 아마도 외모가 뛰어나거나 공부나 운동을 잘하거나 다른 사람을 잘 웃기거나 등등 특별한 이유가 있을 겁니다. 그런데 외모와 공부, 운동, 따뜻한 마음씨, 똑똑한 머리 등은 철학과 관련이 있습니다. 왜냐하면 철학에서 필요한 능력들이 공부에서도, 스포츠 경기에서도, 옷을 잘 입는 패션에서도 필요하니까요. 공부를 할 때 우리는 깊이 생각해야 좋은 점수를 얻을 수 있습니다. 좋은 경기를 펼치기 위해서는 상대팀의 장단점 등 전략과 전술을 분석해야 하지요. 또 나에게 어울리는 옷이 무엇인지 곰곰이 생각하면서 패션을 완성해야 합니다. 철학은 생각하는 도구이니까 이 도구를 잘 사용하면 인기 많은 사람이 될 수 있겠네요!

철학을 배우고 공부하면 인기도 많아지지만 계속해서 새롭고 다양하고 다른 생각, 더 폭넓고 깊은 생각을 하니 자연스럽게 머리도 좋아질 거예요. 그런데 철학을 하면 부자가 될 수도 있을까요? 상관없는 일처럼 보일지도 모르지만, 철학은 당연하게 여기는 주장이나 사실을 의심하고, 다양한 관점으로 세계를 바라보는 학문이니 철학을 잘하면 돈도 잘 벌 수 있습니다.

오픈소사이어티 Open Sociaty(열린사회) 재단 회장인 조지 소로스 George Soros는 20세기 최고의 펀드매니저이자 현대 금융사의 전설적인 인물입니다. 저명한 영국 철학자 카를 포퍼 Karl Popper로부터 철학을 배운 소로스는 시간이 날 때마다 철학 공부를 했습니다. 금융은 항상 자유롭게 유통되어야 한다는 철학을 가진 그는 자신이 설립한 재단 이름도 스승인 포퍼의 책《열린사회와 그 적들》에서 따왔을 정도니 그의 철학 사랑은 더 말할 필요가 없겠네요.

소로스는 펀드회사를 차려 국제금융의 흐름과 환율 변동, 투자자들의 심리와 행동을 이용하여 큰 수익을 창출하였습니다. 1992년 영국의 파운드가 과대평가되었다고 판단한 소로스는 자신이 만든 퀀텀 펀드 회사를 이용해 파운드화를 대량으로 매도하여 파운드화 가치를 하락시킵니다. 이 사건으로 그의 회사는 엄청난 이익을 거두었고, 영국 중앙은행도 결국 소로스에게 항복하여 그 후 영국의 파운드화는 안정을 되찾았습니다.

철학적 사고를 바탕으로 금융뿐 아니라 새로운 상품이나 서비스를 개발해 돈을 번 사례는 애플의 전 CEO인 스티브 잡스도 있습니다. 대학에서 철학을 전공하다 중퇴한 잡스는 혁신적인 기업을 창시하여 세계 최고의 회사로 성장시켰습니다. 그래서 많은 사람이 그를 '21세기 혁신의 아이콘'이라고 평가하지요. 철학적 사고가 얼마나 중요한지, 또 혁신적인 아이디어를 떠오르게 돕는 것이 철학임을 알았던 잡스는 이런 말을 한 적이 있습니다.

"소크라테스와 점심식사를 할 수 있다면 애플의 모든 기술을 줄 수도 있다!"

어때요, 여러분? 철학으로 돈을 벌 수도 있겠네요. 그것도 아주 많이 말입니다.

앞으로 철학이 꼭 필요해요!

여러분, 우리는 왜 공부해야 할까요? 《어린이를 위한 철학의 쓸모》의 작가는 앞으로의 세상에서는 무엇이 필요할지 알 수 없기 때문에 공부를 해야 한다고 합니다. 인간은 미래를 알 수 없고 단지 예측만 할 뿐이지요. 그래서 어른들이 '열심히 공부해라'라고 하는 것입니다. 미래에 무슨 일을 하게 될지 모르니 미리 준비해야 하지요. 더군다나 여러분이 살아갈 미래사회는 지금보다 더 빠르게 변할 것이고, 그래서 더 불확실하답니다.

우리가 살아가는 지금은 기후온난화 시대, 초저출산 시대, 식량위기 시대, 제4차 산업혁명 시대, 인공지능*AI: Artificial Intelligence* 시대 등 암울한 문제와 빠른 변화들이 뒤섞여 있습니다. 그래서 도무지 미래를 예측할 수 없지요. 그럴수록 필요한 능력은 더 폭넓고 더 깊이 있게 생각하는 것입니다.

　인공지능은 과연 인간을 대체할 수 있을까요? 머지않아 인간을 닮은 지능형 로봇이 나올 수 있습니다. 이들이 단순 노동부터 지적인 일까지 인간의 능력을 대체할 가능성이 있다는 경고음이 들려옵니다. 이미 게임 영역에서 인공지능은 인간의 수준을 넘었으며 그림이나 작곡, 글쓰기 등 인간만이 해낼 수 있는 창조적·예술적 영역까지 엿보고 있습니다. 하지만 인공지능이 과연 우리 인간의 마음까지 흉내낼 수 있을까요? 아직 인간도 인간의 마음을 정확히 알지 못합니다. 마음이라는 수수께끼를 완전히 풀지 못하는 한 인간과 똑같은 로봇은 탄생하기 힘들지도 모릅니다. 그렇지만 우리는 대비를 해야겠지요?

　하늘을 나는 자동차, 현실과 가상을 구분하기 어려운 디지털 혁명, 인간의 일을 거의 완벽하게 해내는 로봇 등 기술 혁신의 속도가 아무리 빠르더라도 무엇을 어떻게 해야 할지 당황하지 말고, 무슨 일이 일어나도 대응할 수 있는 능력을 기르도록 합시다. 그 능력은 바로 철학적 사고력을 키우는 것이에요.

　《어린이를 위한 철학의 쓸모》의 작가는 철학으로 길러지는 능력이 무엇인지 보여주는데요. 깊이 생각하는 사고력, 정확한 의도를 주고받는 소통 능력, 새로운 아이디어를 만들어내는 창의력뿐 아니라 답이 하나가 아닐 수 있다고 의심하는 힘, 옳은 것에 대한 판단과 협동심과 같은 마음을 성장시키는 힘, 문장과 대화 등의 맥락을 이해하는 독해력을 향상시킨다고 합니다.

　자, 여러분 이제 철학적으로 생각해보자구요!

철학자처럼 생각하기

1. 철학적 사고를 하면 생각의 힘이 커집니다. 왜 그럴까요?

2. 스티브 잡스는 "소크라테스와 점심식사를 할 수 있다면 애플의 모든 기술을 줄 수도 있다."라고 말했습니다. 그는 왜 2,500년 전에 살았던 철학자를 만나고 싶었을까요?

3. 미래사회는 빠르고 거대한 변화가 이뤄질 것이고 세상은 어떤 모습일지 불확실합니다. 앞으로 철학은 어떤 쓸모가 있을까요?

《생각의 힘을 키우는 주니어 철학》
인생의 무기가 되는 철학

김희상 | 플러스예감 | 2008.4

학문의 토대를 마련하다

이탈리아 로마의 바티칸 성당에 가면 라파엘로가 그린 〈아테네 학당〉이란 세계적인 명화가 있습니다. 이 그림 속에서 고대 서양철학의 거장들이 모여 세계와 인간에 대한 자신들의 철학을 이야기합니다. 소크라테스는 제자들을 향해 '너 자신을 알라'라며 말합니다. 계단에는 개처럼 살라는 견유학파의 창시자 디오게네스가 혼자 앉아 있고, 그 오른쪽에 유클리드가 컴퍼스를 들고 도형을 그려가며 기하학을 설명하고 있습니다. 피타고라스는 책에 열심히 무언가를 쓰고 있군요. 새로운 우주관으로 천구의를 든 조로아스터와 천동설을 주장한 프톨레마이오스는 지구의를 들고 있습니다.

〈아테네 학당〉의 정중앙을 보면 참된 진리는 하늘에 있다며 손가락으로 하늘을 가리키는 플라톤과 모든 실재, 현상은 땅 위에서 펼쳐진다며 아래를 가리키는 아리스토텔레스가 나란히 서 있습니다. 스승과 제자인 이 두 인물이 서양 학문의 토대를 마련한 사람입니다.

《생각의 힘을 키우는 주니어 철학》은 19인의 위대한 철학자들의 이야기를 여러분이 좋아할 수 있게 동화처럼 썼습니다. 한 권의 책을 읽고 나면 서양 철학을 전부 공부했다고 봐도 무방할 정도입니다. 중국 철학의 시작인 노자와 공자, 장자의 철학도 등장하는데 어려운 철학의 역사를 초등학생들의 시선에 맞춰 이야기 형식으로 풀어쓴 것이 대단해 보입니다.

신화를 벗어나 과학의 시대로

아주 오랜 옛날, 사람들은 신이 세계를 창조했다고 믿었기 때문에 눈과 비가 왜 내리고, 바람은 왜 부는지에 관심이 없었습니다. 다만 신이 노해서 벌을 내리는 건 아닌지를 두려워했고, 농사를 위해 비가 필요하면 하늘에 제사를 지내곤 했습니다.

그러나 비와 바람을 신의 의지가 아닌 자연현상의 일부로 인식한 순간, 인간은 신화에서 이성으로 눈을 돌립니다. 탈레스는 세상의 모든 현상을 신의 의지나 전설, 신화가 아닌 과학적으로 설명한 최초의 철학자입니다. 탈레스는 세상을 이루고 있는 근본 원리가 무엇인지 궁금했습니다. 보이지 않는 신 대신 보이는 물을 만물의 근원으로 보았습니다.

  탈레스의 과학적 사고방식은 후대 철학자들에게 영향을 주어 자연철학의 시대로 접어들게 됩니다. 기원전 6, 7세기부터 시작된 자연철학의 시대에는 많은 철학자가 세계의 근원을 자연에서 찾으려는 시대였습니다. 데모크리토스*Democritus*는 '원자', 아낙시메네스*Anaximenes*는 '공기', 헤라클레이토스*Heraclitus*는 '불', 엠페도클레스*Empedocles*는 4원소(물, 불, 공기, 흙)를 만물의 근원으로 보았습니다.

인간의 문제를 연구한 철학자들

철학의 대상을 자연에서 인간으로 관심과 시선을 돌리자 인간의 '사유'(생각) 자체를 사유의 대상으로 삼는 전문 철학자들이 생겨났습니다. 민주주의가 발달한 아테네에서는 수사학이 발달하여 말로 남을 설득하려는 현상이 지배적이었습니다.

  "세상에 진리란 없다. 있다고 해도 알 수 없다. 안다고 해도 말해 줄 수 없다."

  흔히 궤변론자들이라 불리는 '소피스트*Sophist*'의 말장난입니다. 대표적 소피스트인 프로타고라스*Protagoras*는 '인간은 만물의 척도'라고 부르짖습니다. 본디 인간은 불완전한 존재이므로 사람마다 표준과 척도가 다릅니다. 따라서 프로타고라스의 말은 절대적 진리란 없고, 오직 상대적 진리만이 존재한다는 말과 같습니다.

  이들 앞에 '너 자신을 알라'라며 정의를 부르짖는 철학자가 등장하는

데 소크라테스입니다. "나는 내가 아무것도 모른다는 것을 안다."라며 아테네의 젊은이들에게 토론을 통해 진리와 정의를 설파한 소크라테스는 소피스트들에게 있어 눈엣가시 같은 존재였습니다. 결국 아테네 젊은이들을 현혹시킨다는 죄명으로 독배를 마시고 죽습니다. 그의 제자 플라톤은 수많은 책에서 스승인 소크라테스를 주인공으로 등장시킵니다. 실제 플라톤은 스승 소크라테스의 입을 빌려 자신의 철학을 펼칩니다.

플라톤은 대부분 사람이 동굴에 갇힌 죄수처럼 그림자가 실재인 양 착각하며 산다고 생각했습니다. 참된 진리는 동굴 밖으로 나왔을 때 마주할 수 있습니다. 그곳에 '이데아$_{idea}$'의 세계가 있는 것이지요. 그래서 철학을 한다는 것은 동굴 밖의 세계인 '실재'를 인식하는 것입니다. 플라톤의 이데아 사상은 서양의 학문과 종교에 깊은 영향을 끼칩니다.

스승 플라톤과 달리 아리스토텔레스는 자연의 모든 것은 자기 안에 각기 고유한 목적을 가지고 있다고 보았습니다. 그래서 모든 것은 자연 안에서 자신을 실현하기 위해 노력한다고 생각했습니다. 당연히 아리스토텔레스로부터 논리학, 윤리학, 정치학 등 철학뿐 아니라 물리학, 동물학, 식물학, 자연사 등이 학문으로 기초 연구가 시작되었습니다. 아리스토텔레스는 현대 과학과 학문에 지대한 영향을 끼친 인류 역사상 가장 위대한 학자로 인정받습니다.

종교를 위한 학문이 된 철학

로마제국이 붕괴한 후, 유럽은 중세 봉건제 사회로 접어듭니다. 당시 사람들은 인간이란 불완전하며 불완전한 인간이 가진 이성 또한 불안하다고 보았습니다. 따라서 신의 은총에 따라 인간은 구원받을 수 있다는 신학이 철학을 지배하게 됩니다.

중세 초기에는 플라톤 철학에 입각한 교부철학이 중세 기독교에 영향을 미칩니다. 플라톤의 이데아를 '신의 실재'로 보았습니다. 교부란 교회 지도자를 뜻하는데, 교부철학에서 신은 최고의 선이자 최고의 덕이기에 참된 실재인 '신'을 향해 나아가고자 했습니다. 이후 아리스토텔레스의 철학을 기반으로 한 스콜라철학이 기독교에 영향을 미칩니다. 스콜라철학은 학문적으로 신을 연구했습니다. 대표적인 철학자 토마스 아퀴나스 Thomas Aquinas는 아리스토텔레스의 철학을 이용해 신을 증명하고자 했습니다.

"신은 세상을 만든 첫 번째 원인이다. 나아가 신은 세상이 향하고 있는 궁극적인 목적이다. 자신을 목적으로 삼아 실현해 나가기에 신은 완전한 존재이다."

중세시대는 약 1천 년간 지속됩니다. 그 시간 동안의 중세 기독교 사회는 '신'의 이름으로 인간의 의지와 학문의 자유를 제약했기 때문에 암흑의 시대라고 비판받기도 합니다.

다시, 인간이 중심에 서다

14~16세기 유럽 전역에서 고대 그리스와 로마의 학문과 지식을 부흥하고자 하는 문예부흥운동인 '르네상스 운동'이 일어났습니다. 르네상스 정신의 시작은 다시 인간을 되돌아 보게 하는 인문주의 운동이었습니다. 인문주의 운동의 철학적 시발점은 프랑스 철학자 데카르트였지요.

"나는 생각한다. 그러므로 나는 존재한다."

데카르트는 확실한 진리를 얻기 위해 모든 것을 의심하기 시작했습니다. 경험으로 알게 된 지식, 수학적 공리 심지어 신의 존재까지 남김없이 의심한 후, 지금 의심하고 있는 자기 자신은 의심할 수 없이 확실하게 존재한다고 외쳤습니다. 이 말은 이제는 신이 아닌 인간이 세상의 중심에 서야 한다는 뜻이었습니다. 데카르트의 이성 중심 철학은 이후 라이프니츠, 스피노자 등 수많은 이성 중심주의 철학자의 계보로 이어져 '대륙 합리론'으로 발전하게 됩니다.

한편 영국에서는 이성이 아닌 경험에서 지식을 얻으려는 시도가 일어납니다. 영국 경험론 철학자 존 로크는 인간은 태어날 때 백지와 같은 상태이며 그래서 왕이든 일반 백성이든 다를 바가 없다라고 주장했습니다.

로크의 이 말은 지식의 획득 과정을 이성이 아닌 경험이라는 철학적 입장을 나타낸 것이었습니다. 이는 17세기에 왕의 권력은 신으로부터 부여받은 것이라고 말하는 절대왕권에 도전하는 정치철학으로 발전합니다. 모든 인간은 자신의 자유, 생명, 재산을 보호받을 권리가 있으며 이는 후일 영국과 프랑스의 계몽주의 사상으로 발전하며 미국 헌법의 토대가 되었습니다.

　대륙 합리론과 영국의 경험론을 종합한 칸트의 '인식론'은 혁명적이었습니다. 칸트는 세상이 먼저 있고, 우리가 그 세상을 경험해서 아는 것이 아니라 세상이 우리가 쓴 안경에 맞게 보이는 것이라고 말합니다. 즉 인식이 되는 대상(사물)이 우리에게 있는 그대로 보여지는 것이 아니라 우리가 태어나면서부터 가지고 있는 선천적 형식(안경)에 맞게 보인다는 주장입니다. 그래서 만지고 보고 듣고 맛볼 수 있는 것만 우리는 알 수 있습니다. 따라서 신은 인간의 지식으로 알 수 없는 존재라고 말합니다. 신은 바로 우리의 가슴속에서 빛나고 있는 별과 같은 것입니다. 그래서 '착하고 올바르게 살라'라는 태도는 어떤 댓가를 바라는 것이 아니라 가슴에서 우러나와야 하는 것입니다. 칸트의 철학은 당시에 혁명적 생각이었기에 지동설을 주장한 코페르니쿠스의 이름을 딴 '코페르니쿠스적 전환'이라고 불렸습니다.

니체는 왜 신은 죽었다고 했을까?

목사의 아들로 태어나 성경을 외우던 니체의 입에서 "신은 죽었다."라는 청천벽력 같은 소리가 터져 나왔습니다. 기독교 중심 사회인 유럽에서 이 말은 사람들에게 큰 충격이었습니다. 니체의 말은 더 이상 인간이 사는 사회에 신적 존재는 무의미함을 말한 것으로, 철저하게 인간 중심의 입장에서 나온 말입니다. 인간이 참된 창조자가 되기 위해 신이 존재하지 않아야 하는 것이었습니다. 이 때문에 어떤 학자들은 현대철학은 니체로부터 시작되었다고 말합니다.

강한 힘을 가지고 스스로 원하는 삶을 살아가는 인간. 이 새로운 인간상을 바로 '초인'이라고 부릅니다. 새롭기 위해서는 낡은 것은 과감하게 버려야 하는데 늘 인간에게 순종과 복종만을 강조한 종교가 바로 버려야 할 낡은 굴레였던 것이지요.

이제 인간의 자유와 의지를 속박할 굴레는 사라졌습니다. 남은 것은 스스로 역사의 주인임을 아는 것입니다. 그래서 마르크스는 노동 계급이 역사의 주체라며 계급의식을 가지고 공산주의 혁명에 나서야 한다고 주장했습니다. 실제로 전 세계는 자유민주주의와 공산주의라는 냉전 속에서 50년 동안 체제 경쟁을 해야 했습니다.

이렇게 인간은 일상적인 삶에 대한 고민을 하게 됐습니다. 실존주의에서 보는 인간은 이 세상에 '던져진 존재'입니다. 그래서 인간은 자유로운 존재이자 불안한 존재일 수밖에 없습니다. 불안을 극복하고 미래를 선택하는 것은 '신'이 아닌 오로지 '인간' 자신의 책임입니다. 그래서 자기를 존중하고 자기 인생을 살고자 하는 진실성과 용기가 필요하다고 강조합니다.

철학은 삶의 무기가 된다

여러분,《생각의 힘을 키우는 주니어 철학》을 읽어보며 '철학자들이 왜 이런 생각을 했을까?' 고민해보세요. 고민은 우리가 몰랐던 것을 깨우쳐 주기도 합니다. 그때 '아!' 하는 탄식이 나오지요. 마치 플라톤의 동굴의 우상을 떨치고 나올 때처럼 말입니다.

　수많은 정보가 범람하고 지식을 얻는 수단이 넘쳐 흐르는 오늘날, 지식과 정보를 정확히 해석할 수 있는 힘을 가져야 합니다. 그 힘은 가치를 판단하고 선택하여 실천할 수 있는 힘을 말합니다.

　철학은 여러분에게 삶의 무기가 될 수 있습니다. 세상을 새롭게 볼 수 있는 눈을 갖게 하여 더 넓은 앎의 세계로 이끌어 줄 것입니다. 매일 반복되는 일상을 의심하고, 그 속에서 새로운 것을 찾을 때 어쩌면 철학이 여러분에게 새로운 길을 제시해 줄지 모릅니다. 그 길을 먼저 찾는 사람이 시대를 이끌어 간답니다.

철학자처럼 생각하기

1. 철학자 프로타고라스는 '인간은 만물의 척도'라고 합니다. 이 말에 동의를 하나요? 동의하지 못하나요? 그 이유는 무엇인가요?

   '인간은 만물의 척도다'라는 말에 동의(한다 / 하지 않는다).
   왜냐하면

2. 신 중심의 세계관과 비교해서 생각할 때 데카르트의 "나는 생각한다. 그러므로 나는 존재한다."라는 말이 왜 중요할까요?

3. 니체의 '신은 죽었다'라는 말은 무슨 뜻일까요?

《배운다는 건 뭘까?》
배우는 것에 대해 생각해봐요

채인선 | 미세기 | 2014.7

모든 것이 궁금한 어린이 천하무적들

늘 4~6학년 담임을 맡았던 선생님이 처음으로 2학년 담임 선생님이 되었습니다. 3월 2일, 첫 수업을 마치고 교무실에서 본 그 선생님은 얼이 반쯤 빠져 있었습니다. 이유는 간단했지요.

"선생님, 이번엔 뭘 배워요?", "선생님, 이건 뭐예요?", "선생님, 이건 어떻게 해요?", "선생님, 어떤 색깔 좋아해요?", "선생님, 오후에 뭐 하세요?", "선생님, 물어볼 게 있어요.", "선생님! 선생님?"

그 선생님은 지난 18년 동안 들은 '선생님'이라는 말보다 2학년 담임 첫날에 더 많이 들었다며 정신이 반쯤 나가 있던 거지요. 그리고 아이들이 '천하무적'이라며 웃었습니다.

그렇습니다. 초등학교 1, 2학년이면 세상 모든 것이 궁금할 나이입니다. 학교라는 곳도 궁금하고, 선생님과 친구들도 궁금하고, 수업시간에 무엇을 배울지도 궁금합니다. 심지어 학교 화단에 있는 작디 작은 벌레도 신기하고 궁금하여 '애들아, 이것 봐!' 하며 온 학교가 시끄럽게 외치지요.

여러분, 궁금하다는 것은 호기심이 생겼다는 뜻이에요. 어떤 대상에 호기심이 생기면 자세히 알고 싶습니다. 알고 싶은 것이 많아지면 보게 되고, 관찰하게 되고, 듣게 되고, 탐구하게 됩니다. 결국 그것에 대해 공부를 하게 되고 지식이 쌓여 여러분을 더욱 성장시킵니다.

《배운다는 건 뭘까?》는 초등학교 저학년 친구들이 보여주는 '배움'에 대한 이야기입니다. 세상 모든 것이 궁금하고, 묻고 싶고, 간섭하고 싶은 초등 저학년 학생들을 통해 '배운다는 것'에 대한 철학적 질문을 던지는 그림책입니다. 쉽게 읽히면서도 결코 가볍지 않은 책이지요.

여러분, 배운다는 것은 과연 무슨 뜻일까요? 배움으로 우리가 어떻게 성장하는지 살펴볼까요?

보고 묻고 들으며 배우자

이 책에서는 배우는 것을 5단계로 제시하는데 먼저 첫 번째 단계는 '보는 것'입니다.

한 학생이 채집 상자에 있는 사슴벌레를 뚫어지게 보고 있습니다. 사슴벌레의 머리와 가슴, 배 부분에 붙어 있는 여섯 개의 다리를 봅니다. 다리에는 날카로운 톱니바퀴들이 보입니다. 그런데 이상한 것을 관찰했습니다. 한 사슴벌레에는 커다란 집게 뿔이 날카롭게 나 있는데 다른 사슴벌레는 뿔이 없는 겁니다. 어떤 사물을 주의 깊게 살펴보는 것을 '관찰'이라고 합니다. 나무도 보고, 꽃도 보고, 새도 보고, 벌레도 보고, 하늘과 물속도 들여다보며 주의 깊게 살펴보면 그냥 무심히 보는 것과 다른 것이 보입니다. 그래서 이 학생은 알게 되었지요. 사슴벌레의 그 무시무시한 집게 뿔이 바로 큰 턱이고, 또 그것이 수컷에게만 있다는 사실을 말입니다. 암컷의 턱은 너무 작아서 마치 없는 것처럼 보인 것입니다.

배움의 두 번째 단계는 '묻는 것'입니다.

"이건 뭐예요?", "이건 어떻게 해요?", "이건 어디에 쓰는 거예요?", "왜 그렇게 되지요?"

여러분이 어떤 것을 묻는다는 것은 그 대상에 대해 호기심을 가졌다는 뜻입니다. 내가 관심이 없으면 묻지 않으니까요. 아무리 천하무적의 1, 2학년이라도 모든 게 궁금하지는 않습니다. 호기심이 생기니까 궁금하고, 궁금하니까 물어보는 거지요. 아주 좋은 배움의 자세입니다. 사실 그러면 선생님이 아주 조금 힘들어 할 순 있지만 속으로는 엄청 반갑고 기뻐하실 거예요.

세 번째 단계는 '듣는 것'입니다.

이건 아주 중요해요. 반드시 천하무적의 여러분이 알아야 할 배움의 자세입니다. 수업시간에 동영상으로 학습할 때 어떤 친구들은 자신이 아는 것이나 신기한 장면이 나오면 말을 꺼내기 시작합니다. 그 장면에 대해 얘기가 하고 싶어서 안달이 나지요. 그래서 옆에 친구가 듣건 말건 자신이 하고 싶은 말을 막 얘기합니다. 그러면 옆의 친구들뿐 아니라 자신도 중요한 내용을 놓치게 돼요. 선생님이 설명을 할 때나 친구가 발표할 때도 마찬가지입니다. 자신이 궁금하거나 알고 있는 사실에 대해 말하느라 제대로 듣지 못하게 됩니다. 무언가를 배울 때는 먼저 귀 기울여 듣는 것이 정말 중요합니다.

읽고 따라하며 배우자

배움의 네 번째 단계는 '읽는 것'입니다.

내가 관찰하거나 경험한 것에 대해 또는 새로운 것을 알기 위해 책을 읽다보면 궁금한 것이 나옵니다. 궁금한 것은 또 찾아보게 되지요. '눈으로 읽는다'는 것은 '머릿속으로 생각한다'는 것과 같습니다. 읽는 행위는 우리의 사고를 더욱 발전시킵니다. 그래서 읽는 행위들이 점점 확대될수록 내 머릿속에는 '지식'과 '지혜'가 쌓입니다. 배움이 더욱 늘어나게 되는 거지요.

"책 한 권 한 권이 하나의 세계다."

시인 윌리엄 워즈워스*William Wordsworth*의 이 말은 책 한 권에 작가 한 사람의 세계가 들어 있으니 열 권의 책을 읽으면 열 개의 새로운 세계를 경험하는 것과 같다는 의미입니다. 여러분, 놀랍지 않나요? 무언가를 읽을수록 배움은 더 빠르게 늘어난답니다.

마지막 다섯 번째 단계는 '따라하는 것'입니다.

이것은 지금까지 이야기한 네 단계의 행위와는 조금 다른 특징을 가지고 있습니다. 우리가 직접 몸으로 실천해서 터득하는 행위이지요. 예를 들어 수업시간에 선생님이나 잘하는 친구의 동작을 보고 따라해보는 겁니다. 스스로 해보고 싶은 것도 해보고, 만약 잘 안되는 동작이 있으면 잘하는 사람을 따라 똑같이 흉내내어 보는 거지요. 잘할 때까지 계속 해보는 마음가짐과 의지도 필요합니다.

체육시간을 떠올려볼까요? 줄넘기 2단 뛰기를 배운 후, 학급 게시판에 2단 뛰기 개수만큼 동달, 은달, 금달, 달인의 순으로 급수를 매기기로 합니다. 처음에 한 개도 못 뛴 아이들은 50개를 뛰어 달인이 된 친구들을 부러운 눈으로 쳐다봅니다. 이때 선생님이 달인이나 금달인 친구들에게 코치 자격을 달아주면서 은달, 동달, 무달(한 개도 성공 못 한)인 친구들과 같은 조를 만들어 주고 짐짓 모른 체 합니다. 코치가 된 달인, 금달인 친구들은 어깨에 한껏 힘이 들어간 채 같은 조 친구들과 함께 열심히 연습합니다. '더 높이 점프해야 해', '한 번 뛸 때 손을 빠르게 돌려봐', '줄넘기는 놔두고 먼저 점프부터 해보자' 하면서 선생님 못지 않게 친구들을 열심히 가르치지요. 하다 보면 서로에게 배우는 것이 생깁니다. 그리고 한 달 후, 줄넘기 2단 뛰기를 하나도 하지 못한 아이들이 20~30개씩 뛰게 되면서 동달과 은달, 금달 심지어 달인의 단계까지 도달해 정말 기뻐합니다. 이때 선생님도 정말 뿌듯하죠.

줄넘기 2단 뛰기는 여러분에게 '노력하면 목표는 반드시 이루어진다'라는 성장을 경험하게 하는 수업 활동입니다. 물론 잘 안되는 경우도 있어요. 하지만 쉽게 포기하면 안 됩니다. 한두 번 도전에 포기하지 않고 계속 연습하면 반드시 좋아질 거예요. 요즘 자주 쓰이는 '중요한 것은 꺾이지 않는 마음'이라는 말을 기억하세요. 잘 되지 않는 기술이나 운동은 잘하는 친구들을 따라 모방해보고, 잘할 때까지 끝까지 노력하는 것이 진정한 배움의 자세입니다.

누구에게나 잘하는 것이 있어요

5학년이 되면 진로적성 검사를 합니다. 간혹 학생들 중 자신에 대해 소극적이고 무기력한 자세를 취하며 스스로 자존감을 낮추는 경우가 종종 있습니다.

'나는 할 줄 아는 게 없어!'

'나는 흥미를 가지는 게 없어!'

아닙니다. 여러분, 잘 생각해보세요. 반드시 내가 잘하는 게 하나는 있습니다. 잘하는 것이 있다면 분명 예전부터 내가 좋아하니까 여러 번, 수십 수백 번 노력하고 반복을 했을 겁니다. 그런 것처럼 잘 안되는 것이 있다면 일단 해보세요.

자, 내 주위를 둘러보고 나를 한번 바라봅니다. 그래도 도저히 생각이 나지 않는다면 그땐 나를 아는 다른 사람에게 물어보세요.

"내가 잘하는 게 뭘까?"

"내가 좋아하는 게 뭘까?"

내가 나에 대해 잘 모를 수도 있습니다. 때로는 부모님이나 친구, 선생님처럼 나를 아는 다른 누군가가 나를 더 잘 알 수도 있어요. 이렇게 이것저것 시도해보세요. 못한다고, 모른다고 쉽게 포기하면 안 됩니다.

배우는 것은 사람마다 달라요. 어떤 사람은 천천히 차근차근 익히고, 다른 사람은 빠르게 여러 번 익히지요. 혹은 혼자 배우는 걸 좋아하거나 여럿이 함께 하고 싶어 하는 사람도 있습니다. 어떻게 시작하더라도 배움이 쌓이면 누구나 잘할 수 있습니다.

대한민국 축구 국가대표의 현 주장이자 잉글랜드 프리미어리그 토트넘팀에서 활약하는 손흥민 선수는 축구선수의 꿈을 이루기 위해 피나는 노력을 했습니다. 하루에 왼발, 오른발로 각각 500개씩 매일 1천 개의 슈팅 연습을 하였고 마침내 세계적인 축구선수가 되었습니다. 많은 사람이 조금 노력하고서 '충분히 열심히 했으니 이제 됐어'. '이만큼만 해도 될 것 같아'라고 말합니다. 그러면 목표한 것을 딱 그만큼만 이루게 됩니다. 더 이상의 성장은 어렵습니다. 배움은 끝이 없으니까요.

여러분, 배울 것이 너무나 많다고 느낄 수도 있어요. 아직 나이가 어리니까 더 성장해야 하기 때문이지요. 더 바르고, 더 크게 성장하는 어른이 되기 위해 배울 것이 많아요. 운동도, 춤도, 공부도 배워야 합니다. 그리고 《배운다는 건 뭘까?》를 쓴 작가는 친구의 마음을 이해하고 배려하는 마음도 배워야 한다고 합니다. 어떤 때는 내 생각과 주장을 펼쳐야 하지만, 또 어떤 때는 내 행동을 반성해야 합니다. 친구와 선후배가 다 같이 참여하고 연대하는 법도 배워야 하지요. 이때 여러분의 주위에 누가 있는지 살펴보세요. 좋은 배움을 위해서 주위에 내가 배울 수 있는 사람이 많은 것은 큰 힘이 됩니다. 부모님도, 선생님도, 친구도, 동네 주위 사람들도 내가 배울 점이 있다면 진정 나의 큰 자산입니다.

배운다는 것은 어른이 된다는 것

배운다는 것은 성장한다는 것, 즉 어른이 되어간다는 것입니다. 어른이란 다 자라서 자기 일을 스스로 책임질 수 있는 사람입니다. 어른이 되면 아무것도 배우지 않아도 될까요? 그렇지 않습니다. 우리를 둘러싼 주위 환경이나 세상은 끊임없이 변하지요. 새로운 상황과 변화가 일어나고 그에 맞춰 새로운 생각, 새로운 방식, 새로운 기술들을 배워야 합니다. 변화하지 않으면 도태된다고 합니다. 그래서 여러분의 부모님은 항상 공부하고, 새로운 자격증을 따고, 가정과 가족을 위해 새로운 상황에 대비하며 책임을 집니다. 그러니까 어른입니다.

2,500년 전 공자는 이런 말을 남겼습니다.

"배우고 익히면 그 또한 즐겁지 아니한가!"

공자는 참 멋진 말을 남겼네요. 배우는 즐거움, 연습하고 노력하는 즐거움! 이를 통해 더 성장하는 내 모습을 보면 나 스스로 무척 대견스러울 것 같습니다.

배운다는 것은 참 멋진 일입니다. 그렇죠, 여러분?

 철학자처럼 생각하기

1. 내가 좋아하는 것과 잘하는 것이 무엇인지 알고 있나요? 구체적으로 써봅시다.

   내가 좋아하는 것:

   내가 잘하는 것:

2. 어떤 것을 배울 때 즐겁다고 느꼈나요? 그 이유는 무엇일까요?

3. 배운 것을 내 것으로 만들기 위해 무엇을 해야 할까요?

《늑대와 양에 관한 진실》
어쩔 수 없는 일이란 없어!

데이비드 허친스 | 바다어린이 | 2007.11

우리는 평생 그렇게 살아왔어

리처드 바크의 소설 《갈매기의 꿈》에는 '가장 높이 나는 갈매기가 가장 멀리 본다'라는 말이 있습니다. 주인공 갈매기 '조나단'의 인생을 한마디로 표현한 말이자 이 책의 주제이지요. 매일 아침 항구로 들어오는 고깃배에서 떨어지는 물고기 잔해물과 인간이 던져주는 물고기를 받아 먹는 갈매기들. 전통과 관습을 따라 오랫동안 자신들은 그렇게 살아왔다며 변화를 거부하는 갈매기들…. 그러나 조나단은 그런 삶을 변화시키기 위해 극한의 연습과 노력으로 전통과 한계를 극복하고 마침내 모두가 존경하는 갈매기로 성장합니다. 그리고 갈매기 사회를 조금씩 변화시키지요.

《늑대와 양에 관한 진실》에는 늑대와 양이 등장합니다. 그리고 책의 작가는 이렇게 말하죠.

"늑대는 양을 잡아먹어요. 뭐, 잘못된 거라도 있나요?"

작가는 어떤 진실을 말하고 싶었을까요? 늑대는 언제나 양을 잡아먹으며 살아왔고, 앞으로도 계속 양을 잡아먹을 것이며 이것은 피할 수 없는 삶의 진실이라고 말합니다. 이 '피할 수 없는 삶의 진실'이 작가가 말하고자 하는 진실일까요?

양떼가 풀을 뜯는 아름다운 초원에서 양들은 가시가 돋친 철조망으로 빙 둘러쳐진 울타리 속에서 살아가고 있습니다. 그럼에도 매일 아침 늑대에게 한 마리씩 잡아먹히는 상황이 발생해 평화롭지 못합니다. 양들은 그것이 어쩔 수 없는 삶이라고 생각합니다. 해를 거듭할수록 양의 수는 계속 늘었으며 계속 그렇게 살아왔으니 어느 양 하나도 삶의 방식을 바꾸고자 하지 않습니다. 누군가 나타나서 '이건 아니야!'라고 잔잔한 호수에 돌을 던져 파문을 일으키지 않는 한 양들은 그저 그렇게 살아갈 것입니다.

나에게는 꿈이 있어

늑대의 공격으로부터 안전해지는 날을 꿈꾸는 양 '오토'가 등장합니다.

"나에게는 꿈이 있어. (…) 언젠가 양들이 늑대의 아침식사거리로 더 이상 죽지 않아도 되는 그런 날이 오리라는…."

그러나 양들은 이런저런 이유로 오토의 의견에 말이 안 된다며 반대합니다. 조상들이 '매일 태양이 뜨듯 늑대는 어김없이 온다'라고 말했다고 주장하고, 늑대의 위협 속에서도 계속 무리의 수를 늘려 왔으니 문제가 되지 않는다고도 말하고, 울타리가 있어도 늑대는 언제나 빨리 그것을 뛰어넘는 법을 배우니 소용없다며 말입니다.

늑대로부터 안전하기 위해서는 '끊임없이 배우는 양들이 되자'라고 오토가 말하자 양들은 자신이 배운 것을 하나씩 말합니다. 발에 박힌 가시를 뽑는 법, 땅속에 구멍을 파는 법, 코로 돌을 밀어 더미를 쌓는 법 등을 서로 자랑하듯 흥분하며 공유합니다. 모두 양의 세계에서는 혁신적이고 유용한 것들이지만 더 근본적인 학습이 필요했습니다.

"우리가 둥글게 모여 함께 잠을 자면 어떨까? (…) 우리가 여기저기 흩어지지 말고 떼 지어 같이 자면 더 안전할 것 같아."

새끼 양 '마리에따'의 제안을 모두 무시했고, 오토는 즉흥적이고 다소 황당한 대책이지만 처음으로 양들이 목표를 위해 뭉치고 있다는 사실을 위안으로 삼습니다. 그날 저녁, 양들은 처음으로 모여서 잠을 잤으며 혼자 떨어져 양들을 지키던 오토가 다음 날 아침에 사라지고 맙니다.

1963년 미국 워싱턴에서 수많은 사람이 한 사람의 연설에 귀를 기울이고 있었습니다.

"나에게는 꿈이 있습니다. 나의 네 명의 자녀들이 이 나라에 살면서 피부색이 아니라 인격에 따라 평가받는 그런 나라를 살게 되는 날이 오는 꿈입니다."

흑인 인권 운동을 이끈 마터 루터 킹*Martin Luther King* 목사는 노예 해방이 선언된 지 100년이 지났음에도 여전히 흑인이라는 이유로 차별이 횡행하는 미국의 현실을 바꾸고자 하였습니다. 킹 목사의 연설에 많은 미국인이 환호했고 미국사회도 점점 변해갔습니다. 비폭력 인권 운동으로 킹 목사는 노벨평화상을 수상하지만 1968년에 인종차별주의자의 총탄에 사망하고 맙니다.

어떤 조직과 사회든 그 집단을 바꾸고자 변화를 꿈꾸는 사람들이 존재합니다. 조직과 사회가 안정된 상태에서 변화를 부르짖으며 등장하는 사람은 배신자나 반역자, 역모자가 될 수 있습니다. 하지만 조직과 사회가 불안하고 혁신이 필요할 때 등장하는 사람은 혁신가, 개혁가, 혁명가가 될 수 있습니다. 그리고 반역자와 개혁가의 차이는 혁신과 변화에 성공했느냐, 실패했느냐에 따라 달라집니다.

오토는 처음으로 양들에게 '생각'과 '협력'이란 깨달음을 준 채 자신은 그냥 늑대에게 먹혀 버리고 맙니다. 인류 역사에서는 이를 영웅이라고 칭송하지요. 그런데 영웅의 희생으로 양들은 달라졌을까요?

계속 배우고 생각하면 달라질 수 있어

오토가 사라진 사실에 충격을 받은 양들은 '울타리가 더 높았다면 늑대들이 뛰어넘을 수 없을 텐데!'라며 한탄합니다. 그때 새끼 양 마리에따가 또 의문을 제기합니다.

"만약 늑대들이 정말 똑똑하고 언제든지 울타리를 뛰어넘을 수 있다면 왜 매일 밤 오지 않는 거지?"

그렇습니다. 모두가 낙심하고 걱정만 하고 있을 때 마리에따만은 생각을 달리했습니다. 마치 오토가 생각했던 것처럼 마리에따는 모두 함께 배우면 늑대를 막을 수 있다고 말입니다. 그것도 늑대보다 더 빨리 배우면 말이지요. 이제야 양들은 골똘히 생각에 잠겨 방법을 모색하지만 여전히 몇몇 양이 마리에따의 생각에 반대를 합니다.

"늑대를 막을 수 있을 만큼 울타리가 높지 않다면 우리가 할 수 있는 건 아무것도 없어."

"이건 우리 조상에 대한 모독이야. 조상들은 늑대가 오는 건 어쩔 수 없는 삶의 진실이라고 가르쳤어. 이 조그만 녀석이 우리의 소중한 유산을 조롱거리로 만들고 있군."

한 사회를 변화시킬 때 정말 필요한 것은 무엇일까요? 지금껏 전통과 관습으로 이어져 온 것에 대한 개혁입니다. 세종대왕이 백성들을 위해 배우기 쉬운 글자인 한글을 만들었을 때 성리학을 공부한 사대부는 중국의 한자만이 유일한 글자라며 중시했고, 한글은 아녀자들이나 쓰는 글자라며 천시했습니다. 실제 한글이 오늘날과 같이 대중에 퍼진 것은 불과 100년 전의 일입니다. 세종대왕의 강력한 의지가 오늘날 디지털 시대에 가장 적합한 과학적 글자이자 우리가 쓰고 있는 글자인 한글을 창조하고 지켜낸 것입니다.

마리에따의 말에 양들은 작년 여름에 가뭄이 들었을 때 늑대들이 자주 왔었다는 것을 알게 됩니다. 어쩌면 울타리를 넘지 않고 오는지도 모를 일입니다. 양들은 이제 자주 모여 회의를 열었습니다. 회의를 통해 나온 결론은 늑대들이 비가 많이 오고 난 뒤에는 잘 오지 않고, 덥고

건조할 때는 자주 오는 것을 알았습니다. 서로가 아는 생각을 공유하기 시작하자 늑대들이 오는 시기가 파악되고 그에 대한 대책도 더욱 뚜렷하게 세워졌습니다. 이제 희망이 보이기 시작한 것입니다.

새로운 생각을 실천에 옮기자

양들이 항상 물을 마시던 개울을 가로지르는 울타리 사이에 양털 한 뭉치가 끼여 있는 것을 발견합니다. 아마 평소 같았으면 그러려니 하고 무심코 넘겼겠지만 이제 양들은 사건 하나하나를 관찰하고 그 이면을 생각하기 시작합니다. 털 뭉치는 늑대가 울타리를 넘어오는 것이 아니라 울타리 아래로 기어 왔음을 증명하는 것이지요.

"가뭄 땐 개울물이 마르니까 바로 그때 늑대들이 울타리 아래로 기어 들어왔던 거야."

"비가 온 뒤에는 개울물이 깊어져 밑으로 올 수 없었던 거고."

양들은 자신들이 알게 된 사실에 대해 흥분했고 이제는 비 오는 시기를 어떻게 조절할 것인지 고민했습니다. 그리고 날씨가 아니라 물의 흐름을 조절할 수 있음을 알게 됩니다. 생각을 바꾸자 대책도 뚜렷해지고 가능성도 보였습니다. '기기'가 땅을 파서 웅덩이를 만들자 '제롬'은 코로 돌을 밀어서 둑을 쌓았습니다. 불만투성이었던 '쉐프'는 웅덩이를 파는 양들의 발에 박힌 가시를 뽑아주기도 하면서 서로서로 도와줍니다.

옛말에 '가는 화살도 여러 개가 모이면 꺾기가 힘들다'라는 말이 있습니다. 서로 싸우지 않고 협력하고 힘을 모으면 그 어떤 어려움도 극복할 수 있다는 말이지요. 양 한 마리 한 마리는 나약하지만 여러 마리가 힘을 모은다면 큰 어려움도 이겨낼 수 있습니다. 양들이 각자 배운 것으로 서로를 돕자 곧 울타리 주위에 작은 연못이 생깁니다. 양들은 자신들이 이뤄 놓은 것을 보자 신이 나서 소리 지르며 기뻐했습니다.

"우리가 배우는 양이 돼서 정말 기뻐!"

이제 양들은 안전하게 연못 주위에 모두 모여 물도 마시며 놀 수 있었습니다.

잊지마, 배움에는 끝이 없어

양들의 계획과 실천은 완벽했습니다. 이제 늑대들은 오지 않았고, 양들이 사라지는 일도 없었으며 두려움도 사라졌습니다. 그러나 여러분, 이대로 늑대는 굶어 죽기만을 기다릴까요?

"이제 앞으로 더 이상 늑대에게 잡아먹히는 끔찍한 일을 당하지 않아도 된다고 생각하니까 너무 좋아!"

양들의 이 안도와 희망찬 외침에 책의 작가는 마지막 장면을 준비합니다. 맨 마지막 그림에 여러 가지 도구를 들고 울타리에 모여 무언가를 의논하는 늑대들을 그려 넣었습니다. 그리고 양들에게 말합니다.

"그러나 그렇지 않을 수도 있어요."

그리고 책의 이야기를 끝냅니다. 앞으로 전개될 이야기는 책을 읽는 여러분의 상상에 맡깁니다. 마치 독서의 완성은 독자의 몫인 것처럼 말이지요.

하지만 여러분은 여기서 작가의 생각을 한 번 더 되돌아보아야 합니다. 책의 제목이 《늑대와 양에 관한 진실》인 것은 새로운 생각의 중요성, 협력과 실천의 중요성을 말합니다. 그리고 마지막에 늑대를 다시 등장시켜 메시지를 전합니다. 새로운 생각과 협력, 실천이 계속 이어지게 하는 힘, 바로 '배움'이 가장 중요하다고요.

배움이란 끝이 없다는 사실을 마지막 장면에 늑대를 등장시켜 다시 상기하는 것입니다. 배고픈 늑대들이 가만히만 있을까요? 그들도 새로운 생각과 아이디어로 뭔가 일을 도모할 것 같지 않나요? 그렇게 결국 어떤 일들이 일어날 것 같습니다. 양들은 다시 두려움과 공포에 빠질 수 있지요. 하지만 양들은 이제 다를 것 같습니다. 한 번 경험해봤기 때문에 다시 모여서 대책을 세우겠지요.

여러분의 생각은 어때요? 늑대들이 울타리를 허물까요? 울타리를 넘을까요? 아니, 울타리가 필요없도록 땅을 팔 수도 있지 않을까요? 그러면 양들은 또 어떤 대책을 세울까요? 많은 상상을 하게 만드는 《늑대와 양에 관한 진실》입니다.

1. 양들은 늑대가 와서 잡아먹는 일은 어쩔 수 없는 삶의 진실이라며 포기해 버리고 맙니다. 오토와 마리에따만은 다르게 생각하지요. 마리에따의 태도가 중요한 이유는 무엇일까요?

2. 오토와 다른 양들의 생각의 차이는 무엇인가요?

3. 결국 양들은 계획을 잘 세워 늑대들을 막아냅니다. 늑대도 굶어 죽지 않을 방도를 찾아야 할 것 같습니다. 여러분이 늑대라면 어떤 계획을 세울까요?

Philosophy Book 05

《안다는 것은 무엇일까요?》
아는 것에 대해 생각해봐요

오스카 브르니피에 | 상수리 | 2012.4

우주가 있다는 것을 어떻게 알지?

과학시간에 학생들에게 "우주가 있나요? 실제로 존재한다면 우리는 그 사실을 어떻게 아나요?"라고 물으면 저마다 TV나 과학도서 등에서 배운 지식을 통해 "네, 있어요!"라고 답합니다. 우주의 존재를 몸이나 경험으로 체감하는 것이 아니라 머리로 배우는 것이지요. 실제 우리가 우주를 볼 수 있는 방법은 하나가 있습니다. 바로 밤하늘입니다.

'푸른 하늘 은하수 하얀 쪽배에 계수나무 한 나무 토끼 한 마리.'

이렇게 시작하는 〈반달〉이라는 노래는 작곡가 윤극영 선생님이 일제강점기인 1920년 대에 지은 아주 오래된 동요입니다. 예부터 많은 어린이가 열심히 손뼉을 마주치며 이 노래를 부르곤 했습니다. 그리고 이 동요는 '샛별이 등대란다 길을 찾아라'로 끝나지요.

여러분, 밤하늘을 한번 보세요. 지금은 도시의 불빛과 대기오염으로 별을 보기 어렵지만 불과 몇 십 년 전 여러분의 부모님이 어렸을 때만 하더라도 밤에 하늘을 보면 수많은 별이 아름답게 반짝이며 빛을 내고 있었습니다. 은하수가 흐르고, 샛별이 빛나고, 계절마다 별자리가 달라지는 것을 보면서 우주의 존재를 자연스럽게 경험할 수 있었지요. 인류는 밤하늘에 빛나는 별을 보면서 사막을 여행했고, 바다에서 뱃길을 찾았습니다.

《안다는 것은 무엇일까요?》의 작가 오스카 브르니피에는 우리가 당연하게 여기는 일상적인 일들에 질문을 던집니다. 이 책은 여섯 개의 주제로 이루어져 있는데요. 첫 번째 주제에서 '우주가 있다는 것을 어떻게 알 수 있을까요?'라고 질문합니다. 이 질문을 학생들에게 던지면 다양한 답이 나옵니다. 예를 들어 여러분이 '부모님께서 우주가 있다고 이야기해 주셨으니까요'라고 대답한다면 '그래요. 그렇지만…'이라고 하면서 다시 네 가지의 질문이 시작됩니다.

'부모님은 우주가 있다는 것을 어떻게 알았을까요?'
'부모님이 이야기를 꾸며낼 때도 있지 않나요?'
'부모님이 무언가를 잘못 알고 있을 때도 있지 않을까요?'
'부모님만 유일하게 우주가 있다고 말한다면 우리는 그 말을 믿어야 할까요?'

이렇게 네 가지 질문을 던진 후 작가는 그에 대한 답은 하지 않습니다. 그리고 계속 다른 질문도 하면서 여러분에게 다양한 생각을 하게 하지요. 여러분도 주변의 일상적인 것들에 질문을 던져 보는 것은 어떨까요? 과감하게 말예요. 어쩌면 생각하지도 못했던 엄청난 사실을 발견하거나 떠올릴 수도 있지 않을까요?

한번 '곰곰이' 생각해볼까?

'곰곰이'라는 말은 이리저리 헤아리며 깊이 생각하는 것을 말합니다. 우리가 무언가를 선택할 때는 곰곰이 생각해야 합니다. 하지만 너무 곰곰이 생각하면 오히려 선택하기가 더 어려울 수 있지요. 옛말에 '장고 끝에 악수 둔다'란 말도 있습니다. 바둑을 둘 때 승패를 가르는 중요한 순간에 이것저것 여러 상황을 생각하며 너무 오랫동안 깊이 생각하다가 매우 나쁜 선택을 한다는 뜻입니다.

살아가면서 우리는 중요한 선택을 할 때 신중히 생각해서 결정하는 것이 아니라 어쩌면 별생각 없이 정하는 경우가 많습니다. 게임을 하거나 술래잡기를 할 때 곰곰이 생각하면서 행동하기보다는 그냥 친구와 같이 노는 게 즐거워서 참여하는 경우도 종종 있지요. 친구와 놀면서 너무 곰곰이 생각하면 피곤할 수도 있고, 또 친구가 싫어할 수도 있어요.

그런데 만약 나의 생각이 세상을 바꾼다면 어떨까요?

내 생각으로 세상이 바뀐다면 깊이 그리고 곰곰이 생각하지 않을까요? 쉽게 내 마음대로 결정하거나 재미로 선택할 수는 없을 것 같습니다. 21세기 혁신의 아이콘으로 불린 기업가 스티브 잡스는 손안에서 모든 게 이루어지는 세상을 구현하고자 했습니다. 당시 세상은 그의 생각을 비웃었지만 결국 그는 그때까지 없었던 '스마트폰'을 개발했고, 잡스가 만든 '애플'은 세계 최고의 IT 기업이 되었습니다.

그런데 이런 생각도 해봅니다. 어쩌면 우리의 생각이 세상을 바꾸는 것이 아니라 세상이 우리 생각을 바꾸는 것은 아닐까요?

현재 지구라는 별에서 이동하는 자동차의 수는 약 15억 대입니다. 전 세계 인구가 80억 명에 달하니 다섯 명 중 한 명이 자동차를 소유하고 있지요. 자동차의 종류는 다양하지만 대부분 석유를 써서 움직이는 내연기관입니다. 당연히 자동차에서 나오는 대기오염은 지구 환경을 위협하고, 지구온난화를 가속화시킵니다. 지금 세상은 지구온난화로 인류 전체가 위기에 직면해 있습니다. 더 늦기 전에 지구온난화의 주범인 탄소를 줄여야 하는 때가 되었지요. 그래서 이동수단으로써 자동차가 필요한 인류의 선택은 내연기관이 아닌 '전기'로 움직이는 전기자동차의 시대를 여는 것이었습니다. 세상의 변화와 필요가 우리 인간의 삶과 생각을 바꾼 것이지요.

곰곰이 생각해보면 인류는 새로운 것을 발견하거나 발명할 수 있습니다. 이러한 발견과 발명은 인류에게 새로운 기회와 위협을 동시에 가져다 주기도 합니다. 그러나 우리 인류는 좋은 선택을 위해 깊이 생각하고, 새로운 세상을 위해 생각을 실현합니다. '한번 곰곰이 생각해볼까?'라는 질문을 통해 우리는 행동하기 전에 합리적인 것이 무엇인지 생각하고, 더 좋은 것과 중요한 것, 진실된 것을 결정하는 방법을 터득할 수 있습니다.

아는 것이 많아지기 위해서는

누군가 이렇게 질문합니다. '세상을 올바르고 잘 살기 위해서 모든 것을 알아야 할까요?' 많은 것을 아는 사람을 가리켜 보통 지식인, 학자 또는 박사라고 부릅니다. 그렇지만 학자나 박사라고 모든 것을 다 아는 건 아니에요. 따져보면 그들도 처음부터 많은 것을 다 알지는 못했을 거예요. 여러분도 마찬가지입니다. 아직 어리고 당연히 모르는 것이 많지요. 배우는 과정에 있으니까요.

그럼 어른들은 모든 것을 알까요? 어른이 된다고 모든 것을 알게 되는 건 아닙니다. 또 어린이들이 아는 것들을 모르는 어른들도 있어요. 예를 들어 새로운 전자기기를 사서 기능을 익힐 때 엄마와 아빠가 여러분의 힘을 빌리기도 합니다. 새로운 앱이나 프로그램을 쓰거나 여러 기능들을 훨씬 더 빠르게 더 많이 알기 때문이지요. 그럴 때 부모님을 돕는 여러분의 어깨도 으쓱하잖아요.

생각해보면 어른이든 어린이든 나에게 흥미로운 것만 알고 싶을 수도 있습니다. 가끔 다른 사람은 별로 관심도 없는 것에 엄청난 열정으로 관심을 가지는 사람들이 있습니다. 그런 사람들을 요즘 말로 '덕후'라고도 하는데 이런 사람들 중에 특정 분야에서 '전문적인 지식'을 배워서 알고 갖추면 전문가가 되는 것입니다.

지금은 여러분이 모든 것을 알지는 못하지만 많은 것을 알기 위해 노력해야 합니다. 비록 앎의 과정에서 실수를 하거나 일을 망치는 경우가 있더라도 더 많은 것을 알아가게 되면 실수는 줄어들고 일을 능숙하게 해낼 수 있습니다. 그래서 우리가 학교를 다니고, 학교에서 많은 것을 배우는 것이지요.

  학교는 지식과 예절 등 많은 것을 배우는 곳입니다. 그 배움은 여러분이 어른이 되었을 때 가지게 될 직업과도 관련이 있습니다. 물론 학교의 역할이 직업을 갖는 데 필요한 것만 가르침을 주는 것은 아닙니다. 그런 배움은 학교에서만 얻는 것이 아니라 TV나 인터넷, 부모님과 가족, 혹은 여행을 통해서도 배울 수 있습니다. 학교에서는 꼭 지식만이 아니라 다른 사람들과 함께 어우러져 사는 법, 집단 속에서 챙겨야 할 나의 의무와 권리 등 여러분이 앞으로 살아갈 세상의 이치도 배우지요. 어떻게 지식을 형성하는지 배우는 과정, 또 학습하는 법을 배우는 곳이 바로 학교입니다. 그래서 우리가 학교를 다니는 겁니다.

생각의 주인은 누구일까?

  누군가 "생각은 내 머릿속에서 나왔으니 내 것이에요."라고 말하면 그 사람에게 이렇게 질문해봅시다. "애초에 머릿속에 그 생각을 넣은 것은 당신 자신일까요? 아니면 원래 있었던 것을 스스로 찾아낸 것일까요? 그것도 아니라면 생각이 저절로 머릿속에 나타난 것일까요?"

  자, 여러분 이제 복잡한 생각을 하나하나 따져야 할 때가 되었습니다. 평소 책을 읽거나 부모님과 대화할 때 얻은 생각은 내 것일까요? 부모님의 생각이나 책 속의 생각은 어디서 온 것일까요? 어떤 생각이 있으려면 그것을 생각하는 사람이 필요하지 않을까요?

  프랑스 철학자 데카르트는 "나는 생각한다. 그러므로 나는 존재한다.*Cogito, ergo sum*"라고 말했습니다. 이때 생각의 주체는 나 자신입니다. 합리론자들은 인간의 머릿속에 생각주머니가 이미 주어져 있다고 여겼습니다. 이를 이성 혹은 정신이라고 부르지요. 반면 영국의 경험론 철학자인 존 로크*John Locke*는 인간에게 타고난 생각은 없으며, 태어날 때에는 깨끗하게 닦여진 칠판 같은 '백지상태'라고 주장합니다. 인간은 오직 경험과 경험으로부터의 추론을 통해 모든 지식을 습득하고, 생각이 만들어지는 것이라고 보았습니다. 생각의 뿌리는 다르지만 합리론자든 경험론자든 '생각하는 주체'가 인간인 것은 확실하군요.

만약 내 생각을 다른 사람이 전혀 이해하지 못하거나 너무 어려운 생각을 했다면 이는 그저 나만의 생각이 아닐까요? 자신의 생각을 말할 때 이미 정해진 단어를 사용해야 한다면 그것은 또 나의 생각이라고 할 수 있을까요?

생각을 표현하기 위해서는 언어를 써야 합니다. 같은 생각을 서로 다른 언어로 이야기하기도 하지요. 우리가 머릿속에서 '사랑해'라는 말을 생각했을 때 영어로 '아이 러브 유*I love you*', 프랑스어로 '쥬뗌므*Je T'Aime*', 일본어로 '아이시테루あいしてる', 중국어로 '워아이니我爱你'라고 말할 수 있습니다. 같은 언어를 쓴다면 친구들과 서로 생각을 나눌 때 사용하는 그때의 단어들은 내 것이기도 하지만 모든 사람의 것입니다. 물론 말과 글로 표현되지 않은 생각도 존재할 수 있어요. 인간은 만물의 영장이기에 서로 말하지 않아도 생각을 공유할 수 있습니다.

상상력은 꼭 필요해요

아마 '상상'이라는 생각을 하지 못한다면 인간은 불행해질 것 같습니다. 책이나 영화에 담긴 이야기들은 대부분 상상에서 나오는 것이지요. 오늘날 우리의 현실도 과거의 상상이 이뤄진 모습입니다. 100년 전에 사람들이 그린 '100년 후 미래 인류의 모습'을 보면 하늘을 나는 교통수단과 손에 든 전화기가 있습니다. 이 모든 것은 지금 현실 그대로 실제 구현되었습니다. 100년 전의 상상이 100년 후 현실이 된 것이지요.

어떤 사람은 상상이 쓸모없는 생각이라고 여기기도 합니다. 비현실적이고 망상일 뿐이라고 말이지요. 하지만 상상이 쓸모없다고 해서 정말 필요하지 않을까요? 우리가 만나는 현실의 것들은 어쩌면 전부 상상의 결과일지도 모릅니다. 지금까지 세상에 없던 새롭고 쓸모 있는 것을 발명하려면 우선 상상해야 합니다. 생각의 회로를 돌려서 새롭고 독창적이고 기발한 것들을 생각해야 하지요. 그런 상상에서 시작해 쓸모 있는 것들이 탄생하는 것입니다. 하늘을 나는 자동차, 입체로 구현되는 홀로그램 영상통화, 로봇 비서, 달나라로 가는 수학여행 등 상상만 해도 신나고 짜릿합니다.

상상이란 인간이 누릴 수 있는 자유이기도 합니다. 세상이 우리를 창조했듯 우리도 세상을 새롭게 만들 수 있습니다. 상상은 생각을 통해 더 자유롭게 살기 위한 노력이지요.

《안다는 것은 무엇일까요?》는 '생각'과 '앎'에 대한 질문을 던지며 우리를 생각의 세계로 안내합니다. 그리고 생각은 다시 우리가 인간의 한계를 딛고 상상과 자유의 세계로 나아가게 합니다.

# 철학자처럼 생각하기

1. 우리가 세상을 바꾸는 것일까요? 세상이 우리를 바꾸는 것일까요? 이 질문에 대한 나의 생각을 써보세요.

2. 철학자 존 로크가 말한 '백지상태'는 어떤 상태를 말하는 것일까요?

3. 상상력은 왜 우리가 누릴 수 있는 '자유'일까요? 상상에 대한 나의 생각을 말해보세요.

《생각하는 습관을 키우는 어린이 철학 교실》
세상의 모든 것이 궁금해!

이나 슈미트 | 생각의날개 | 2018.1

나만의 사색 공간이 필요해

봄이 되자 얼었던 땅속에서 새싹이 뚫고 나오는 장면을 본 적 있나요? 여름이 되면 많은 천둥 번개와 폭우가 쏟아지고 우거진 숲속에서 나무는 더 크게 자랍니다. 그리고 가을에는 온 천지를 노랗고 붉게 물들이며 들과 산을 색칠하지요. 겨울이 왔을 때 낙엽이 떨어져 나뒹굴고 나무는 앙상한 가지만 남깁니다. 그리고 다시 봄을 기다리지요.

우리 눈에는 보이지 않지만 자연 속에는 무언가가 있는 것이 분명합니다. 땅과 하늘, 그 둘 사이의 공간 그리고 그 속에서 살아가는 무수한 생명체와 무생물들 말입니다. 그중에 '생각'이라는 힘을 가지고 자신의 역사를 인식하며 살아가는 존재가 있으니 바로 인간입니다.

인간은 수많은 생명체 중에 유일하게 자신의 과거를 되돌아보며 살아가는 존재, 그리고 다가오는 죽음에 대해서 생각하는 존재입니다. 그래서 가끔은 과거와 미래 사이의 시간적 공간 '현재'인 지금 이 순간에 생각의 시간을 가질 필요가 있지요. 또 나만의 사색의 공간이 필요하기도 합니다. 혼자서, 때로는 친구와 함께 생각의 시간을 갖는 장소 말이에요.

《생각하는 습관을 키우는 어린이 철학 교실》은 어렸을 때부터 친구인 필립(애칭 '필')과 소피라는 두 주인공이 등장해 일상생활에서 생기는 의문과 놀라움, 호기심, 경이로움에 대해 흥미를 가지고 대화를 나누는 이야기입니다. 중간중간 '철학자의 지혜 한 스푼'이라는 코너를 통해 두 주인공이 생각하는 것들은 인간의 역사가 시작된 이래로 철학의 대가들이 머리를 동여매고 고뇌했던 주제라는 것을 보여줍니다. 그것은 바로 존재와 시간, 삶과 죽음, 아름다움과 행복, 정의로움 등에 대해 관한 것이지요. 그러니 결국 필과 소피도 철학자인 셈입니다.

여러분, 주위를 한번 둘러보세요. 나만의 사색의 공간이 있나요? 없다면 지금 바로 만들어보세요. 그리고 인간과 사회, 세계와 우주에 대한 사색의 시간을 가져보세요!

아름다운 것들은 어디서 왔을까?

"와, 너무 아름다워!"

살다 보면 우리는 아름답고 예쁘고 멋진 것들을 발견하고 감탄하기도 합니다. 4월 어느 봄날에 학교 가는 길 양쪽으로 무수하게 늘어선 벚꽃길을 걷노라면 일주일 전과 확연하게 달라진 감정을 느낍니다. 필과 소피도 아름다운 것은 어떻게 아름다워진 것인지 궁금합니다. 또 아름다운 것들이 사라지고 나면 그 아름다움은 어떻게 될지도 궁금합니다. 시간이 지나면 벚꽃들도 떨어질 테니까요.

아름다움은 누가 만든 것일까요? 인간이 만들었을까요? 아니면 자연적으로 저절로 생겨난 예술 작품일까요? 꽃이 활짝 피었을 때 인간은 아름답다고 느낍니다. 그리고 꽃이 지고 나면 그 느낌이 사라져 버립니다. 그렇다면 아름다움은 순간에 불과한 것이 아닐까요? 또 아름다움은 사람마다 다르게 느끼는 것은 아닐까요?

"어떻게 생각하면 아름다운 것만이 아니라 그 아름다움이 영원하지 않다는 게 중요한 것 같기도 해."

두 주인공은 이렇게 이야기하며 '벚꽃은 일 년에 한 번 잠시 피었다 져버리는데 계속되지 않고 금방 지나가서 더 아름다운 것 같다'고 말합니다.

철학자들은 우리가 눈과 귀, 코, 혀, 손으로 사물을 접하고 이 감각들이 우리의 정신에서 의미가 더해져 아름다움을 느끼는 것이라고 말합니다. 그렇다면 우리의 정신에 '무엇'이 있어야 진실로 아름다움을 느끼는 것일까요? 그 '무엇'이란 아름다움을 추구하고 그 가치를 알고 그 느낌을 표현할 수 있는 능력을 말합니다.

그래서 독일의 극작가 실러*Schiller*는 인간이 도덕적으로 행동하기 위해서 미적 교육을 받아야 한다고 합니다. 도덕적으로 행동한다는 것은 어떤 상황에서도 조화롭고 자유로운 행동을 할 수 있다는 뜻이지요. 그 밑바탕에는 아름다움을 추구하는 능력, 즉 미적 능력이 필요합니다. 인간이 인간답다는 것은 아름다움을 추구하는 일이에요. 그래야 비로소 자유로워지니까요. 우리가 학교에서 예체능을 배우는 것은 지식과 감정, 의지를 가진 어른으로 성장하기 위해 반드시 필요하답니다.

우리가 친구인 걸 어떻게 알까?

여러분에게는 진실한 친구가 한 명이라도 있나요? 어쩌면 지금 초등학교에서 만난 그 친구가 가장 좋은 친구일 수도 있습니다. 중·고등학교나 대학교에서는 초등학교 때보다 친구를 사귈 수 있는 시간이 많지 않습니다. 아마도 여러분이 학교에서 하는 대화 중 가장 많이 언급되는 단어는 '친구'일 거예요. 특히 초등학교 친구는 훗날 어른이 되었을 때 그리워하게 되는 유년시절의 기억이라서 더욱 소중하지요.

유년시절, 우리는 친구와 함께 들과 산을 뛰어다니며 같이 장난치고 싸우기도 하다가 언덕에 누워 손깍지를 끼고 하늘을 봅니다. 커서 무엇이 될지, 구름은 어디로 가는지, 감정이 왜 오락가락하는지 그리고 인생은 왜 뜻대로 안 되는지를 같이 고민하지요. 철학자가 따로 없습니다. 그만큼 좋은 친구가 있다는 건 좋은 추억을 가진 세상에서 가장 멋진 일입니다.

필과 소피는 '네가 내 친구라는 걸 어떻게 알 수 있을까?'라며 궁금해

합니다. 친구라면 나와 꼭 비슷한 취미나 취향을 가질까요? 나는 스포츠를 굉장히 좋아하는데 친구는 스포츠보다 독서를 좋아할 수 있습니다. 그런 친구를 나는 너무나 좋아하고요. 비슷한 구석이 전혀 없어도 진실한 친구가 될 수도 있습니다.

친구에 대한 철학적 고민을 가장 처음 한 철학자가 있어요. 아리스토텔레스입니다. 아리스토텔레스는 친구란 '두 몸에 깃든 하나의 영혼'이라고 말했습니다. 두 몸이란 생김새나 취미, 취향이 서로 다르다는 것을 말하고, 영혼은 하나라는 건 서로 마음이 통한다는 뜻입니다. 언제 만나도 반갑고 항상 함께 기뻐하고 슬퍼하며 감정을 공감할 줄 아는 사람, 서로가 하나의 지향점을 향해 가는 사람이 바로 친구입니다. 그래서 아리스토텔레스는 진정한 우정은 이 세상에 단 하나밖에 없는 특별한 것이라고 했답니다.

나는 커서 무엇이 될까?

초등학교 때나 청소년 때 가장 많이 하는 고민은 '나는 커서 어떤 사람이 될까?'가 아닐까요? 지구별에 사는 존재 중 유일하게 미래의 일을 걱정하는 것이 인간입니다. 다음에 커서 무엇이 될지? 어떤 일을 할지? 어떤 삶을 살지? 언제나 이런 고민을 하며 살지요. 어른이 되어 자기 인생을 책임질 나이가 되면 그보다는 현실의 문제를 생각하기에 더 급합니다. 직장문제, 가정문제, 자녀문제 등을 해결하느라 미래를 꿈꾸며 상상할 시간이 어릴 때보다 훨씬 적어지지요. 그래서 초등학교에 다니는 여러분은 '무궁무진한 가능성의 존재'입니다.

필과 소피는 자신들이 심었던 해바라기 씨가 싹을 틔우자 그 경이로움에 놀랍니다. 그리고 왜 어떤 것들은 크고 예쁘게 자라고, 다른 것들은 그렇지 못한지 궁금해 합니다.

"이렇게 작은 식물이라도 이미 뭔가가 완성되어 있다고 생각해. 애네들한테도 시간표 같은 것이 있을 거야."

다만 해바라기는 햇빛과 양분의 양에 따라 서로 다르게 자라나는 것이지요. 두 친구는 '하지만 우리는 저마다 자신이 무엇을 가장 잘하는지, 무엇이 되고 싶은지 생각할 수 없다'고 말합니다.

우리 앞에 사과 씨가 있다고 생각해보세요. 1센티미터도 안 되는 아주 작은 씨가 자라서 나무가 되고 씨앗의 크기보다 수천 배가 되는 사과 열매도 맺습니다. 그러면 사과의 씨에는 이미 사과가 될 완성된 무언가가 들어 있는 것은 아닐까요? 플라톤은 인간이라는 존재는 '이성' 안에 인간이 지녀야 할 모든 것이 들어 있다고 보았습니다. 또 아리스토텔레스는 모든 만물의 변화 과정은 그 목적에 따라 이뤄진다고 보았지요. 햇빛과 양분, 물은 씨앗이 자신의 목적을 달성할 수 있도록 도와주는 작용 같은 것입니다. 물론 이 작용들이 없다면 씨앗은 절대 목적을 달성할 수 없지요.

인간 역시 목적을 지닌 존재로서 스스로 완성된 목적을 향해 나아갑니다. 철학자 로크가 말했듯 인간이 백지상태로 태어난다면 어린이들은 보고, 듣고, 만지는 감각 활동을 통해 경험을 쌓으며 세상을 알아가고 성장할 것입니다.

인간이 처음부터 완성된 존재로 태어나 살아가든, 목적을 이루려는 사람으로 완성되어 살아가든, 경험을 통해 성장하며 살아가든 스스로 삶을 개척해 나가는 존재인 것만은 확실합니다. 스스로 인생을 선택하고, 자신의 삶을 결정하는 존재인 것이지요. 왜냐하면 인간은 자유로운 존재이니까요.

죽으면 어떻게 될까?

어릴 때 종종 친구들과 이런 것들을 궁금해 하곤 합니다. '사람이 죽으면 어떻게 될까?', '죽음 이후의 세계가 있을까?' 어렸을 때 죽음, 천국, 귀신에 대해 관심을 가지는 것은 당연합니다. 물론 죽음이라는 것이 매우 무섭고, 내가 사랑하는 가족들이 언젠가는 죽는다고 생각하면 두렵기도 합니다. 이렇듯 인간은 유일하게 죽음을 생각하는 동물입니다.

프랑스 철학자 몽테뉴Montaigne는 죽음이 삶의 끝이 아니며, 죽는다는 사실을 아는 것이 살아 있는 동안 우리를 더 자유롭게 한다고 말합니다. 그래서 살아 있는 이 순간을 충만하게 누리자고 하지요. 그가 살았던 당시 16세기 유럽은 종교전쟁으로 몇 십 년 동안 죽음을 직·간접적으로 경험하는 사람들이 너무나 많았기에 삶에 대한 애착이 더 강했을 것입니다.

인간은 누구나 죽습니다. 생명을 가진 지구상의 모든 존재가 태어난 순간 죽음으로 향하는 긴 과정 속에 있지요. 단 한 번뿐인 삶인데 죽음에 대한 불안과 고통 속에서 시간을 보내는 것보다 더 가치 있고 아름답게 사는 것이 더 나아 보입니다. 그래서 죽는다는 사실이 우리를 두렵게도, 또 슬프게도 만들지만 반대로 살아 있다는 사실이 우리에게 더 소중한 선물이 되지요.

대부분 종교에서는 죽음을 육체와 영혼이 분리된 상태라고 봅니다. 몸을 떠난 영혼은 신들의 세계로 가거나 안식을 찾아 간다고 말하지요. 한편 과학에서는 죽음을 신체 활동의 정지로 봅니다. 영혼이 있다면 두뇌 활동의 일부이므로 신체에 속한다고 여깁니다. 그러니 언젠가 썩어서 자연으로 돌아갈 것이라고요. 자연으로 돌아간다는 것은 태초에 별이 폭발했을 때 우주로 퍼졌던 원소로 돌아간다는 뜻입니다. 그래서 '사람은 죽으면 별이 된다'는 말은 맞는 말입니다.

세상의 시작을 찾아서

다시 필과 소피가 궁금해 합니다. 이 세상은 무엇으로 만들어졌는지, 맨 처음 어떻게 나타났는지, 세상에 존재하는 것들의 근원에는 무엇이 있는지 말입니다. 여러분, 세상의 근원은 무엇일까요?

3,000년 전 그리스의 자연철학자들은 세상의 근원이 무엇인지 궁금했습니다. 아낙시만도로스*Anaximandros*는 세상의 근원을 어떠한 형태나 한계도 갖지 않은 무한정한 '물질'이라고 말하며 이 물질을 '토 아페이론*to apeiron*'이라고 불렀습니다. 한편 다른 철학자들이 말하는 만물의 근원을 살펴보면 탈레스*Thales*는 물, 아낙시메네스는 공기, 엠페도클레스는 흙, 공기, 물, 불의 4원소라고 말했습니다. 또 피타고라스

*Pythagoras*는 수, 데모크리토스는 원자로 보았습니다. 이렇듯 서양철학자들은 만물의 근원을 '없음'이 아닌 무언가 '있음'으로부터 도출해내려고 했습니다.

한국, 중국, 일본 등 동양철학에서는 만물의 근원을 무극無極, 태극太極, 도道, 리理, 공空, 무無 등 실체가 눈에 보이지 않는 '무한'에서 찾았습니다.

철학과 달리, 종교에서 말하듯 신이 세계를 창조한 것인지 아니면 과학에서 말하듯 수십억 년의 진화를 거친 결과물인 것인지는 많은 사람이 대화의 주제로 삼는 질문입니다. 수천 년 전 사상가들의 생각이나 이 책에 등장하는 필과 소피의 생각이나 지금 여러분의 머릿속 생각이나 모두 비슷하지요. '세상의 근원은 무엇일까?'라는 질문에 지금껏 많은 철학자가 다양한 답을 내놓았지만 여러분의 생각도 매우 중요하다는 사실을 잊지 마세요. 여러분 역시 충분히 훌륭한 철학자이니까요.

1. 극작가 실러는 "인간이 도덕적으로 행동하기 위해서 반드시 미적 교육을 받아야 한다."라고 말했습니다. 그 이유는 무엇일까요?

2. 아리스토텔레스는 친구를 '두 몸에 깃든 하나의 영혼'이라고 표현했습니다. 내 친구를 보며 이렇게 느낀 적이 있나요? 그렇게 느꼈던 이유를 써봅시다.

3. '사람은 죽으면 별이 된다'라는 문학적으로 아름다운 표현이 있습니다. 이 문장을 과학적으로 설명해봅시다.

Philosophy Book 07

《생각하는 것이 왜 중요할까요?》
나와 세계를 깊이 들여다보다

이관호 | 나무생각 | 2016.8

사람마다 생각하는 게 달라요

4학년 도덕시간에 학생들에게 이런 질문을 던진 적이 있습니다. '나는 누구인가?', '나를 나답게 하는 것은 무엇일까?', '남과 다른 나만의 특징은 무엇일까?' 아이들의 답은 천차만별이었습니다.

"내 이름은 김선우야. 김해 김씨 74대 손이며 우리 집안의 유일한 장손이라 사랑받고 있지."

"내 성격은 활달하고 항상 긍정적이지만 만약 나를 무시하면 굉장히 화를 낼 수도 있어."

"남들보다 머리가 조금 크지만 키가 크고 달리기가 빨라. 그래서 축구 실력은 내가 짱이지!"

 자, 나를 살펴봅시다. 거울 앞에 서서 나의 얼굴과 몸을 봅니다. 틀림없이 남과 다른 '나'입니다. 거울을 벗어나서 내가 나를 볼 수 있는 방법은 하나밖에 없습니다. 나의 '생각'이지요. 내 머릿속이나 가슴속 생각이 나를 나답게 합니다. 신체적인 나와 정신적인 나, 둘 중에서 무엇이 더 중요할까요?

 《생각하는 것이 왜 중요할까요?》는 나, 역사, 공부, 행복, 민주주의, 정의라는 여섯 개의 주제를 서로 다른 관점으로 바라보게 합니다. 각각의 관점에 대해 왜 그렇게 생각하게 되었는지를 철학적으로 생각하게 합니다. 누구나 다 알고 있는 것처럼 보이지만 사실 이 주제들은 사람들의 관점에 따라 완전히 다른 생각을 가질 수 있고, 실제 현실에서도 철학적 주제이며 인간이 존재하는 한 영원히 생각해봐야 할 토론거리일지도 모릅니다.

몸과 정신, 무엇이 나일까요?

데카르트가 말한 '나는 생각한다. 그러므로 나는 존재한다'를 떠올려봅시다. '생각하는 나'야말로 존재의 근거이며 나의 '정신'과 '이성'을 뜻합니다. 나를 나답게 하고, 나를 나라고 느끼는 정신이 더 중요하다는 말이지요.

 데카르트가 정신을 더 중요하게 생각한 것은 몸(신체)으로 익힌 우리의 지식들이 완전하기 못하기 때문입니다. 시각(눈), 청각(귀), 미각(혀),

후각(냄새), 촉각(피부) 등 우리의 감각은 쉽게 착각하기도 하고 종종 오류도 많이 발생하기 때문에 데카르트는 믿을 수 없다고 보았어요.

다음의 그림을 볼까요? 일정한 굵기의 띠지에 그려진 세로줄이 서로 지그재그로 놓이게 배열할수록 마치 띠지 굵기가 서로 다른 듯 비뚤비뚤해 보입니다. 우리 눈이 착각한 걸까요? 아님 띠지 모양이 달라진 걸까요?

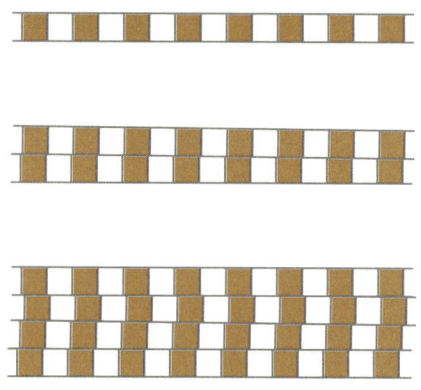

사실 감각은 우리에게 거짓말도 합니다. 혀의 신경이 다쳐 미각을 잃었는데도 맛을 느낀다거나 극심한 통증이 생겨도 전혀 느끼지 못하기도 하고, 심지어 잘린 팔 부위의 통증을 느끼는 경우도 있지요. 이렇게 감각은 확실히 불완전해 보입니다. 그리고 데카르트는 누구도 의심하지 않는 수학과 기하학이라는 학문 역시 전능한 악마가 잘못된 지식으로 인간을 속이는 것이 아닌지 의심합니다. 이렇게 무언가를 의심하고 또 의심하는 나 자신, 즉 생각을 하는 그 순간에 '나는 존재한다'라고 선언한 것이지요.

데카르트 이후, 250여 년 지나서 '신은 죽었다'라며 이성 중심의 서양철학을 부수기 위해 망치를 들고 나타난 위험한 철학자가 있었으니 바로 니체Nietzsche입니다. 니체는 이성과 정신이 가진 힘보다 우리 몸이 가진 에너지를 더 중요하게 생각했습니다.

니체는 인간의 삶을 낙타, 사자, 어린이에 비유해 세 단계로 구분합니다. 낙타는 무거운 짐을 진 사람이 살아가는 모습을 상징하며 주체성을 잃고 타인과 사회가 정한 의무와 기준에 휘둘리는 삶을 뜻합니다. 낙타에 해당하는 것은 개인적, 사회적 짐을 지고 책임과 의무를 감당해야 하는 대부분의 사람입니다. 간혹 짐의 무게에 지쳐가던 낙타들 사이에 소수의 몇몇 사람이 사자의 삶을 살고자 합니다. 사자는 힘이 세고 주인이 없이 자신이 하고 싶은 대로 하는 자율성을 가진 사람을 나타냅니다. 그러나 무거운 짐을 내려놓고 자신이 배고플 때 사냥하러 가는 자유만 누릴 뿐 진정한 자유를 누리는 존재는 아닙니다.

어린이는 있는 그대로의 삶을 즐기는 존재를 뜻합니다. 태어난 그대로의 나를 사랑하고 자신이 하는 놀이를 즐거워하며 자신의 욕구와 욕망을 즐기며 살아가는 존재입니다. 니체는 어린이들의 무궁무진한 에너지와 활달함이 우리를 행복하게 만들고 사회를 발전시킨다고 합니다. 어린이도 이성(정신)을 가지고 있지만 음악이 들리면 신나서 춤을 춥니다. 이성이 아닌 본능에 따라 몸을 움직이고 반응하지요. 니체는 몸을 더 중요하게 여기는 철학자임이 확실합니다.

인간은 신체와 정신으로 이루어져 있고, 이 둘이 각각의 역할을 할 때 '나'라는 존재가 있는 것 같습니다. 다시 거울 앞에 서서 나를 봅시다. 나는 누구일까요?

역사는 어떻게 기록되는 걸까?

자, 눈앞에 역사책이 놓여 있다고 상상해봅시다. 이 역사책은 있었던 사실 그대로 써 있을까요? 아니면 기록가(사관)의 관점에서 쓰였을까요?

"선생님, 역사라는 것이 진실이고, 당연히 사실이 기록되어야 역사죠."

"누군가가 쓴 역사책이라면 그 사람의 생각이나 관점이 담기지 않을까요?"

이것은 역사학계에서 지금도 토론이 활발한 주제입니다. 역사를 연구할 때 절대주의적 역사관과 상대주의적 역사관이 있습니다. 절대주의적 역사관은 역사가가 과거의 사실을 객관적으로 기술했다고 주장하는데 이런 관점의 대표적인 역사학자가 독일의 랑케Ranke입니다.

"역사가란 자기 자신을 죽이고 과거 사건이 본래 어떠한 상태에 있었는가를 밝히는 일을 지상과제로 삼아야 하며, 오직 사실로 하여금 이야기해야 한다."

이런 랑케의 역사관을 '실증주의 역사관'이라고도 합니다. 역사적 사실을 말하라고 한 랑케의 주장은 진실로 보이지만, 때로는 우리 눈앞에 보이는 사실이 진실이 아닐 수 있습니다. 예를 들어 우리가 매일 보는 태양은 매일 동쪽에서 서쪽으로 이동하는 것처럼 보이지만 실제로는 지구가 서쪽에서 동쪽으로 움직이는 것입니다. 역사적으로 1964년 8월에 북베트남 함정이 미국의 구축함 매덕스호에 어뢰 공격을 한 '통킹만 사건'이 발발했습니다. 이에 격분한 미국은 베트남과 전쟁을 벌였고, 전쟁이 끝난 후 40년이 지난 2005년에 통킹만 사건이 조작되었다는 사실이 밝혀졌습니다. 사실만 기록한다는 것이 얼마나 위험할 수도 있는지 보여준 사례이지요.

결국 역사란 누군가가 기록해야만 합니다. 그럼 아무래도 기록자의 의견(관점, 주장)이 들어가지 않을까요? 당시 승자의 생각이나 기록자의 의견이 함께 담길 수 밖에 없으므로 역사를 상대적으로 보아야 한다는 것이 '상대주의적 역사관'입니다. 역사학자 E. H. 카^{E. H. Carr}는 역사가가 역사를 기록할 때 자신의 주관적인 생각과 관점이 들어간다고 보았습니다. 그래서 그는 '역사는 과거와 현재의 끊임없는 대화'라고 말했지요. 카의 설명을 들어볼까요?

"역사는 지나간 일이지만 그 일을 기록하는 순간은 언제나 '지금'이라는 것을 잊어서는 안 돼요. 지금 내가 어떻게 생각하는지에 따라 과거의 일에 대한 내 생각도 달라지는 셈이죠."

그러면서 예로 든 것이 대한민국의 건국 시점을 바라보는 학자들의 생각이었습니다. 어떤 학자는 1919년 대한민국 임시정부가 수립되었을 당시부터 대한민국이 건국되었다고 생각합니다. 실제 우리나라 헌법에도 '대한민국은 3·1운동으로 건립된 대한민국 임시정부의 법통을 계승하고'라는 말로 천명되어 있습니다. 그러나 다른 관점의 학자들은 해방 이후 이승만 정권이 수립된 1948년을 대한민국의 건국일이라고 주장합니다. 이런 논란들은 과거의 역사적 사실은 바꿀 수 없지만 그 사실이 현대의 시점에서 어떻게 해석하느냐에 따라 완전히 달라질 수 있다는 것을 보여줍니다. 이런 관점들이 교과서에 반영되면 여러분은 완전히 다른 시각의 역사를 배우게 되겠지요. 그래서 역사를 과거와 현재의 끊임없는 대화라고 표현한 카의 생각이 새삼 달라 보입니다.

민주주의란 무엇일까?

여러분, 국가는 왜 생겼을까요? 어떤 사람들은 옛부터 국가가 존재했다고 생각해요. 그러나 다른 사람들은 국가란 사람들의 필요로 만들어졌다고 합니다. 전자에 해당하는 것은 대부분 고대와 중세 국가들인 왕조국가들입니다. 후자는 근대 국가라고 하는데 이때 근대는 자유와 인권, 자본주의, 특히 민주주의가 형성되기 시작한 지금으로부터 200년 전의 시기를 말합니다.

물론 고대 그리스 도시국가 아테네는 민주정치를 했어요. 이 사실에 대한 《생각하는 것이 왜 중요할까요?》 작가의 생각은 이렇습니다. 모든 백성이 광장에 모여 서로 토론하며 국가 정책을 결정했고, 지도자도 직접 뽑았기 때문에 '직접민주정치'가 펼쳐졌다고요. 그리고 덧붙여 말합니다. "아테네에서 노예와 여성은 정치에 참여하지 못했기 때문에 완전한 민주정치라고 할 수 없어요. 차별이 있었기 때문입니다."

여러분, 민주주의 사회에서는 국민이 주인이므로 누구도 차별 받아서는 안 됩니다. 자신의 의사를 표현하지 못하고, 공정한 투표권을 행사하지 못하면 민주국가가 아닙니다. 그런데 현대 민주국가에서도 필요에 따라 국가가 국민의 자유를 제한하기도 합니다. 왜 그럴까요?

국가가 생긴 이유에 대한 사고(생각) 실험을 한번 해봅시다. 수백 명의 사람이 살고 있는 한 마을에 기근이 들어 먹을 양식이 부족해졌습니다. 그러자 사람들은 서로 도둑질과 강도짓을 하고 그 과정에서 힘센 사람들 때문에 약한 사람들이 다치거나 죽는 일이 벌어졌습니다. 그러나 이를 비판하는 자가 아무도 없었으며 사람들은 두려움에 떨면서 숨죽여 살았습니다.

이런 현상을 400여 년 전에 예리하게 관찰한 철학자가 있었으니 토머스 홉스 *Thomas Hobbes* 입니다. 홉스는 인간이 자연상태에서 만인에 대한 만인의 투쟁을 벌일 수 있기 때문에 이런 무질서를 벗어나기 위해 사람들이 서로 어쩔 수 없는 계약을 맺고 국가가 만들어졌다고 합니다. 실제 계약서를 쓴 것은 아니지만 서로가 약속을 했기 때문에 우리는 국가의 권위에 복종해야 하지요. 이것을 '사회계약설'이라고 합니다.

그러면 국민은 무조건 국가의 명령이나 법을 따라야 할까요? 국가의 기능이 제대로 작동하지 못하고 제 역할을 하지 못한다면 문제가 발생합니다. 로크는 아무리 국가라 하더라도 국민과 국가 사이에 보이지 않는 약속을 어기면 국민은 저항할 수 있다고 말합니다. 이에 대한 사례로 책에서는 1960년의 4·19혁명, 1980년의 5·18 민주화운동, 1987년의 6월 민주항쟁을 국민저항권으로 제시합니다.

사람은 태어나면서부터 누구나 하늘로부터 받은 천부인권을 가집니다. 그래서 나의 생명과 자유, 재산을 지켜줄 국가가 필요하지요. 홉스에게 국가란 무질서를 벗어나기 위해 어쩔 수 없이 만들어진 계약(사회계약)이라면 로크에게 국가란 국민들의 합의(사회계약)에 따라 만들어진 것이지요. 그러므로 홉스에게 있어 국민저항권은 있을 수 없는 일이지만 로크는 국민저항권을 당연한 일로 여겼습니다. 그 결과가 프랑스혁명으로 이어졌으니까요.

여러분, 현재 수많은 국가에서 국민의 생명, 자유, 재산을 침해하고 정부가 제 역할을 제대로 수행하지 못해 국민저항권이 많이 일어나고 있습니다. 무질서와 혼돈 속에서 국민의 기본권이 무너진 국가도 많습니다. 이때 국가는 어떤 결정을 내려야 할까요? 국가가 무엇보다 우선시해야 할 것은 개인의 생명과 자유, 재산이라는 기본권을 지켜주는 일입니다.

 철학자처럼 생각하기

1. 거울 앞에 서서 나를 보며 이렇게 물어봅시다. '나는 누구일까?', '나를 나답게 하는 것은 무엇일까?' 남과 다른 나는 어떤 사람인가요?

2. 데카르트의 '나는 생각한다. 그러므로 나는 존재한다'라는 말은 무슨 뜻일까요?

3. 로크가 말한 국민저항권이 중요한 이유는 무엇일까요?

Philosophy Book 08

《크다! 작다!》
세상은 흑과 백이 아니야

장성익 | 분홍고래 | 2018.11

내 편이야, 아니야?

사회시간에 일제 강점기를 공부하며 항일 투쟁을 한 독립투사들과 일본 제국주의에 참여한 친일파들을 살펴봤습니다. 쉬는 시간에 한 학생이 여름방학 때 일본 여행을 다녀온 경험을 이야기했어요.

"도시가 깨끗하고, 일본인들은 친절했어. 좋은 경험이었어."

그러자 옆에서 듣고 있던 친구들이 이렇게 물었습니다.

"그럼 넌 친일파야?"

단지 일본을 여행한 경험을 이야기했을 뿐인데 '친일파인가, 아닌가'라는 두 가지 선택의 기로에 서게 된 것이지요. 이처럼 말도 안 되는 일들이 일상 속에서 자주 벌어집니다. 살면서 우리는 자주 선택의 순간에 놓입니다. 이때 여러 다양한 가능성과 해결책이 있는데도 반드시 두 가지 중에 하나를 택해야 한다고 생각하는 사람들이 많습니다. '이것 아니면 저것', '이쪽 아니면 저쪽'이라는 선택을 강요하는 경우이지요. 예를 들어 '선과 악', '내 편과 네 편', '보수와 진보', '옳은 것과 그른 것', '이익과 손해' 등 말이에요. 이처럼 오직 두 가지 선택지만 있다고 여기는 것을 '이분법적 사고' 또는 '흑백논리'라고 합니다. 흑백논리는 어떤 상황을 단 두 가지 경우로만 보는 관점입니다. 다른 선택지와 가능성을 배제해버리지요.

《크다! 작다!》는 단순히 철학책이라기보다 경제나 정치, 환경에 대한 비판적인 관점을 공부할 수 있는 책입니다. 여러 문제에 대한 접근법과 해결방법을 이야기하면서 매우 철학적이고 묵직한 질문들을 던지지요. 작가는 이분법적 사고로 접근하는 우리 사회의 매우 위험한 현상을 지적하며 그 대안으로 자율성과 다양성, 포용성을 가지고 좀 더 색다른 방식과 창의적인 문제의식으로 생각하는 힘을 키우는 것이 이 책의 목적이라고 말합니다.

더 크게, 더 많이! 욕심 내는 세상

하늘을 찌를 듯이 아주 높게 지은 고층 건물을 '마천루'라고 부릅니다. 하늘(하늘 천天)을 문지르는(문지를 마摩) 다락(다락 루樓)이라는 뜻이지요. 이런 마천루들은 세계적인 랜드마크가 되기 때문에 많은 도시나 국가에서 자신들의 힘을 과시하기 위해 경쟁적으로 지어 올리기도 합니다. 대표적인 마천루가 아랍에미리트의 두바이에 세워진 '부르즈할리파 Burj Khalifa'입니다. 석유 자원으로 막대한 부를 쌓은 아랍에미리트는 그들이 가진 현재와 미래의 힘을 보여주려고 세계에서 가장 높은 빌딩뿐 아니라 세계에서 가장 큰 인공섬과 쇼핑센터, 또 세계에서 가장 값비싼 호텔과 신비로운 바다 호텔 등 전 세계가 놀랄 만한 건축물들을 짓습니다.

그러나 이러한 세계 최대, 세계 최고, 세계 최초라는 화려한 겉모습 뒤에는 두바이 인구의 80퍼센트가 넘는 외국인 노동자들의 희생이 있습니다. 아시아, 아프리카에서 건너온 가난한 노동자들이 싼 임금에 장시간의 열악한 노동 환경 속에서 건물을 짓고 있습니다. 제대로 된 언론 매체나 정당, 선거, 시민단체도 없는 곳에서 외국인 노동자들은 가장 화려한 도시의 건물들을 세우고 있지요. 이런 두바이의 모습은 어쩌면 전 세계에서 벌어지는 자본주의의 민낯입니다.

"더 많은 생산과 소유와 소비, 더 큰 규모와 더 빠른 속도, 더 강한 권력과 더 높은 지위, 오늘날 세상이 떠받들고 집착하는 것은 대개 이런 게 아닐까요?"

오직 더 큰 것을 추구하는 '거대주의'는 대량 생산과 대량 유통, 대량 소비와 대량 폐기의 굴레를 낳습니다. 이 거대주의 체제는 경제가 지속적으로 성장해야만 유지되기에 모든 국가가 성장지상주의에 빠질 수밖에 없지요. 끝없는 팽창과 확대만이 거대주의를 지탱하는 필수 요소이며, 동시에 거대주의 체제 자체가 팽창과 확대를 지속시킵니다. 20세기 초에 등장한 제국주의는 거대주의의 또 다른 이름이지요. 대량으로 생산된 물건을 자국에서 다 팔 수 없어서 식민지 국가에 강제로 팔고, 이런 식으로 식민지 쟁탈과 자본주의의 모순으로 일으난 사건이 제1, 2차 세계대전입니다.

지금도 거대주의 시스템은 자본과 결탁하여 끊임없이 생산해내는데 이제 생산의 주체는 노동자가 아니라 기계와 기계의 주인인 자본입니다. 180여 년 전 공산주의 창시자 마르크스가 예언한 문제, 즉 '노동 소외' 현상이 일어난 것입니다. 노동자가 생산한 생산물은 자본가의 소유라는 것, 분업화로 노동자가 노동의 과정에서 소외되고 또 동료들로부터 소외되는 것, 결국에는 자유로운 자기 자신으로부터도 소외되는 현상을 말합니다.

거대주의는 도시화의 발달과 대기업 성장의 바탕이 되어 우리 사회를 위험사회로 이끌 수 있습니다. 독일 사회학자 울리히 벡_Ulrich Beck_은 현대사회를 '위험사회'라고 합니다. 근대화, 산업화, 과학 기술의 발달은 현대인들에게 물질의 풍요와 편리성을 가져다주었지만 동시에 일상의 위험과 불안이 더욱 커지게 만들고 있습니다.

큰 것은 작은 것에서 시작돼요

하지만 희망이 없는 것은 아니에요. 《크다! 작다!》의 작가는 거대주의 속에서 과학 기술이 적정 기술을 가지고 자원을 낭비하지 않으면서 필요한 사람에게 도움을 줄 수 있다고 말합니다. 대표적으로 더러운 물을 깨끗한 물로 정화시키는 '라이프스트로 LifeStraw', 전기 없이도 낮은 온도를 유지하는 '항아리 냉장고', 많은 물을 쉽게 운반할 수 있는 물통 '큐드럼 Q-drum' 등이지요. 환경을 파괴하지 않으면서 누구나 쉽고 값싸게 이용할 수 있는 이 기술들을 '작은 기술, 평화의 기술, 값싸고 민주적인 기술'이라고 말합니다.

 작은 것이 주는 힘과 지혜는 비단 과학 기술뿐 아니라 정치 영역에서도 이용될 수 있습니다. 권력의 힘을 중앙으로 모으는 거대한 기득권 정당으로 이루어진 정치가 아니라 각 지역의 시민이 주체가 되는 참여와 분권의 정치, 풀뿌리 정치, 생활 정치로의 전환이 그것입니다. 진영 논리에 사로잡혀 공허한 이념 논쟁만 하는 정치가 아니라 시민들의 다양한 요구와 필요성을 실질적으로 채워주는 정치가 필요합니다. 말로만 거창하게 들리는 민족과 국가가 아닌 인간의 존엄과 자유를 소중하게 여기는 사람 중심의 정치, 다수의 주류 패권 정치가 아닌 소수자와 비주류의 목소리를 대변해주는 작은 정치가 필요하지요.

 거대주의 시스템으로 굴러가는 자본주의 경제에서 우정과 연대, 민주주의와 협동의 가치로 인간과 자연의 공존이 이루어지는 경제가 되어야 합니다. 화석 연료와 화학을 바탕으로 한 대규모 산업화된 농업 대신 생태적 농업을 추구하고, 거대 도시보다는 소규모의 마을 공동체에서 이루어지는 작은 경제를 지향해야 할 필요가 있습니다. 숲에서 떨어진 작은 물방울들이 모여 냇물이 되고, 또 강이 되어 마침내 거대한 바다를 이루듯, 진정으로 큰 것은 작은 것에서부터 시작된다는 사실을 기억해야 합니다.

많이 가지면 더 행복할까요?

《오래된 미래》라는 책으로 세계에 알려진 인도의 라다크_Ladakh_ 마을 사람들은 천 년이 넘는 세월 동안 평화롭게 생활해왔습니다. 이 아름다운 마을은 땅이 기름지지도 않고 기후도 혹독했지만 사람들은 농사를 짓고 가난이란 것도 모른 채 서로 도우며 소박한 삶을 살았습니다.

그런데 1970년부터 인도 정부가 이 마을을 외부에 개방하고 개발하자 모든 것이 변하기 시작했습니다. 포장도로가 뚫리고, 학교와 병원, 은행, 발전소, 비행장이 들어서고, 외부 관광객들이 몰려들었습니다. 라다크 사람들은 관광객을 상대로 호텔, 식당, 술집을 운영했고 곧 마을에 수많은 집과 건물들이 들어서게 됩니다. 그러자 이곳에도 부자와 가난한 자들이 생기고, 빈민가들도 조성됐습니다. 또 스스로 의식주를 해결했던 라다크 사람들은 외부에서 들어온 상품으로 생필품을 쓰게 되면서 돈이 필요해졌습니다. 이제 라다크를 지배하는 것은 돈이 되었습니다. 마을 사람들은 외부 사람들과 비교하며 자신들이 가난하다는 사실을 깨달았지요. 그들만의 전통과 관습이 무너졌고, 이제 서로가 서로를 비교하며 경쟁하는 사이가 되었습니다. 라다크 사람들의 삶은 풍족해지고 행복해졌을까요?

경제 성장이란 경제의 규모가 커지며 생산이 늘어나는 것을 말합니다. 경제 성장이 어느 정도로 이뤄져야 행복하다고 할 수 있을까요? 소득이 일정 수준에 이르러 사람들의 기본적인 욕구가 충족되면 그 후로는 아무리 소득이 늘어나도 행복에 별다른 영향이 없다고 합니다. 이를 '풍요의 역설'이라고 합니다. 한국은 아주 짧은 기간에 엄청난 경제 성장을 이루어 선진국에 진입한 세계에 보기 드문 나라입니다. 그러나 현재 자살률 세계 1위, 출생률 세계 최하위라는 심각한 위기를 마주한 사회가 되었지요. 과거보다 훨씬 풍족하고 풍요로워졌는데도 왜 한국은 이런 최악의 결과를 얻게 됐을까요? 그 이유를 행복이라는 관점에서 바라보아야 하지 않을까요?

"적은 것에 만족하지 못하는 사람은 어느 것에도 만족하지 못한다."

고대 그리스 철학자 에피쿠로스*Epikouros*의 이 말은 우리가 끝도 없는 욕망을 아무리 채워도 만족하지 못하며 결국 행복할 수 없다는 의미입니다. 만족할 줄 아는 사람만이 참된 기쁨을 누릴 수 있으며, 행복이란 물질의 풍족과 부의 풍요가 아닌 간소하고 소박한 삶에서 오는 것은 아닐까요?

다수와 소수가 어우러지는 세상

작은 것과 소박한 것, 적게 가지는 행복을 위해 민주주의에 대해 생각해볼 필요가 있습니다. 《크다! 작다!》가 말하고자 하는 핵심은 민주주의와 관련 있습니다. 그래서 이 책이 철학적이라는 것이지요.

일반적으로 민주주의의 기본은 다수결의 원리라고 생각합니다. 이 책의 작가는 이 점에 의문을 제기합니다. 대다수 사람의 의견이라고 반드시 옳다고 볼 수는 없다는 겁니다. 이런 생각은 2,400년 전 소크라테스와 플라톤도 심각하게 고뇌했던 문제입니다. 오죽했으면 플라톤은 민주주의를 '우민정치'라고 비판했을까요? 이런 생각은 스승인 소크라테스의 죽음이 당시 아테네의 민주주의와 상관이 있기 때문이었죠.

수의 많고 적음에 따라 모든 것을 결정한다면 사회 전체 시스템을 지배하는 주류사회의 이념이나 가치관을 넘어설 수 있을까요? 예를 들어 서구사회에서 주류를 차지하는 기독교인 백인 남성이 지배 계급을 이루면 비주류에 속하는 비기독교인, 유색인종 또는 여성의 의견이나 목소리가 그 사회에서 영향을 미칠 수 있을까요? 주류가 지배하는 사회는 자신들의 권익과 이익만을 위해 계속 그들만의 지배 이데올로기를 생산하고 확대해나갑니다. 이데올로기란 개인이나 사회 집단의 사상이나 행동을 이끄는 관념이나 신념, 이념 체계를 말하지요. 지배 이데올로기는 이런 관념이나 신념을 지배하는 계급이 형성하고, 이들은 이 이데올로기를 가지고 다른 피지배 계급을 지배하는 이념으로 사용합니다.

다수의 주류 이념으로 민주주의를 작동시키면 소수의 비주류인 여성, 노인, 어린이, 외국인 노동자, 유색인, 비정규직, 비기독교인, 성소수자, 난민 등은 사회적 약자와 소수자로 남게 될 것입니다. 소수의 목소리에 귀 기울이고, 또 이들이 자신의 권리를 주장하기 위해 목소리를 낼 때 진정한 민주주의가 시작됩니다.

"몫이 없는 자가 자기 몫을 요구하는 것, 권리 없는 자가 자기 권리를 요구하는 것, (…) 가장 큰 자와 가장 작은 자의 말을 동등하게 경청하는 것이 민주주의입니다."

이 말은 프랑스 철학자 자크 랑시에르 *Jacques Ranciere*가 주장한 정치의 본질입니다. 이를 위해 우리는 민주주의의 정의에 따라 스스로 국가의 주인이 되어야 합니다. 그 실천적 첫걸음이 바로 '참여'이지요. 우리의 참여가 민주주의의 한계를 극복하게 하고, '크다-작다', '많다-적다', '이것-저것', '선-악'의 이분법을 넘어서도록 합니다. 우리는 민주주의를 더 널리 퍼뜨리고, 더 많이 가져야 합니다. 그래서 민주주의는 스스로 새롭게 창조해나가는 '가능성의 정치'라고도 하지요.

1. '흑백논리'란 어떤 뜻일까요? 평소 흑백논리를 경험했던 일을 떠올려 써봅시다.

   흑백논리의 뜻:

   내가 경험했던 일:

2. 《크다! 작다!》에서는 '작은 것들이 주는 행복을 찾자'라고 합니다. 우리 주변의 과학 기술 중에 작은 것이 주는 행복에는 무엇이 있을까요?

3. "적은 것에 만족하지 못하는 사람은 어느 것에서도 만족하지 못한다."라는 말은 무슨 뜻일까요? 나의 생각을 써봅시다.

《생각을 깨우는 철학》
생각의 틀을 깨는 건 쉬워요

샤론 케이 | 책과함께어린이 | 2021.9

추리게임으로 생각해보기

4, 5학년 독서논술 시간에 연역추리와 귀납추리 게임을 했습니다. 추리란 몇몇의 사실과 정보(명제)로부터 하나의 새로운 판단(명제)을 도출하는 사고과정으로, 그 방식에는 연역추리와 귀납추리가 있습니다. 연역추리는 하나 혹은 두 개의 전제를 바탕으로 새로운 명제를 이끌어내는 것입니다. 그래서 전제와 결론이 건전할 때 전제들이 참이면 결론도 참이 됩니다.

모든 사람은 죽는다. (대전제)

소크라테스는 사람이다. (소전제)

그러므로 소크라테스는 죽는다. (결론)

그런데 연역추리를 배운 친구들이 만든 삼단논법들이 가끔 오류를 범하기도 합니다.

모든 돼지는 동물이다.
모든 인간은 동물이다.
그러므로 모든 인간은 돼지다.

여러분이 볼 때에도 위의 삼단논법에 담긴 추리가 무언가 이상하지요? 전제는 참이지만 결론이 거짓인 논증입니다. '동물'이라는 단어가 전제에서만 두 번 등장하고, 결론에는 언급되지 않습니다. 이런 단어를 가리켜 '중명사'라고 하는데 중명사는 전제에서 쓰일 때 반드시 한 번은 서술어에, 다른 한 번은 주어 자리에 등장해야 합니다.

모든 '동물'은 죽는다.
모든 돼지는 '동물'이다.
그러므로 모든 돼지는 죽는다.

이처럼 전제와 결론이 논리적으로 타당해야만 논증이 '참'으로 인정을 받습니다. 우리가 토론을 하거나 글을 쓸 때 참인 문장과 논리적인 일관성을 가져야 하는 이유이지요.

《생각을 깨우는 철학》은 같은 질문에 대해 서로 다른 대답을 살펴보며 우리의 생각을 깨우는 철학책입니다. 철학 그 자체의 질문, 존재와 지식에 대한 질문, 윤리와 논리에 대한 질문들이 담겨 있지요. 어떤 주제에 대해 같은 질문을 던지지만 서로 다른 다양한 생각을 들으려고 하니 무려 160명의 철학자들이 등장할 수밖에요. 어때요, 여러분? 우리도 한번 생각을 깨워 봅시다!

내 머릿속 지식은 참일까?

400여 년 전 사람들은 지구가 우주의 중심이고, 지구 주위를 따라 태양과 별, 행성들이 돈다고 알았습니다. 당시에는 이것이 지식이자 진리이며 참이었습니다. 심지어 틀린 지식이며 거짓이라고 지적한 이탈리아 철학자 조르다노 브루노Giordano Bruno는 화형을 당하기도 했습니다.

여러분, 지식이란 무엇일까요? 참과 거짓을 논할 수 있는 지식이 참된 지식이랍니다. 그런데 미셸 푸코Michel Foucault라는 프랑스 철학자는 "권력자의 말이라면 무엇이든 지식이 된다."라고 말합니다. 400여 년 전 당시 최고 권력인 교황청에서 태양과 모든 행성이 지구를 중심으로 돈다라고 말하면 그것이 곧 지식이라는 뜻입니다.

푸코의 말이 우습다고요? 권력은 주변 세계를 이해하고 해석할 때 사용하는 언어를 작동시키는 힘입니다. "사회는 '진실'을 설정해서 '금기'를 정하고, 그것을 어긴 자와 지킨 자를 '분할'하며 어긴 자를 '배척'

한다."라는 그의 설명은 우리들로 하여금 말을 조심하게 만들지요. 그리고 이 모든 것은 교육을 통해 재생산되고 유지하면서 정치적 수단으로 작동합니다.

미국 철학자 낸시 프레이저_Nancy Fraser_는 이러한 권력자들의 주장과 지식들은 대부분 실패로 돌아갔기에 푸코의 주장에 반대합니다. 무엇이 참인지 알려면 서로에 대한 신뢰를 바탕으로 새로운 지식들을 끊임없이 살피고 확인해야 된다고 말하지요.

그러면 우리는 지식을 어떻게 얻을까요? 전통적으로 지식을 얻는 방법에는 크게 합리론과 경험론, 두 가지 방법이 있습니다. 합리론자들은 경험이 아닌 생각으로 지식을 얻습니다. 우리 뇌에는 기본적인 지식이 들어 있어 더 빨리 익히고 배우지요. 그래서 데카르트가 '나는 생각한다. 그러므로 나는 존재한다'라고 선언했던 것입니다.

이에 반해 경험론자들은 감각을 통한 경험으로 외부세계에 대한 정보와 지식을 얻습니다. 영국의 경험론 철학자 데이비드 흄_David Hume_은 똑똑한 사람도 불을 경험하지 못하면 자신의 손이 불에 데일 수 있다는 사실을 모른다고 합니다. 아무것도 모르는 어린아이와 같다는 것이지요. 그의 말처럼 경험해보지 않으면 생각을 하더라도 전혀 알 수가 없습니다.

진리란 무엇인지 생각하다

패러독스_paradox_는 얼핏 옳은 듯 보이지만 이상하거나 잘못된 결론을 도출하는 주장을 가리키며 흔히 역설, 모순이라고 말합니다. 모순이라는 글자를 뜯어보면 '창 모矛', '방패 순盾'으로 이루어져 있는데 이는 논리의 앞뒤가 맞지 않는 경우를 가리킵니다. 옛날에 한 장사꾼이 자신이 파는 창을 들고 "그 어떤 물건도 뚫는 창"이라고 말하고, 방패를 보여주며 "그 어떤 물건도 뚫을 수 없는 방패"라고 자랑했습니다. 그러자 구경하던 한 사람이 "그럼 그 창으로 그 방패를 찌르면 어떻게 되는가?"라고 묻자 장사꾼은 아무 말도 할 수 없었지요. 철학자들은 이런 모순을 이겨내고 진리를 탐구하려 합니다. 진리는 참된 이치를 말하는데 철학자들은 진리가 무엇인지, 진리임을 어떻게 알 수 있는지 고민합니다.

인도 철학자 나가르주나Nāgārjuna는 일상적 진리를 통해 궁극적 진리, 즉 '깨달음의 진리'에 도달할 수 있다고 말했습니다. 또 독일 철학자 헤겔Hegel은 '진리는 역사의 힘'이라고 했지요. 서로 다투는 집단들이 '정반합正反合'의 변증법으로 합의를 이루며 진리를 찾으려는 노력이 곧 역사를 발전시키는 힘이라는 것입니다. 또 다른 독일 철학자 하버마스Habermas는 의사소통의 중요성을 말하면서 '진리가 동의에서 비롯된다'고 강조했습니다. 진리를 알려면 모든 것을 공정하게 살펴야 하고, 다른 사람들과 의견을 공유해야 한다고 말이죠.

그런데 미국 철학자 윌리엄 제임스William James는 '유용한 것은 모두 진리'라는 실용주의적 진리를 주장했습니다. 예를 들어 만약 신이 존재한다고 믿는 일이 자신에게 유용하다면 그 믿음은 참이자 진리가 된다는 것이지요. 제임스의 철학은 '진리는 절대로 변하지 않는 것'이라고 생각한 수많은 철학자에게 '절대적 진리란 없다'라고 지적한 것이었습니다. 반면 미국 철학자 클리퍼드 기어츠*Clifford Geertz*는 '언제나 어디서나 누구라도 충분하지 않은 증거를 바탕으로 무엇이든 믿는 것은 잘못된 행위'라고 말했습니다. 만약 돈을 아끼기 위해 수리가 필요한 배를 그냥 띄워 많은 승객이 죽었다면 그 책임은 누가 져야 할까요? 배의 주인은 돈을 아끼는 것이 자신에게 유용했기 때문에 배를 수리하지 않아도 된다고 생각할 수 있습니다. 클리퍼드가 상대적 진리관을 펼친 제임스를 끔찍이 싫어한 이유이지요.

참과 거짓은 어떻게 알까?

논증은 옳고 그름에 대하여 그 이유나 근거를 들어 밝히는 일을 말합니다. 철학에서는 근거로부터 주장을 이끌어내는 과정을 논증이라고 하지요. 좋은 논증이 되기 위해서는 좋은 근거와 주장이 '논리적으로' 연결이 되어야 합니다. 철학에서 논리학이 중요한 이유이지요.

《생각을 깨우는 철학》에서는 세 가지 삼단논법을 제시합니다. 먼저 범주적 삼단논법은 두 개 이상의 근거와 주장으로 되어 있으며 근거를 토대로 주장을 이끌어냅니다. 다음의 예를 볼까요?

> 도마뱀은 철학자가 아니다.
> 레오는 도마뱀이다.
> 그러므로 레오는 철학자가 아니다.

긍정논법과 부정논법을 조건 추리(가언적 삼단논법)라고도 합니다. 긍정논법은 '만약 …라면 …하다'로 시작하고, '만약…라면'이라는 조건 문장이 참이라는 것을 보여줍니다.

만약 삼각형의 세 각이 같으면 세 변도 같다.
삼각형의 세 각이 같다.
그러므로 세 변도 같다.

반면 부정논법은 '만약 …라면 …하다'로 시작하고, '…하다'에 해당하는 문장을 부정합니다.

만약 삼각형의 세 각이 같으면 세 변도 같다.
삼각형의 세 변이 다르다.
그러므로 세 각도 다르다.

17세기에 프랑스 철학자 파스칼*Pascal*은 긍정논법을 사용하여 신의 존재를 증명하고자 했습니다. 신이 존재하는지, 아닌지를 내기한다면 존재하는 쪽에 거는 것이 유리합니다. 그 이유를 볼까요?

①
만약 신이 존재하지 않는다면 신을 믿는 사람은 잃을 것이 별로 없다.
신은 존재하지 않는다.

그러므로 신을 믿는 사람은 잃을 것이 별로 없다.

②

만약 신이 존재한다면 신을 믿지 않은 사람은 지옥불에 떨어질 것이다.
신은 존재한다.
그러므로 신을 믿지 않은 사람은 지옥불에 떨어질 것이다.

파스칼의 긍정논법에 따르면 신을 믿는 것이 훨씬 우리에게 유리해 보입니다. 그러나 오스트레일리아 철학자 J. L. 매키*J. L. Mackie*는 부정논법으로 신이 존재하지 않음을 증명했습니다.

만약 항상 선하며 전지전능한 신이 존재한다면 불필요한 고통이 존재해서는 안 된다.
불필요한 고통은 존재한다.
그러므로 항상 선하며 전지전능한 신은 존재하지 않는다.

신의 존재를 단순히 믿음의 차원이 아닌 연역적 추리로 증명해내려고 한 철학자들이 대단해 보이지 않나요? 그러나 영국 경험론 철학자 프랜시스 베이컨*Francis Bacon*은 삼단논법이 연역추리라는 이유로 반대합니다. 그가 제시한 추리는 귀납추리였기 때문입니다.

까마귀 A는 검다.

까마귀 B는 검다.

까마귀 C는 검다.

까마귀 D는 검다.

…

그러므로 모든 까마귀는 검을 것이다.

귀납추리는 개별적이고 특수한 사실로부터 일반적 사실을 결론으로 이끌어내는 사고의 과정입니다. 관찰 사례가 많을수록 일반화가 참일 가능성이 높아집니다. 귀납추리는 과학적 방법과 과학의 발전에 많은 영향을 미쳤지만 단 하나의 다른 사례가 발견되는 순간 논리가 무너질 수 있습니다. 그 순간이 바로 흰 까마귀나 검은 백조가 나오는 순간이 지요.

생각이 참이 되려면 논리가 필요해!

여러분, 혹시 〈100분 토론〉이라는 TV 프로그램을 본 적 있나요? 여러 전문가가 나와서 토론을 하며 가끔 상대방이 하는 말을 듣고 '그 주장에는 논리적 오류가 있다'라는 표현을 쓰는 것을 들어본 적이 있을 거예요. 오류란 바르지 못한 논리적 과정 및 그에 따른 추리나 판단을 말합니다. 일상생활에서도 오류를 범하는 말들이 흔히 쓰입니다. 예를 들어 살펴봅시다. 'A 의원이 환경을 오염시킨다며 공장을 폐쇄하자고 하는데 정작 A 의원은 길바닥에 쓰레기를 버리고 일회용 컵을 사용하잖아요?' 이러한 논증은 상대방의 잘못을 짚어서 그가 하는 주장도 잘못이라고 판단하는 피장파장의 오류입니다. '아직 나이도 어리면서 네가 뭘 알아?'라는 식으로 말하는 것은 정황적 논증의 오류입니다. 또 '이 물건은 좋은 물건입니다. 왜냐하면 가장 많이 팔렸기 때문이지요'라고 설명한다면 이는 군중에 호소하는 오류입니다. 이처럼 평소 우리는 많은 논리적 오류를 범하곤 하지요.

그럼 이건 어떨까요? 프랑스 철학자 루소Rousseau는 아이들은 선하고 현명한 상태로 태어나기 때문에 자유롭게 경험하며 배워야 한다는 철학을 펼칩니다. 이러한 그의 생각이 담긴 유명한 책이 《에밀》입니다. 그러나 정작 그는 자신의 자녀들을 방치하고 고아원에 보냈는데요. 이러한 이유로 루소의 철학적 이론이 무의미하다고 할 수 있을까요?

여러분, 우리가 어떤 주장을 할 때 그 주장을 뒷받침하는 근거들이 참인지가 중요해요. 그리고 근거와 주장이 논리적으로 일관성을 갖는지 생각도 해야 합니다. 만일 단 하나라도 오류를 범한다면 그 생각은 진리가 될 수 없습니다. 논리학이 중요한 이유이지요.

1. 과학적으로 거짓인 지식을 지적한 철학자 조르다노 브루노가 화형당한 이유는 무엇 때문일까요?

2. 미국 철학자 제임스의 '유용한 것은 모두 진리'라는 말은 무슨 뜻인가요? 이 말에 동의하나요, 하지 않나요? 그 이유는 무엇인가요?

   '유용한 것은 모두 진리'라는 뜻은

   이 말에 동의 (한다 / 하지 않는다). 왜냐하면

3. '아직 나이도 어리면서 네가 뭘 알아?'라고 누군가 말한다면 논리적으로 어떻게 반박할 수 있을까요?

《철학자는 왜 거꾸로 생각할까?》
새로운 것들을 발견하게 돼요!

요술피리 | 빈빈책방 | 2019.2

가끔은 세상을 거꾸로 봐!

우리나라를 중심으로 세계지도를 보면 한국은 세계 강대국 사이에 끼여 있는 형국입니다. 서쪽으로 진출하려면 인구 14억의 거대 중국 대륙이 버티고 있고, 북쪽으로 가려면 세계에서 가장 땅이 큰 러시아와 중국이 떡 하니 버티고 있지요. 동쪽으로 가려면 일본이 동쪽에서 남쪽으로 길게 가로막고 있습니다. 오직 남쪽 일부분이 중국과 일본 사이에서 태평양 바다로 나갈 길목처럼 조금 뚫려 있습니다. 하지만 생각을 조금 바꿔볼까요?

세계지도를 거꾸로 놓고 보면 한국 앞에는 태평양을 중심으로 거대한 기회가 펼쳐집니다. 한국이 세계로 뻗어나갈 물류의 중심지로 확연하게 보입니다. 바로 놓고 봤을 때는 보이지 않던 세계가 거꾸로 보니 전혀 다르게 보이고, 기회가 보이고, 전략이 보입니다.

이처럼 가끔 사물이나 대상을 바라볼 때 뒤집어도 보고, 비틀어도 보고, 거꾸로 보면 평소와 다른 생각의 창이 열립니다. 철학에서는 이런 사고방식을 '비판적 사고'라고 합니다. 비판적 사고는 어떤 사태에 처했을 때 그 대상에 대하여 다양한 관점에서 분석하고 평가하는 능동적 사고를 말합니다. 인류 역사에는 일반 사람들과 다르게 거꾸로 보면서 기존의 질서와 가치, 철학을 뒤집어서 새롭게 세계를 창조한 사상가들이 있습니다.

《철학자는 왜 거꾸로 생각할까?》는 책의 표지에 있는 제목부터 거꾸로 쓰여져 있습니다. 서양철학에서 혁신적인 사상으로 철학의 흐름을 바꾼 열한 명의 철학자들을 등장시켜 이들이 어떻게 세계를 다르게 해석하고 새로운 철학을 세웠는지 보여줍니다. 그렇습니다. 가끔은 세상을 거꾸로 볼 필요가 있습니다. 그러면 보이지 않던 것이 새롭게 보일 것입니다.

위대한 스승에 위대한 제자!

기원전 5세기, 그리스 철학자들이 자연에 관심을 가지고, 말로 논쟁을 즐기는 궤변론을 펼칠 때 소크라테스는 스스로 자신의 무지를 깨닫고 인간이라는 주제에 관심을 가진 최초의 철학자입니다. 진리를 사랑하고 진실을 추구했던 소크라테스에게 뛰어난 제자가 있었으니 플라톤입니다. 플라톤은 자신의 책에 스승을 주인공으로 등장시켜 자신의 철학을 완성해 이야기합니다.

플라톤 철학의 독창성은 동굴의 비유를 통한 이데아의 발견에서 드러납니다. 평생을 동굴에서 쇠사슬에 묶여 앞만 보는 죄수들이 있고, 그 뒤쪽에는 모닥불이 피워져 있지요. 죄수들은 앞에 드리운 그림자가 실제 세계라고 믿으며 살아가지요. 쇠사슬에 풀려난 죄수가 본 것은 모닥불에 비친 그림자였고, 동굴 밖으로 나온 죄수의 눈에는 태양이 비치는 밝은 세상이 보입니다.

동굴 속의 그림자가 우리가 보는 모습이라면 이데아는 태양과 같은 것입니다. 비바람이 불고, 먹구름이 끼어도 태양은 언제나 그 위에 존재하는 것처럼 이데아는 영혼의 눈으로 볼 수 있는 참모습이지요. 우리가 감각으로 보고 듣고 만지는 구체적 대상들은 모두 이데아의 복사품에 불과합니다. 개는 진돗개, 불도그, 슈나우저, 요크셔테리어와 같이 다양한 종으로 또 다리의 길이, 꼬리의 모양, 귀의 생김새 등 제각기 다른 모습으로 현실에 존재하지요. 그런데 우리가 '개'라고 할 때 머릿속에 떠오른 개의 모습, 그것이 바로 이데아입니다. 개나 고양이 등 구체적 사물은 쉽게 떠올릴 수 있지만 '정의'나 '진리', '좋음'과 같은 참모습은 떠올리기가 쉽지 않습니다. 그래서 철학자들은 이성의 힘으로 이데아를 찾기 위해 노력해야 하지요. 이데아 중 최고의 이데아인 선의 이데아를 찾고 훈련한 현명한 철학자가 통치자가 되어 다스려야 완벽한 이상국가가 됩니다.

플라톤의 이데아 사상은 서양의 기독교 철학을 만드는 핵심적 사상이 되고 서양철학의 근본이 됩니다. 플라톤은 서양철학의 완성자라고 불려도 될 만큼 충분한 자격이 있습니다. 그리고 이 위대한 사상가에게 위대한 제자가 있었으니 그가 바로 아리스토텔레스입니다.

플라톤이 세상의 근본은 하늘에 있는 '이데아'라고 부르짖을 때 아리스토텔레스는 스승의 이데아 개념을 현실세계로 가져옵니다. 스승을 너무나 존경했던 제자는 거꾸로 이데아는 우리가 경험하는 현실세계 속 사물 하나하나에 있다고 주장합니다.

예를 들어 구리로 만든 말 모양의 동상이 있습니다. 이때 구리를 '재료'라고 하지요. 아리스토텔레스는 재료를 '질료'라고 하고, 말의 모습을 한 동상을 '형상'이라고 부릅니다. 재료인 구리가 반지가 될지, 동상이 될지를 정하는 것은 형상입니다. 즉 재료가 아닌 말 모양 '형상'이 동상의 이데아입니다. 그런데 동상은 구리 없이 존재할 수 있을까요? 아리스토텔레스는 형상과 질료의 결합으로 이루어진 하나하나의 사물이 바로 '실재'라고 보았습니다.

자연세계에 존재하는 사물들이 모두 실재의 모습이고, 이를 바탕으로 아리스토텔레스는 논리학, 자연철학, 정치학, 기상학, 생물학 등 모든 학문의 체계를 세우게 됩니다. 이데아는 플라톤의 말대로 보이지 않는 것이 아닌 우리 눈앞에 펼쳐진 현실세계에 있었던 것이지요. 그는 스승의 생각을 거꾸로 뒤집었던 것입니다. 그의 철학은 훗날 경험주의 철학과 근대 과학에 큰 영향을 미칩니다. 과연 그 스승에 그 제자입니다.

생각이 먼저? 경험이 먼저?

17세기 데카르트가 '나는 생각한다. 그러므로 나는 존재한다'라고 했을 때 이 말은 중세시대의 신 중심 세계관에 종말을 고한 사건이었습니다. 데카르트 이후로 사상가들은 인간의 이성으로 세계를 해석하기 시작했지요.

플라톤이 모든 존재와 인식의 근거를 '이데아'에 두었다면 이후 모든 철학자가 인간은 본래 관념을 가진다고 생각했습니다. 이렇게 인간이 본유관념이나 이성을 갖고 있으며 이를 통해 세계를 해석하는 철학을 '합리주의'라고 부릅니다. 데카르트, 스피노자, 라이프니츠 등은 합리주의 철학을 완성한 사상가들입니다.

그런데 이를 거꾸로 바라보고 반기를 든 철학, 영국 경험론이 등장합니다. 로크는 인간은 태어날 때 '백지상태'로 태어나서 감각을 통해 하나씩 배운 것을 지식으로 삼는다고 보았습니다. 그 지식은 '감각'과 '반성'에 따른 경험입니다. 인간의 감각이 외부 대상을 받아들이면 반성은 감각으로 받아들인 것(표상)들을 비교하고 결합합니다. 예를 들어 아이가 피아노 소리를 듣는 감각 경험을 하게 되면 이 경험이 아이의 내부에서 반성을 통해 피아노와 바이올린을 함께 연주하는 협주곡을 만드는 새로운 지식(관념)이 형성되지요.

그렇다면 세상을 움직이는 것은 신이 아닌 지식을 쌓은 인간이지 않을까요? 그래서 왕은 신이 임명한다는 왕권신수설은 틀린 것입니다. 로크의 경험주의 철학은 그의 책 《통치론》에서 정치철학으로 발전합니다. 로크의 정치철학은 영국에서 왕이 물러나고 의회가 권력을 잡는 명

예혁명을 이끌어냈습니다.《통치론》은 프랑스혁명과 미국 독립선언 그리고 현대 민주주의에도 큰 영향을 미쳤습니다. 경험주의 철학은 로크의 뒤를 이어 조지 버클리와 데이비드 흄으로 이어지면서 영국 경험론으로 발전합니다.

칸트의 혁명적인 생각의 전환

코페르니쿠스가 천체가 아닌 지구가 도는 지동설을 발견했듯, 사고방식이나 견해가 종래와는 달리 크게 변하는 일을 가리켜 '코페르니쿠스적 전환'이라고 부릅니다.

'무엇을 알 수 있는가?'라는 물음을 철학에서는 '인식론'이라고 합니다. 이성을 통해 확실한 진리를 알 수 있다는 합리론, 반대로 감각적 경험으로 진리를 알 수 있다는 경험론은 서로 어울릴 수 없는 철학처럼 보입니다. 칸트는 이성이나 경험으로 모든 것을 알 수 없을지도 모른다고 의심합니다. 그래서 칸트는 인간이 알 수 있는 것과 알 수 없는 것을 구분합니다.

빨간 색안경을 쓰고 세상을 보면 빨갛게 보이고, 파란 색안경을 쓰면 세상은 파랗게 보입니다. 만약 인간의 이성에 이런 색안경이 있다면 색안경을 벗을 수 있을까요? 벗을 수 없다면, 인간은 세계 그 자체를 알 수 없고 자신에게 어떻게 보이는지만 알 수 있습니다.

칸트 이전에는 우리가 '안다'라고 할 때 '대상을 있는 그대로 인식하는 것'으로 생각했지요. 단 인식하는 방법에 따라 '지식'이 외부에서 경험으로 생기는 것인지, 이성의 틀을 통해 형성된 것인지만 다를 뿐이죠. 칸트는 이 생각을 거꾸로 뒤집습니다. 인간이 가진 생각의 틀이 세상을 능동적으로 구성한다고 보았습니다. 지식은 '인식의 틀'과 '감각의 재료'로 만들어지는 것이지요.

예를 들어 창가에 꽃이 핀 화분이 있으면 인간이 대상(사물)을 감각적으로 인식하게 됩니다. 이 감각 재료와 우리 안에 존재하는 인식의 틀이 합쳐져 지식을 만들어냅니다.

칸트의 인식론은 인간에게 감각의 경험이 없으면 사물에 대해 알 수 없다는 것입니다. 경험론처럼 말이죠. 하지만 이런 경험들을 우리는 언제나 인식의 틀을 통해 받아들입니다. 인식의 틀은 '시간', '공간', '범주'라는 색안경입니다. 합리론처럼 말이죠. 인식의 주체가 대상이 아닌 인간에게 있음을 증명한 칸트의 인식론은 이후 모든 것이 마음이나 정신으로 구성된다는 독일관념론으로 발전합니다.

새로운 생각이 새로운 세계를 만든다

칸트 이후로 인식론은 철학적으로 대전환을 맞이하는데 칸트, 피히테, 셸링, 헤겔로 이어지는 독일관념론입니다. 고대 그리스 시대 이래로 철학자들은 보편적 질서와 원리, 즉 이성을 찾고자 했습니다. 플라톤의 이데아와 중세시대의 신을 데카르트 이후로 합리론자들은 이성으로 불렀습니다. 칸트 역시 세계의 질서와 원리는 바로 인간 내부에 이성의 형식(이성의 틀)이 만든 것이라고 보았지요. 그런데 헤겔은 칸트의 이 점을 비판합니다.

 인간의 이성이 '사물 자체'를 알 수 없다면 마찬가지로 세계의 질서나 원리도 알 수 없지 않을까요? 헤겔은 진정한 진리란 인간의 이성, 자연, 역사, 신 등 모든 것을 포함하고, 그래서 인간과 자연, 우주 전체를 다스리는 원리는 바로 '정신'이라고 보았습니다. 이 정신은 무엇에도 얽매이지 않는 의지와 상상력을 가진 자유로운 존재이자 절대자입니다. 그래서 헤겔은 세계의 보편적 원리를 '절대정신'이라고 보았습니다. 이 절대정신은 인간의 이성 속에서 자신을 드러내며 항상 전진하고 발전합니다.

 그러나 역사의 발전이 항상 좋은 방향으로 가는 것은 아닙니다. 그럴 때 곧 반대 의견이 나타나고 결국 좋은 방향으로 다시 역사는 나아가게 됩니다. 이렇게 생성과 변화, 발전의 법칙을 가리켜 헤겔은 변증법이라고 불렀습니다.

 변증법은 대립되는 두 가지 개념이나 사상이 서로 투쟁하면서 그 과정에서 새로운 개념이나 사상이 도출되는 방법입니다. 변증법은 정正-반反-합合의 세 단계로 이루어집니다. 예를 들어 체육시간에 A는 야구 경기를 하고 싶어하고(정), B는 술래잡기 놀이를 하고 싶어합니다(반). 서로 대립되는 과정에서 C가 야구와 술래잡기 놀이를 합친 피구경기를 도출해 제안합니다(합).

 자본주의 시장경제(정)와 사회주의 경제(반)는 서로 모순입니다. 모순의 대립을 통해 수정자본주의(합)가 탄생되는 것이 헤겔의 변증법을 잘 보여준 사례라 할 수 있지요. 이렇게 변화를 추진하는 힘을 헤겔은 모순에서 찾습니다. 모순은 사람과 사회를 변화시키는 원동력입니다. 모순이란 틀로 세상이 끊임없이 변화하고 발전한다고 보는 새로운 철학을 수립한 것이지요.

헤겔에 따르면 역사란 '세계정신'이라는 목적으로 움직이며 세계정신은 자유와 자기실현을 향해 발전을 이끌어갑니다. 자유를 확대하고 완성해 가는 것이 인류의 역사라고 하지만 그럼에도 불구하고 현재 지구상에서 벌어지는 전쟁과 종교 갈등, 인종차별, 기후위기 등은 세계정신이 자기실현 중이라고 감히 말하기는 어렵습니다. 그러나 이 과정도 헤겔의 말처럼 세계정신의 진화 과정일까요?

인류 역사에 위대한 사상가들은 대부분 새로운 생각으로 새로운 세계를 만든 철학자들입니다. 《철학자는 왜 거꾸로 생각할까?》는 우리에게 많은 것을 생각하게 합니다. 비단 철학이나 사상뿐 아니라 국가나 기업 운영 그리고 일상생활에서 필요한 새로운 생각의 중요성 말이지요.

철학자처럼 생각하기

1. 플라톤이 말한 '이데아'란 무엇인지 설명해보세요.

2. '왕권신수설'은 왕은 신이 임명한다는 뜻입니다. 철학자 로크가 왕권신수설을 부정한 이유는 무엇일까요? 그리고 그의 정치철학이 현대 민주주의에 어떤 영향을 주었을까요?

3. 역사는 항상 좋은 방향으로 흐르는 것은 아닙니다. 헤겔은 변증법으로 역사의 발전에 대해 설명합니다. 헤겔이 말한 변증법은 무엇인가요?

2장

나는 누구일까?
: 나와 세상 이해하기

《소크라테스 토끼의 똑똑한 질문들》
세상에 나가기 전에 생각해볼 것들

아스트리드 데보르드 | 책속물고기 | 2015.10

소크라테스가 끊임없이 질문한 이유

소크라테스는 기원전 469년경에 태어난 그리스 아테네의 철학자입니다. 그는 아테네 시민들과 제자들에게 끊임없이 질문을 던지며 그들이 잘 모르고 있는 사실, 즉 무지無知를 자각하게 만듭니다. 산파가 산모의 아이가 잘 태어나도록 돕듯, 대화 상대방이 스스로 깨달음에 이르도록 끊임없이 질문을 던져 답을 찾도록 유도하는 방법을 '산파술'이라고도 합니다.

 소크라테스와 소피스트인 트라시마코스와의 대화를 한번 볼까요?

소크라테스: 자네 기분이 어떤가?

트라시마코스: 우울합니다.

소크라테스: 우울하다는 것은 무엇인가?

트라시마코스: 침울하다는 것입니다.

소크라테스: 침울하다는 것은 무엇인가?

트라시마코스: 기분이 더럽다는 것입니다.

소크라테스: 기분이 더럽다는 것은 무엇인가?

트라시마코스: 모르겠습니다.

소크라테스: 자넨 그래도 낫네. 자네가 모른다는 것을 알고 있지 않은가?

《소크라테스 토끼의 똑똑한 질문들》에는 소크라테스라는 이름의 토끼가 주인공으로 등장합니다. 철학자 소크라테스의 이름을 딴 토끼인데 그를 닮아 질문이 많은 토끼이지요. 여러분처럼 질문하기를 좋아하지만 질문을 많이 하면 머릿속이 넓어진다고 합니다. 머릿속이 넓어지니 당연히 많은 생각을 담을 수 있겠지요? 맞아요! 똑똑해지는 거죠.

여러분, 질문하기를 시작해볼까요? 우리도 똑똑해져 보자고요!

너 자신을 얼마나 알고 있니?

소크라테스 토끼가 이렇게 묻네요.

'여러분은 누구일까요?'

'나'에 대해 자세히 살펴본 적 있나요? 보통 초등학교 2학년 통합교과 시간에 나의 몸을 살피는 단원이 나옵니다. 여러분이 자신을 볼 수 있는 유일한 길은 하나밖에 없어요. 바로 거울이죠. 거울은 나의 얼굴, 나의 몸을 보여주지요.

"머리카락은 길고 약간 곱슬머리예요. 눈은 웃을 때 잘 안 보일 수도 있는데 웃지 않으면 커 보이기도 하고요. 코는 오똑하게 서 있으며 입술은 붉으면서 매력적이에요. 피부는 하얗고 얼굴은 계란형으로 예쁘고요. 키는 적당한데 허리가 유연해서 훌라후프를 잘 돌려요. 물론 다리가 길어서 달리기도 자신 있고요. 뭐, 운동도 잘하고 얼굴도 예쁜 나예요!"

이제 소크라테스 토끼가 머릿속을 탐험해보자고 하네요. 소크라테스 토끼의 머릿속에는 당근 과자가 있어요. 맞아요. 토끼는 당근을 정말 좋아하죠. 사실 우리도 그렇잖아요. 내가 좋아하는 것으로 머릿속이 가득 차 있지 않을까요? 그러면 여러분의 머릿속을 탐험해볼까요?

어떤 친구의 머릿속에는 축구공이 가득해요. 축구선수 메시도 보이고, 손흥민 선수도 보이네요. 이 친구는 축구선수가 꿈인 것 같아요. 그러면 우리는 이런 질문도 할 수 있지요. 축구선수가 되기 위해 어떤 도전을 하고 있나요?

우리는 모두 무엇이 되고 싶은 꿈을 가지고 있어요. 그런데 어떤 친구들은 꿈만 가지는데, 다른 어떤 친구는 그 꿈을 이루기 위해 여러 가지 노력을 하지요. 내 친구는 축구선수 꿈을 이루기 위해 주말마다 어린이 축구 교실을 다녀요. 그리고 시간이 날 때 마다 슈팅 연습을 하고요. 아마 내 친구는 '특별한 나'가 될 것 같아요.

여러분도 자신이 특별하다고 생각하나요? 소크라테스 토끼는 스스로 세상에서 단 하나뿐인 특별한 토끼라고 하네요. 여러분도 마찬가지예요. 거울 앞에 서서 보아도, 어릴 때부터 찍어온 사진을 보아도, 친구랑 뛰어 놀아도 확실히 나는 다른 사람과 다른 나예요. 무엇보다 내 머릿속 생각들과 나의 성격이 나를 더욱 특별한 존재로 만듭니다. 확실히 나는 특별한 존재입니다.

그런데 여러분, 그거 아세요? 내 속에 또 다른 내가 들어 있다고 하는데 혹시 여러분은 알고 있나요? 소크라테스 토끼는 자신 안에 곰 한 마리가 들어 있다고 합니다. 왜냐하면 좋아하는 당근 과자를 누군가 먹으려 하면 '으르렁!' 하고 잠자던 곰이 화를 내며 깨어난대요.

여러분 안에는 누가 살고 있나요? 만약 또 다른 내가 있다면 정말 궁금하지 않나요? 확인할 수 있는 방법이 있어요. 가끔 이유 없이 울고 싶을 때, 갑자기 화가 날 때, 너무 기뻐 방방 뛸 때 어쩌면 내 속에 또 다른 나의 모습이 그렇게 드러날 수 있습니다. 하지만 확실한 것은 내가 내 인생의 주인공이라는 사실은 누구도 부인할 수 없는 진리예요.

나의 생각을 확실하게 표현해요

자, 이제 여러분이 무대의 주인공이 되었어요. 그러면 자신이 무엇을 좋아하는지도 알고 있나요? 소크라테스 토끼는 당근 과자를 좋아하는데 이유는 부드럽고 얇고 향이 좋아서라고 합니다. 소크라테스 토끼는 정말 대단하군요. 자신의 생각을 확실히 표현을 하라고 우리에게 말해요.

여러분은 무엇을 좋아하나요? 뭐라고요? 부모님을 좋아한다고요? 엄마는 매일 나에게 '이거 해라, 저거 해라', '방 좀 치워'라고 잔소리 하는데요? 아빠도 '공부해라', '숙제는 하고 노니?'라며 간섭하잖아요. 옛날처럼 잘 놀아주지도 않고, 용돈도 조금만 주는데도 좋다고요?

그래요, 맞아요. 중요한 건 내가 부모님을 좋아하는 마음이잖아요. 그러면 좋아하는 부모님이나 친구들에게 어떤 말을 해야 할까요?

소크라테스 토끼는 친구들과 말하는 것을 좋아한다고 하네요. 여러분도 마찬가지일 거예요. 친구들을 좋아하잖아요. 좋아하는 친구와 다양한 이야기를 하면서 우리는 생각을 나눕니다. 친구와 이야기할 때 아무 얘기나 막 하는 건 아니에요. 어떤 주제를 말할까? 어떤 일을 얘기할까? 어떻게 말할까? 고민하면서 말을 하니 우리의 생각도 점점 커지잖아요.

"그런데 단어들이 나를 별로 좋아하지 않는 것 같아요. 말하려고 하면 알맞은 단어가 쉽게 생각나지 않거든요."

나이가 든 할아버지나 할머니가 가끔 '왜 단어가 잘 생각나지 않지?'라고 말해요. 나이를 먹을수록 우리의 뇌도 늙어간다고 하네요. 그러면 가끔 단어가 생각이 나지 않을 수도 있어요. 그런데 여러분은 어리잖아요. 그럼에도 불구하고 단어가 생각나지 않을 수도 있어요. 그럴 때에 우리의 생각이나 감정을 전달하는 다른 방법도 있습니다. 피아노나 바이올린 등 음악을 통해서, 찰흙을 빚거나 붓으로 그림을 그리는 미술을 통해서, 발이나 손으로 할 수 있는 체육이나 무용을 통해서도 얼마든지 생각을 전달할 수 있어요.

〈피아니스트〉라는 영화가 있습니다. 유대인 피아니스트 블라디슬라브 스필만의 이야기이지요. 독일군이 주도한 유대인 학살이 벌어진 홀로코스트 수용소에서 숨어 살다가 독일군 장교 호젠펠트와 눈이 마주칩니다. 죽음의 순간, 피아니스트라는 그의 신분을 밝히자 호젠펠트는 피아노를 쳐보라고 하지요. 총알과 폭탄이 쏟아지는 참혹한 폐허 속에서 스필만은 호젠펠트가 지켜보는 가운데 쇼팽의 곡을 연주합니다. 자신이 처한 상황 속에서 느낀 슬픔과 불안, 두려움을 선율에 실어 말 대신 표현해내지요. 호젠펠트도, 영화를 보는 관객도 아무 말 없이 숨죽이며 감동의 선율을 전해 듣습니다. 호젠펠트는 먹을 것과 자신의 옷을 준 후 그냥 떠나버리지요.

참으로 좋은 영화입니다. 생각해보면 때론 어떤 상황에서는 말로 직접 전하는 것보다 음악이나 미술로 내 생각을 담아내는 것이 더 감동적일 수도 있을 것 같습니다.

올바른 습관을 익히고 실천해요

여러분은 학교를 좋아하나요? 학교는 무언가를 배우는 곳입니다. 선생님은 여러분에게 세상의 지식을 가르쳐 주지요. 당연히 지식을 많이 쌓으면 훌륭한 토끼가 된다고 책의 작가는 말해요. 그런데 소크라테스 토끼가 묻습니다. '지식을 반만 배우면 훌륭하지 않은 걸까요?' 여러분의 생각은 어때요?

"아는 것이 많다고 모두 훌륭하지는 않아요. 알고 싶은 지식부터 차

곡차곡 쌓기로 해요."

토끼는 2,500년 전 소크라테스처럼 말하고 있네요. 소크라테스는 상대방이 알고 있다고 믿는 신념이나 생각을 깨뜨립니다. 그리하여 스스로 모른다는 것을 깨닫게 하는 것이지요. 무조건 많이 안다고 훌륭한 사람이 되는 것은 아닙니다.

지식이 많다고 인성이 좋은 것은 아니에요. 우리 사회를 들여다보면 많이 배운 사람이 법을 더 어기고, 사회적 물의를 일으켰다는 소식을 전하는 뉴스들이 종종 나옵니다. 그러니 지식인이 아니라 지성인이 되어야겠어요. 지성인은 높은 지식과 지능을 갖춘 사람, 이러한 지식과 함께 성품도 갖춘 사람을 말합니다.

그러면 예의 바른 행동은 무엇일까요? 소크라테스 토끼는 말합니다. "부모님은 이렇게 말씀하셨죠. 땅 위에 똑바로 서라! 그리고 고개를 똑바로 들어라! 그런데 거꾸로 서면 예의범절에 어긋날까요?"

여러분의 어린시절을 기억해보세요. 항상 부모님들은 우리에게 잔소리를 합니다.

"바로 앉아야 해. 숟가락 똑바로 들어야 해. 옷을 바로 입어야 해. 정리정돈해야 해."

귀찮을 정도로 우리에게 요구했지요. 학교에 입학하니 선생님도 마찬가지고요. 그런데 이러한 말들은 어쩌면 잔소리가 아닐 수 있어요. 영국 철학자 R. S. 피터스*R. S. Peters*는 인간의 도덕성 발달에 대해 타율적이고 인습적 도덕성에서 점차 자율적, 합리적 도덕성으로 발달한다고 말합니다. 이를 '습관의 뜰을 지나 이성의 궁전으로'라는 말로 설명합니다. 아직 인격이 완성되지 못한 사람은 먼저 그가 속한 사회의 도덕 규칙과 생활양식을 익힐 필요가 있습니다. 그리고 자율적으로 행동하는 힘을 길러 합리적이고 이성적인 행동과 사고를 스스로 하는 거지요.

  소크라테스 토끼는 아주 어릴 적부터 신발이나 모자 등 아름다운 물건, 중요한 물건, 가볍고 사소한 물건 등을 상자에 넣어 보관해야 한다고 배웠어요. 아마도 소크라테스 토끼의 엄마나 선생님이 그리하도록 시켰겠지요. 그러면서 매일 정리하는 법을 배웠을 겁니다. 그러다 상자를 열고, 비우고, 던지고, 물건을 옮겨 섞어 놓기도 했습니다. 놀다 보면 어쩔 수 없잖아요. 그러나 여러분은 정리하는 습관이 훈련되어 있기 때문에 알아서 정리할 수 있지요. 이런 습관들이 모이고 이성이 점차 발달하면 여러분은 더 많고 복잡한 물건들을 분류하여 정리할 수 있습니다.

세상을 향해 어떤 질문을 던질까?

이제 여러분은 세상을 향해 차츰 나아갈 준비를 해야 될 시기가 되었어요. 세상에는 다양한 생각과 특징을 가진 사람들이 함께 모여 살아갑니다. 나와 다른 점이 너무 많기에 여러분은 궁금하고 의문스럽고 놀라운 경험을 무척 많이 하게 될 거예요. 그럴 때 어떻게 해야 될까요?

  맞아요. 소크라테스 토끼와 여러분이 지금까지 함께 했던 질문, 그 질문들을 많이 해야 해요. 무엇보다 세상에 나가 무엇이든 용기 있게 부딪히고 또 질문할 수 있는 당당한 자신이 되어야 합니다. 왜냐하면 여러분이 세상의 주인공이니까요. 주인공이 살아가는 세상이 불편하면 안되잖아요. 질문을 많이 하면 여러분의 머릿속은 점점 넓어져 생각의 힘도 커지지만 세상도 그만큼 더 밝아질 거예요.

여러분, 지금 당장 질문하세요. 친구나, 선생님, 부모님에게 무엇이든 말이죠.

 철학자처럼 생각하기

1. 소크라테스 토끼는 '내 속에는 또 다른 내가 들어 있다'라고 합니다. 여러분에게도 또 다른 내가 있나요? 있다면 어떤 모습인가요?

2. 내가 내 인생의 주인공이라는 사실은 진리인가요? 왜 그렇게 생각하나요?

3. 말이 아닌 다른 방법으로 친구에게 나의 감정을 전달할 수 있는 방법에는 어떤 것들이 있을까요? 그 이유도 써봅시다.

말이 아닌 다른 방법으로 감정을 전달하는 방법은 (   ) 이다.

왜냐하면

Philosophy Book 12.

《아홉 살 마음 사전》
내 마음을 정확히 전달해요

박성우 | 창비 | 2017.3

단어를 풍부하게 써야 해요

언제부턴가 학생들이 '미쳤다', '찢었다'라는 말을 자주 쓰곤 합니다. 한번은 체육시간에 한 친구가 뜀틀 6단을 성공하자 여기저기서 "우와, 미쳤다!" 하는 소리가 들렸습니다. 얼마나 대단해 보였으면 미쳤다고 표현할까요? 그러나 미치다의 사전적 뜻은 '정신에 이상이 생겨 말과 행동이 보통 사람과 다르게 되다'입니다. 또 '상식에서 벗어나는 행동을 하다'라는 의미도 있지요. 눈이 멀고 정신이 나갈 정도로 괴로워하는 현상을 가리킵니다. 그러니 위와 같은 상황에서는 적절한 표현이 아닙니다. '대단해', '멋지다', '잘한다'라고 해도 될 것을 '미쳤다'라는 한 낱말로 표현합니다. 심지어 맛있는 요리를 먹거나 멋진 경치를 보고서도 "와, 미쳤다!"라고 하지요.

'찢었다'라는 단어도 마찬가지입니다. 장기자랑 시간에 춤을 멋지게 추는 친구들을 보고 '무대를 찢었다'라고 표현합니다. 방송에서 연예인들도 자주 쓰는 말이지요. 학급별 축구대회에서 공을 잘 차는 친구를 보고 "오늘 경기를 찢었어!"라고 합니다. 그러나 사전적 용어로 찢다는 '물체를 잡아당기어 가르다'라는 뜻으로, 비슷한 말로는 '가르다', '깨뜨리다', '뜯다'가 있습니다. 따라서 이 역시 용어 사용이 적절하지 않다는 것을 알 수 있습니다. '놀랍다', '멋지다', '잘한다' 등으로 말할 수 있는 것을 '찢었다'라고 표현하지요. 신나고, 재미있고, 엄청난 일이나 놀이, 영상 등을 볼 때 여러분은 다양한 마음을 표현하는 언어가 있음에도 '미쳤다', '찢었다'라는 딱 두 단어로 생각을 전달합니다.

이렇게 한두 가지의 낱말로 모든 생각이나 감정을 표현하는 일이 잦다 보면 다양하고 복잡한 마음의 표현을 정확하게 표현하지 못할 수도 있습니다. 적은 낱말의 사용은 우리가 하는 생각의 크기도 작아지게 만듭니다. 이런 의미에서 《아홉 살 마음 사전》은 마음을 표현하는 풍부하고 다양한 언어를 어떻게 사용해야 하는지를 보여주는 모범적인 책입니다.

많은 어휘력을 배워야 할 때인 여러분이 자신의 마음 표현을 80가지의 낱말을 통해 어떻게 사용할 수 있는지 한번 알아볼까요?

감격스럽다와 기쁘다의 차이

과학시간에 한 친구가 선생님이 주신 강낭콩 씨앗을 조심스럽게 손에 받았습니다. 화분에 흙을 넣고 그 콩을 심었습니다. 그리고 물을 주면서 '언제 새싹이 돋아날까?' 하며 기다립니다.

며칠 뒤, 친구들의 화분에는 예쁜 새싹이 올라오기 시작합니다. 너무 신기하기도 하고 강낭콩이 대견합니다. 그런데 자기 화분에서만 아직 새싹이 올라오지 않습니다. 시간이 갈수록 마음은 답답해지고 초조해지기 시작했습니다. '초조하다'는 것은 애가 타서 마음이 조마조마하다는 거예요. 책에서는 좋아하는 친구한테 고백한 뒤 그 애가 어떤 반응이나 말을 할지 기다리는 그 순간의 마음이 '초조한' 마음이라고 알려주는데 아주 재미있는 표현입니다.

다음날, 화분을 들여다 봅니다. '이럴수가!' 드디어 예쁜 강낭콩이 싹을 틔웠습니다. 너무나 감격스러워 "야호!" 하며 고함을 지릅니다. 이때 '감격스럽다'는 단어는 '뿌듯하거나 기뻐서 가슴이 뭉클해지다'란 뜻입니다. 달리기 시합에서 꼴찌만 하다가 드디어 1등을 했을 때의 마음, 구구단 2단도 못 외우다가 9단까지 모두 외웠을 때 드는 마음을 말하지요.

이때 '감격스러워'라는 말 대신 '기뻐', '뿌듯해'라고 말하면 어떨까요? 책의 작가는 '기쁘다'는 단어는 '바라는 일이 이루어져 기분이 좋고 즐겁다'는 뜻, '뿌듯해'란 말은 '기쁘고 흐뭇한 느낌으로 가득하다'라고 설명합니다.

그런데 '바라던 강낭콩 새싹이 돋아났어. 뿌듯해!'라는 말은 어딘가 어색해 보입니다. 뿌듯하다는 것은 나의 노력의 결과로 뭔가 대단한 일을 완성했을 때 사용해야 될 것 같습니다. '바라던 강낭콩 새싹이 돋아났어. 기뻐!' 이 말은 딱히 어색하게 들리지 않습니다. 그러나 '바라던 강낭콩 새싹이 돋아났어. 감격스러워!' 이 표현이 더 마음에 와닿지 않나요? 감격스럽다는 말에는 기쁘다와 뿌듯하다에는 없는 '가슴 속 뭉클함'이 담겨 있습니다. '뭉클하다'는 단어는 '감정이 북받치어 가슴이 갑자기 꼭 차는 듯 하다'는 뜻이지요. 얼마나 조마조마하게 마음 졸이며 바라던 새싹인가요? 그러니 가슴 속에서 '뭉클한' 그 무엇이 느껴지겠지요?

여러분, 느꼈나요? 뜻이 비슷한 것 같기도 한데 단어마다 조금씩 차이가 있습니다.

내 마음이 텅 비어버린 것 같을 때

한자 '허虛'는 '빌 허'라고 부르며 무언가 비어 있거나 없다는 뜻을 갖고 있습니다. 그래서 '허무하다'는 '헛되고 무의미하다' 또는 '허전하고 쓸쓸하다'는 뜻입니다. 《아홉 살 마음 사전》에서는 '허무해'를 아무 의미나 보람 없이 허전하고 쓸쓸하다는 뜻으로 설명합니다. 구구단 연습을 열심히 했는데 막상 선생님 앞에서 꿀 먹은 벙어리 마냥 외우지 못했을 때의 마음이 '허무해'라고 이야기합니다. 며칠 동안 애써서 연습한 것이 아무 쓸모없이 되어버렸으니 허무한 마음이 들겠지요?

'허전하다'는 '마음이 텅 빈 것처럼 서운한 느낌이 있는 것'입니다. 오랫동안 무척 친했던 친구가 갑자기 전학을 가게 된 후 드는 마음이 '허전해'입니다. 내 마음속 어딘가에 항상 존재했던 친구가 이제 내 마음속에서 없어졌습니다. 마음 한 곳이 비어 허전하네요. 또 '허탈해'는 기운이 빠지고 정신이 멍하다는 뜻입니다. 킥보드를 사온다고 했던 아빠가 빈손으로 왔을 때 드는 마음입니다. 너무나 기대하고 기다리고 있었는데 아빠의 손에는 아무것도 없군요. 마음이 너무 허탈해집니다.

그럼 퀴즈를 하나 풀어볼까요? 줄넘기 대회를 나가려고 한 달간 열심히 연습했는데 갑자기 대회가 취소되었습니다. '허무해', '허전해', '허탈해'. 이 세 낱말 중 어느 말을 사용해야 할까요?

이때는 '허무해'가 더 맞습니다. 열심히 준비한 대회가 아무 의미나 보람 없이 취소되었을 때 드는 실망한 마음이 '허무해'입니다. 이런 허무한 마음이 계속 마음속에 남아서 기운이 빠지고 정신이 멍해지면 허탈한 마음이 들 수 있습니다. 그래서 '허탈해'라는 표현도 쓸 수 있습니다. 여기서 더 나아가 매일 준비했던 줄넘기 대회가 없어져 지금 당장 할 일도 없고, 마음이 텅 빈 것처럼 서운한 느낌이 든다면 그때는 '허전해'가 됩니다.

참, 말이라는 것이 복잡하군요. 특히 '허무해'와 '허탈해'는 종종 어떤 것을 써야 할지 헷갈리고, 때론 같이 사용해도 될 것 같습니다.

마음이 불편할 때 어떻게 표현할까

무더운 여름, 열대야 때문에 쉽사리 잠이 오지 않습니다. 그런데 내 귓가에서 앵앵거리는 모기 소리가 들립니다. 잡으려고 불을 켜면 보이지 않습니다. 너무 신경 쓰이고 성가셔서 잠을 잘 수가 없습니다. 마음 깊은 곳에서 짜증이 확 올라옵니다. 더운 낮에 겨우 버스를 탔는데 차가 계속 밀려서 친구와의 약속시간에 늦을 것 같을 때 드는 마음이 바로 '짜증나'입니다.

'짜증스럽다'는 것은 보기에 못마땅한 데가 있음을 말합니다. 마음에 들지 않은 무언가가 못마땅할 때 짜증이 나지요. 그리고 못마땅하면 기분이 좋지 않습니다. 이때 드는 마음이 '불쾌해'입니다. 두꺼운 책을 다 읽었는데 친구가 "너, 그림만 봤지?"라고 말하면 불쾌한 마음이 듭니다. 화가 날 수도 있겠네요.

불쾌한 마음이 드는 경우, 화가 납니다. 두 시간 동안 완성한 만들기 숙제를 동생이 망쳤을 때 화가 폭발합니다. '화나다'는 마음에 들지 않거나 기분이 나빠서 불쾌한 마음이 생기는 경우를 가리킵니다. 동생이 그림을 망쳤을 때 '불쾌해'보다는 '화나다'가 더 어울리는 낱말이겠지요. '불쾌하다'와 '화나다'는 서로 비슷하기도 하고 또 다르기도 합니다.

그런데 '불편해'는 확실한 차이가 있네요. '불편해'는 마음이 편하지 않고 괴롭다는 뜻입니다. 말다툼을 한 언니와 화해하지 않고 자야 하거나 선생님한테 거짓말을 한 것이 들통날까봐 걱정될 때 내 마음은 편하지 않습니다. 괴롭기도 하고요. 그래서 마음이 내내 불편합니다. 이럴 때는 '불쾌해', '화나', '짜증나'보다는 '불편해'라고 표현하는 것이 맞습니다.

즐거운 마음은 이렇게 말해요

20여 년 전 이순신 장군을 주인공으로 한 TV 광고가 있었습니다. 이순신 장군이 열심히 컴퓨터 키보드를 두드리며 "나의 전략이 통하는구나. 유쾌! 상쾌! 통쾌!" 하고 외치는 장면이 있었습니다. 광화문에 있는 이순신 장군 동상이 움직이면서 키보드를 두드리는 장면이 굉장히 인상 깊었지요.

그런데 이 광고에서 나온 '유쾌! 상쾌! 통쾌!'라는 표현이 요즘 광고에도 등장합니다. 한 변비약 광고에서 이렇게 나오지요. "부드럽게 변비 끝! 유쾌! 상쾌! 통쾌! 변비엔 역시 ○○○!" 변비로 고생하는 사람들에게 변비 문제를 부드럽게 해결해주어 유쾌하고 상쾌하고 통쾌한 기분이 들게 만드는 약이라고 설득하는 광고이지요.

'유쾌해'는 즐겁고 상쾌하다는 뜻입니다. 엄마, 아빠랑 기차를 타고 여행을 가는 마음, 나도 모르게 자꾸 콧노래가 나오는 마음 같은 것입니다. 부모님과 함께 여행을 가니 얼마나 즐거울까요? 그래서 얼마나 상쾌했으면 콧노래까지 나올까요?

'상쾌해'는 기분이 시원하고 산뜻하다는 뜻입니다. 푹 자고 일어나 창문을 열고 기지개를 켜면 절로 상쾌한 기분이 들어 "아, 정말 좋은 아침이야!" 하는 말이 나오지요. 무더운 여름에 수목원에서 시원한 바람을 쐬며 맑은 공기를 들이마실 때에도 너무나 상쾌한 마음입니다. 이때 '유쾌해'보다는 '상쾌해'라는 말이 더 어울립니다.

'통쾌해'는 일이 뜻대로 이루어져 즐겁고 유쾌하다는 뜻입니다. 축구 시합을 하면 맨날 옆 반에 지기만 했는데 오늘은 내가 세 골이나 넣어 드디어 이겼습니다. 너무나 바랐던 일이 이루어져 기분이 무척 좋습니다. 매우 통쾌합니다. 이 경우, '유쾌해', '상쾌해'보다는 '통쾌해'가 어울리는 낱말입니다.

다양하게 말할수록 생각도 더 커져요

친구와 오해가 생겨 다투었습니다. 친구에게 마음이 담긴 사과를 전하고 싶어요. 그래서 어떤 말을 할지 고민하고 또 고민합니다. '이 말이 좋을까?' '아냐, 이 표현이 더 좋겠어.' 오랜 시간 고민하여 친구에게 사과의 말을 했지요.

"우정아, 내가 네 생각을 헤아리지 못하고 내 말만 한 것 같아. 내가 속이 좁았어. 미안해."

말과 글은 내 머릿속 생각들을 다른 사람에게 전달하는 것입니다. 생각 그 자체라고 할 수 있지요. 친구에게 어떤 말을 쓸까? 어떻게 편지를 쓸까? 이런 고민들 모두 생각입니다.

우리가 사용하는 말과 글은 문법이란 규칙을 통해 문장과 의미가 됩니다. 의미가 형성되면 우리는 생각하고 추론할 수 있고 그러면 사고의 확장이 이뤄집니다. 그래서 정확하고 다양한 단어의 사용은 생각의 힘을 더욱 크게 만듭니다.

철학자처럼 생각하기

1. '미쳤다'와 '찢었다'라는 말을 대신해서 표현할 수 있는 말을 생각해봅시다. 어떤 단어들이 있을까요?

2. '유쾌', '상쾌', '통쾌'라는 단어를 각각 사용해서 하나의 문장을 만들어 보세요.

   유쾌:

   상쾌:

   통쾌:

3. 다양하고 정확한 단어를 쓸수록 왜 생각의 힘이 커질까요?

Philosophy Book 13.

《시간이 보이니?》

시간이란 무엇일까?

페르닐라 스탈펠트 | 시금치 | 2018.6

시간을 찾아 떠나볼까?

흔히 일 년은 사계절로 되어 있어 봄, 여름, 가을, 겨울이라는 시간적인 구분을 씁니다. 평소 학생들에게 '시간이라는 것이 존재할까요?', '존재한다면 우리가 어떻게 알 수 있을까요?'라고 물으면 아주 기발한 대답들이 나옵니다.

"어떻게 알기는요? 저기 교실의 벽시계를 보세요. 시계 바늘이 지금도 움직이고 있는데, 저게 시간이에요. 손목시계랑 스마트폰에도 있지요!"

"1교시, 2교시, 3교시, 점심시간, 4교시. 이렇게 모든 게 시간으로 되어 있잖아요. 시간마다 알림종도 울리고요. 모두가 알고 있는 게 시간이에요!"

그럼 선생님은 이렇게 한 번 더 묻지요. "그래? 저 시간들은 전부 인간이 만든 거네. 그러면 우리도 시간을 만들 수 있을까?"

이때부터 여러분의 고민은 시작됩니다. 몇몇 학생들은 도화지에 동그란 원을 만들어 24시간으로 된 일일 시간표를 만들기 시작합니다. 한 학생은 아주 기발한 상품권을 만들었는데 엄마에게 줄 생일 선물인 '나를 사용할 수 있는 2시간 상품권'입니다. 엄마를 위해 두 시간 동안 엄마가 원하는 모든 일을 하겠다는 것인데 이것도 새로운 시간 만들기가 될 수 있지요.

《시간이 보이니?》라는 책은 우리에게 묻습니다. '시간은 무엇일까?', '시간은 어디에서 시작되었을까?', '시간이 우리 눈에 보일까?', '시간은 시작과 끝이 있을까?' 등 시간에 대한 근원적이고 철학적인 물음을 던지지요. 여러분이 시간을 이해할 수 있도록 핵심만 추려서 그림으로 보여주는데 단순한 그림이지만 재미있게 표현되어 있습니다.

여러분, 그럼 도대체 시간의 정체는 무엇일까요? 시간의 정체를 알게 된다면 어쩌면 우주와 지구, 자연과 인간의 수수께끼를 풀 수 있을지도 모릅니다. 이 모든 게 시간과 상관이 있지요. 자, 우리도 시간을 찾아 여행을 시작해 볼까요?

흐르는 시간을 잡을 수 있을까요?

시간이라는 단어는 '때 시時'와 '사이 간間'으로 이루어진 한자어입니다.

사전에서는 '과거, 현재, 미래로 이어져 머무름이 없이 일정한 빠르기로 무한히 연속되는 흐름'이라고 정의합니다. 여기서 중요한 것은 머무름이 없다는 것과 무한히 연속으로 흐른다는 것이지요. 결국 시간이란 끝없이 흐른다는 뜻이랍니다.

그러면 시간이 흐른다는 것을 어떻게 알 수 있을까요? 학생들은 다양하게 대답합니다.

"교실 벽시계의 긴 초바늘이 똑딱거리는 게 눈에 보이잖아요. 그리고 긴 분 바늘이 조금씩 움직이는 게 보이고요. 짧은 시 바늘은 움직이는 걸 보기 힘드네요."

"앨범에 있는 아기 때 사진, 유치원 때 사진, 지금의 내 사진을 보면 시간의 흐름을 알 수 있어요."

"선생님의 수염이 그제와 어제, 오늘이 달라요. 아마 깎지 않으면 긴 수염이 될 거예요. 이런 사실도 시간이 흐른다는 거예요."

모두 다 맞습니다. 아침에 동쪽에서 뜬 태양이 저녁이 되자 서쪽 하늘로 지는 것도, 나무의 나이테도 시간의 흐름을 보여주지요. 할아버지 얼굴의 긴 주름, 길가에 버려진 자전거의 녹슨 흔적도 시간이 흐른다는 것을 말합니다.

그러면 시간을 따라잡을 수는 없을까요? 시간을 따라잡는다면 우리가 늙거나 자전거가 녹슬지 않을 것 같네요. 고대 그리스 철학자 헤라클레이토스Heraclitus는 '같은 강물에 두 번 발을 담글 수 없다'라고 했습니다. 한 번 흘러간 물은 되돌아오지 못하듯 시간도 마찬가지입니다. 흘러간 시간을 인간이 되돌릴 수는 없습니다. 아인슈타인이 상상한 타임머신을 만들지 않는다면 말이죠.

시간의 탄생을 찾아서

그렇다면 시간은 언제 시작되었을까요? 분명 모든 것의 시작은 있는 것이잖아요. 그때부터 시간은 시작된 것이 아닐까요?

"시간은 우주에서 시작되었대. 빅뱅*Big Bang*이라는 큰 폭발이 있었어. 그때 우주가 태어났지. 빛과 모든 행성들과 함께. 그 뒤로 시간이 흐르기 시작했어."

과학자들은 약 138억 년 전에 있었던 빅뱅을 우주의 기원이라고 합니다. 빅뱅으로 우주는 팽창하고, 에너지가 결합하면서 처음으로 물질이 나타났지요. 우주의 뜨거운 곳으로 중력의 힘이 작용하면서 그곳으로 수많은 물질이 모이는데 이를 성운이라 합니다. 성운에서 탄생한 것이 별이며, 중력으로 수억 개의 별이 모인 것이 은하입니다. 은하에 있는 거대한 별이 폭발하면서 수많은 물질이 우주 전체로 퍼져 나갑니다. 그 물질들과 먼지들이 중력의 힘으로 모여 태양과 지구를 비롯한 행성들이 탄생합니다.

이제 시간은 약 46억 년 전에 탄생한 지구에서 시작됩니다. 최초의 생명체인 원핵생물(단세포)이 태양에너지를 만나 광합성을 하면서 지구에 산소가 축적되기 시작하지요. 약 4억 7,500만 년 전 다세포 생명체 중 일부가 드디어 육지로 이동합니다. 이제 지구에는 더욱 복잡한 생명체들이 늘어나고 다양하게 진화합니다. 소행성의 충돌과 여러 번의 빙하기와 해빙기를 거치면서 지구의 생명체들은 80퍼센트 이상 멸종되는 경우도 있었지만 살아남은 생명체들이 오늘날의 지구 생명체의 모태가 되었습니다.

드디어 700만 년 전, 시간을 인지하고 또 기억하고 이용할 줄 아는 인류의 조상인 유인원이 등장하면서 시간은 새로운 국면을 맞이합니다. 호모사피엔스의 후손인 현재의 인간은 시간을 여러 가지 용도로 구분하여 사용하지요.

시계가 없던 옛날 사람들은 해의 움직임을 보고 해시계를 만들어 시간을 만들었고, 달력을 만들어 일 년을 한눈에 볼 수 있게 만들었습니다. 일 년을 열두 달로 나누었고, 일주일을 일곱 가지 이름을 가진 요일로 나누었지요.

그런데 원시시대부터 지금까지 시간의 첫 시작을 알기 어려워서 인간들은 하나의 약속을 합니다. 예수가 태어난 해부터 날짜를 세기로 약속한 것이지요. 예수가 탄생한 해가 0년입니다. 그러니까 예수 이전의 세계는 기원전 BC: Before Christ, 예수 이후의 세계는 기원후 AD: Anno Domini로 나타내지요. 비록 종교적 색채가 강한 개념이지만 이제 전 세계인이 공통의 시간 개념을 갖게 됩니다.

어떤 때는 빠르게, 어떤 때는 천천히

시간은 모두에게 평등하게 주어질까요? 이건 조금 달리 생각해 볼 필요가 있습니다. 물리적 시간은 평등하게 적용됩니다. 누구에게나 1초가 60개 모이면 1분, 1분이 60개 모이면 1시간, 1시간이 24개 모이면 하루, 하루가 365개 모이면 일 년이 되니까요. 그런데 어떤 사람은 같은 공간에서 바쁘다고 말하고, 다른 사람은 한가하다고 합니다. 바쁘다고 느끼는 사람은 '시간이 없다'라고 해요. 반면 한가한 사람은 '시간이 남는다'라고 하지요. 왜 이런 현상이 생길까요?

　사람이 느끼는 시간에 대한 생각은 주관적입니다. 같은 시간이라도 사람마다 느끼는 시간의 변화는 다를 수 있지요. 시간이 많다고 생각하는 사람의 하루를 볼까요?

　"우선 일이 끝나면 시장에 갈 거야. 개를 데리고 산책하고, 차를 타고, 저녁거리를 사고, 요리를 하고 그리고 나서 좋은 영화를 볼 거야."

　반면에 주어진 일을 처리하기 위해 바쁘게 움직이는 사람에게 시간은 너무나 빨리 흐르는 것처럼 보입니다. 열심히 놀 때도 우리는 언제나 시간이 천천히 갔으면 하고 바라지요. 같은 공간 안에서도 각각 처한 상황에 따라 시간은 다르게 느껴집니다. 축구시합에서 3대 2로 이기고 있는 팀은 시간이 너무 느리게 가는 것 같아 마음이 조마조마하지요. 그러나 지고 있는 팀은 시간이 쏜살같이 움직이는 것 같습니다. 똑같은 물리적 시간을 자신이 처한 주관적 상황에 따라 다르게 느껴지는 것입니다. 그런데 아인슈타인은 시간이 빠르게도, 느리게도 움직일 수 있다고 하네요. 그게 가능할까요?

타임머신은 정말 가능할까?

1985년에 〈백 투 더 퓨처*Back to the Future*〉라는 영화가 나왔습니다. 주인공들이 타임머신을 타고 과거로 가서 현재와 미래 세계를 바꾸는 일들을 보여주지요. 주인공이 과거로 가서 자신의 어머니와 아버지의 일에 개입하여 두 사람이 결혼을 못하게 되면 현재 그들의 자녀인 주인공이 존재하지 않게 되는 거지요. 이건 논리적으로 모순이군요. 그런데 만약 현재의 세계가 물리적으로 하나의 세계가 아닌 또 다른 차원에서 여러 개가 존재한다면 영화의 내용은 논리적으로 문제가 없습니다.

시간의 흐름을 파악하기 위해서는 반드시 시간과 함께 존재하는 공간이 필요합니다. 새싹이 나고, 식물이 자라고, 꽃이 피고, 열매가 맺고, 낙엽이 떨어지는 것, 햇빛이 비치고 비와 바람이 불고 눈이 내리는 것 등 모든 변화는 자연이라는 공간에서 이루어집니다. 물이 끓고, 커피를 내리고, 음악이 들리고, 사람들이 움직이는 것은 사람이 만든 인공이라는 공간에서 이루어지죠. 타임머신이 가능하다면 과거를 가든, 미래를 가든 반드시 공간이 필요합니다.

아인슈타인은 '일반상대성 이론'에서 중력이 강한 곳에서는 시간이 느리게 흐르고, 중력이 약한 곳에서는 시간이 빠르게 흐른다고 합니다. 이 원리로 블랙홀, 웜홀이 발견되고, 이를 통해 시간여행도 가능하다는 거지요. 빛보다 빠른 기계를 만들 수만 있다면 충분히 타임머신은 가능하답니다!

시간은 중요하다

'제논의 역설'이라는 유명한 이야기가 있습니다. 그리스신화 속 발이 빠른 영웅 아킬레우스가 거북이보다 훨씬 빠름에도 불구하고 거북이가 아킬레우스보다 출발점이 앞서 있다면 아킬레우스가 거북이를 끝내 추월할 수 없다며 철학자 제논이 문제를 제기한 거지요. 당시 고대 그리스에서는 이 '역설'을 논리적으로 설명하지 못했습니다. 인간이 거북이보다 훨씬 빠른데도 당시 대철학자 아리스토텔레스조차 이를 증명하지 못했지요. 이 역설은 오랜 시간이 지나 '시간'이란 개념이 형성되고 나서야 이해가 되었습니다. 이 역설에는 시간 개념이 빠져 있던 것이지요.

5학년 과학시간에 속력, 거리, 시간에 대해 배웁니다. 속력이란 일정 시간 동안 이동한 거리를 말합니다. 인간이 100미터를 10초에 달릴 수 있다면 초속 10미터 또는 10미터 매 초(m/s)가 됩니다. 거북이가 100미터를 100초에 달렸다면 초속 1미터 또는 1미터 매 초가 되지요. 반드시 속력과 거리는 단위 시간의 영향을 받습니다.

시간이란 개념을 가지기 위해서 여러분에게 어떤 능력이 요구됩니다. 이를테면 과거에 대해서는 지나간 일을 기억하고 이해하는 능력, 미래에 대해서는 앞으로의 일을 상상하고 예측하는 능력이 필요하지요. 현재는 과거와 미래를 연결하는 시간의 흐름 속에 존재하는 순간일 뿐일 수도 있습니다. 그래서 인간은 매 순간 최선을 다하는 삶을 살아가고 있는지도 모릅니다.

1. 철학자 헤라클레이토스는 '같은 강물에 두 번 발을 담글 수 없다'고 했습니다. 왜 그럴까요? 그 이유를 시간이란 개념으로 설명해봅시다.

2. 타임머신은 아주 중요한 철학적 물음을 제기합니다. 타임머신은 가능할까요, 불가능할까요? 그 이유를 설명해봅시다.

   타임머신은 (가능/불가능)하다.

   왜냐하면

3. '제논의 역설'에 따르면 먼저 출발한 거북이를 아킬레우스는 절대로 따라잡을 수 없습니다. 그 이유를 설명해봅시다.

Philosophy Book 14

《표범이 말했다》
삶과 죽음의 의미를 생각해봐요

제레미 모로 | 웅진주니어 | 2022.6

물소를 기억해줘!

연두색 표지에 원색의 그림이 강렬하게 다가오는 책이 있습니다. 여러 동물이 등장하고 중앙에 검은 흑표범이 현자처럼 앉아서 어딘가를 응시하고 있는 책《표범이 말했다》입니다.

하늘에서 혜성이 섬을 향해 떨어지고 물소는 자신의 뿔로 미련하게 섬을 옮기려 들이박고 있습니다. 그때 배고픈 코모도왕도마뱀은 물소의 뒷다리를 물어버립니다. 몸에 독이 점점 퍼지고 있는 물소의 목적을 안 코모도왕도마뱀은 자신의 성급한 행동을 자책하면서 물소와 함께 섬을 밀어 올립니다. 물소는 지쳐가고 산 정상에서 나란히 혜성을 바라봅니다. 결국 물소가 죽자 코모도왕도마뱀은 물소를 땅에 정성스레 묻습니다. 그러자 물소가 죽기를 기다리던 독수리들이 격렬하게 항의하고 코모도왕도마뱀은 "이 물소는 아무도 먹을 수 없어!"라고 외칩니다. 물소를 땅에 묻는 것은 아무도 알아주지 않은 위대한 일을 한 물소에 대한 예의일까요? 아님 그를 기억하고 싶어서였을까요?

2021년 볼로냐 라가치상을 수상한 제레미 모로의 《표범이 말했다》는 옴니버스 형식의 그래픽노블로, 예술적으로 완성도가 뛰어납니다. 마치 철학책을 보듯이 몇 번을 앞뒤로 뒤적이며 읽어야 이야기의 의미를 제대로 파악할 수 있습니다. 여러분은 이 책을 통해 삶과 죽음 그리고 생명의 기원에 대해 생각하는 시간을 갖게 될 것입니다.

눈에 보이는 게 전부는 아냐

동물들이 한가로이 풀을 뜯고 물을 마시고 있습니다. 그때 훌렁 벗겨진 머리통에 두툼한 눈꺼풀을 갖고 혹시나 다른 동물이 볼까봐 머리를 숨긴 채 바삐 움직이는 한 동물이 있습니다. 타조예요. 동물들이 떠난 어두운 밤, 물에 비친 자신의 모습을 보고 타조는 그만 놀라고 맙니다. 흔들리는 바람에 물결도 흔들리고 하늘의 별이 뒤틀리는 것처럼 달빛에 비친 타조의 모습도 뒤틀립니다. 땅에 고개를 처박고서는 눈물을 흘리며 땅속 깊은 곳의 하느님에게 기도하기 시작하지요.

"하느님, (…) 저를 땅속 깊이 영원히 가두셔서 제 추함으로부터 세상을 구하소서."

작은 새가 타조의 등을 쪼아댑니다. 처음으로 자신을 좋아하는 존재를 만나게 됐습니다. 용기를 얻은 타조가 고개를 들어보니 세상은 있는 그대로입니다. 하늘이 뒤틀리지도 않았고, 나무도 뒤틀린 것이 없습니다. 단지 자존감이 떨어진 타조 자신이 세상을 뒤틀리게 본 것뿐이었습니다. 누군가가 나를 인정해주면 자신감이 생깁니다. 자신감은 못생긴 타조를 오히려 당당한 타조로 만들어 주었지요. 작은 새는 자신이 원하는 방향으로 타조를 조종하려 합니다. 그러자 타조가 말하지요.

"난 살면서 지금까지 남의 말을 너무 많이 들었소. 오늘은 내 말을 듣기로 했어요."

자존감과 정체성을 되찾은 타조에게 이제 다른 존재의 말은 중요하지 않습니다. 그런데 그때 '사랑하는 친구가 떠날까봐 못생겼다'라고 거짓말했다는 한 존재를 만납니다. 타조가 땅속에 고개를 처박고 간절히 기도했던 그 존재, 땅속에서 들었던 타조의 수많은 말들의 주인인 두더지입니다.

우리는 대부분 눈에 보이는 외모로 사람을 평가합니다. 그 사람이 가진 내적인 힘과 잠재력은 밖으로 드러나지 않기에 알 수 없지요. 작가 제레미 모로는 앞을 못 보는 두더지를 등장시켜 외모로 존재자를 평가하는 것이 얼마나 허상인지를 타조를 통해 얘기한 건 아닐까요?

새로운 선택에는 용기가 필요하다

수십 만 마리의 찌르레기가 하늘을 수놓은 장면을 본 적 있나요? 멀리서 보면 그 무리가 거대한 고래나 새의 날개 모양도 되었다가 타원형이나 길다란 원통형을 그리기도 합니다. 좌우상하로 모였다가 흩어지기를 반복하지만 단 한 마리도 충돌하여 떨어진 적이 없는 무질서의 질서, 혼돈 속의 조화를 보이며 대장관을 연출하지요.

그러나 찌르레기 투르노는 왜 매번 똑같은 길로만 다녀야 하는지 궁금합니다.

"왜냐하면 가장 좋은 길이니까."

친구들은 조상들이 후세에게 전해준 완벽한 이 길에서 낙오되지 않게 무리를 벗어나지 말라고 합니다. 하지만 투로노는 결국 제비 무리를 따라 새로운 여행, 위험한 모험을 시작합니다.

우리는 항상 낯선 것보다 익숙한 것, 불완전한 것보다 안전하고 완벽한 것을 선택합니다. 어른들은 여러분에게 안전하고 완벽한 길을 가라고 합니다. 그 길은 먼저 가본 사람들이 증명한 길이니까요. 그래서 인간은 어쩌면 수천 년 동안 반복된 삶을 살고 있는지도 모릅니다. 낯설고 새로운 것에 도전하는 것은 불안하고 위험합니다. 그래서 용기가 필요하지요. 투르노는 새로운 선택을 하면서 더 먼 곳의 새로운 세상들을 처음으로 경험합니다. 때론 배도 고프고 힘이 빠져서 거센 바람에 추락하여 날개도 다칩니다. 새로운 선택에는 책임도 뒤따르는 법이지요.

여러분, 일상적인 것을 거부하고 새로운 것을 선택할 때 그 결과는 아무도 모릅니다. 여러분도 살아가면서 몇 번의 선택의 기로에 서게 될 것입니다. 미국 시인 프로스트는 〈가지 않은 길〉에서 숲속에 두 가지 길이 있었고, 자신은 그중 사람들이 적게 간 길을 선택했고, 그 때문에 모든 것이 달라졌다고 고백합니다. 어쩌면 인생은 알 수 없기에 살아갈 만한 것은 아닐까요?

모든 것은 지나간 흔적을 남긴다

늙어서 지친 할아버지 코끼리는 망각이 기억을 삼키지 않게 수많은 세대를 거치며 조상 대대로 전해져온 이야기를 손자 '메모'에게 전해주려고 합니다. 그 첫 마디는 세상의 기원에 관한 것으로, '태초에 무가 있었다'였습니다.

 메모는 뇌가 아주 작아 하루의 일만 기억할 뿐인 생쥐에게서 천지창조의 날에 있었던 수많은 일들을 듣게 됩니다. 오래된 그 이야기는 다른 쥐들에게서 하루하루 공유되어 알게 된 사실입니다. 작은 물고기는 10초 전에 물속에서 일어난 수많은 일이 모두 서로 연결되어 있다고 합니다. 지구의 서로 다른 지역에서 온 코뿔소와 네 마리의 새들은 서로의 경험을 공유합니다.

 기억과 역사는 망각하기 전에 이야기로 전하거나 기록하여 전해지는 것만 있는 건 아닙니다. 서로 알게 된 사실을 공유하고 서로의 경험을 연결하면 망각을 이겨낼 수 있습니다. 기억과 경험의 공유 그리고 상호 연결이라는 작가의 상상력이 돋보입니다.

 할아버지 코끼리가 죽자 망각이 세상을 삼켜 세상의 위대한 공식적인 역사는 사라졌다고 메모는 안타까워합니다. 하지만 들개는 모든 것은 지나간 흔적을 남긴다며 그 흔적을 따라가라고 합니다.

망각으로 사라질 기억에 대한 두려움, 다른 존재와 공유하지 못해 알지 못한 일들, 내가 경험해보지 못한 일들에 대한 사건, 시공간의 한계로 세계를 다 알 수 없는 것에 대해 더 이상 두려워하거나 안타까울 일은 없을 것 같습니다. 이 세상 모든 존재하는 것들은 흔적을 남기니까요. 우리는 흔적을 따라 거슬러 올라가면서 기억하고 역사를 만들 수 있습니다.

미완성이기에 더 아름답다

나름 괜찮은 소라껍데기를 만난 소라게가 있습니다. 새집에 들어가려는 찰나 무언가 소라껍데기를 낚아채 갑니다. 찌르레기 투르노입니다. 이 책이 재미있는 것은 서로 옴니버스로 연결되어 각각의 주인공들이 스치듯 만납니다. 인연이라고 할까요? 우연? 필연? 여하튼 그 모습이 인간 세상처럼 재밌습니다.

그런데 갑자기 폭풍에 휩쓸려 소라게는 고래의 뱃속으로 들어갑니다. 그곳에서 조개가 소라게에게 소박한 집을 찾으라고 충고하지만 크고 화려한 집을 원하는 소라게에게는 이 말이 들리지 않습니다. 고래가 내뿜은 물기둥을 통해 다시 바다로 돌아온 소라게는 꿈꾸던 크고 화려한 소라껍데기를 발견하고 경이로움의 극치를 느끼면서 그 속으로 들어갑니다.

오랫동안 혼자서 지내 이젠 하얀 수염을 가진 소라게의 집에 초라한 집을 가진 엄마와 아기 소라게가 하룻밤 머물기 위해 찾아옵니다. 초라한 집을 본 소라게는 단순하지만 조화로운 집이라며 미완성으로 태어난 소라게의 운명을 한탄합니다.

"하지만 바로 그래서 아름다운 거죠. 누구나 자기 자리가 있는 것 같은 이 세상에 우리는 그 틈새에서 살아가고 있으니까요. 우리는 밀입국자인 셈이죠."

신의 실수인 양 집 없이 알몸으로 태어난 소라게들은 집을 찾아 끝없이 헤매야 하는 운명을 타고났지만 그럼에도 불구하고 엄마 소라게는 희망을 갖습니다. 마치 자신의 외모에 비관하던 타조가 자존감을 되찾았을 때 들렸던 그 소리 '누구에게나 이 세상에 자기 자리가 있다'는 말처럼 엄마 소라게는 그 자리의 틈새에 밀입국자처럼 지낼 수 있는 것도 삶의 희망이라고 말합니다. 비록 미완성으로 태어난 소라게이지만 그래서 더 아름다울 수 있는 것이지요.

"이 대화, 이 밤은 제게 진주와 같은 추억으로 남을 거예요."라는 말을 남기고 엄마 소라게는 떠납니다. 혼자 남은 소라게의 눈에서 하염없는 눈물이 흐르고, 마침내 소라게는 안락하고 화려한 집을 떠나 엄마 소라게와 아기를 만나 등에 태우고 같이 여행을 떠납니다.

젊은 시절 크고 화려한 삶을 꿈꾸며 치열하게 살면서 결국 꿈을 이룬 소라게. 하지만 그의 옆에는 아무도 없었습니다. 그러나 소박하고 초라한 집을 가진 엄마와 아기 소라게에게는 단순하고 조화로운 삶, 여기저기를 다니는 자유 그리고 무엇보다 그 속에 가족의 소중함이 있었던 것이지요.

탄생도, 죽음도 자연의 일부일 뿐

코모도왕도마뱀이 섬 동쪽에 도착하고 독수리들이 문제를 제기하면서 동물 세계가 요란해집니다. 모두 위대한 현자 흑표범 '소피아'의 말을 듣기 위해 모여들었고, 엄마 원숭이도 새끼 원숭이 '호모'에게 소피아의 말을 들으라고 합니다. 하지만 호모는 아픈 엄마를 두고 갈 수 없습니다. 죽음을 직감한 엄마는 호모에게 말합니다.

"호모. 이제 너 자신을 생각해야 해. 세상 이치라는 게 그런 거야. 넌 네 삶을 살아야 해."

호모는 다른 동물들과 같이 소피아의 말을 들으러 가지만 남아 있는 아픈 엄마가 걱정되어 결국 엄마에게 되돌아갑니다. 호모에게는 섬의 일이나 동물 세계에 일어난 일보다 아픈 엄마의 상태가 더 걱정입니다.

왜 작가는 원숭이의 이름을 호모라고 했을까요? 여러분, 들어본 적 있지요? 호모사피엔스*Homo sapiens*(지혜로운 사람)라는 단어의 그 호모입니다. '사람'이라는 뜻이지요.

코모도왕도마뱀이 만든 물소의 무덤은 특별한 존재를 위한 듯 돌로 가지런히 꾸며져 있습니다. 독수리들은 사체를 땅에 묻는다면 동물들이 먹고살 수가 없다며 소피아에게 항의합니다. 무덤 주위를 한참 동안 살피던 현자 흑표범이 말합니다.

"친애하는 산 자들이여. (…) 죽음은 단순히 상태의 변화일 뿐입니다. (…) 여러분께 바랍니다. 가볍게 살아갑시다. 죽음을 탄생만큼이나 순수한 사건이 되게 합시다."

모든 동물은 "소피아가 말했다." 하며 이 한마디를 하고서는 모두 자신의 자리로 돌아갑니다. 그 시각, 호모는 싸늘하게 식은 엄마를 부둥켜 안고 슬퍼합니다. 죽은 엄마의 입과 코, 눈 속으로 개미떼들이 몰려들자 호모는 격앙되어 개미떼들을 훑어내고는 엄마의 시체를 안고 나무 꼭대기로 오릅니다. 그리고 슬픔을 가득 담아 하늘을 향해 들어 올립니다.

소피아는 한 존재가 태어나듯이 죽는 것도 자연적인 일로 받아들여야 한다고 말합니다. 무덤을 만들거나 의식을 하지 말라고 말이지요. 그러면 기억할 일도 없습니다. 그러나 호모는 죽은 엄마를 하늘에 들어 올리는 행위를 합니다. 그것은 엄마를 기억하고 기리기 위한 장례의식처럼 보입니다. 다른 동물보다 원숭이가 유인원에 더 가깝다고 작가는 생각했을까요?

여러분, 마지막 장면에서 호모의 행위에 공감한다면 우리는 모두 어쩔 수 없는 '호모$_{Homo}$'(사람)입니다. 죽은 자를 기억하고 기리는 행위는 무덤이나 장례의식으로 나타나는데 이런 행동을 하는 것은 동물 중에 인간이 유일합니다. 마지막 장면에서 드디어 인간의 역사가 시작되는 걸까요?

《표범이 말했다》는 인간의 인식과 관념을 뛰어넘고자 한 굉장히 철학적인 만화입니다.

철학자처럼 생각하기

1. 타조처럼 자존감이 떨어지거나 누군가의 말에 휘둘렸던 경험을 한 적 있나요? 그 상황을 어떻게 극복했나요?

2. 찌르레기는 매일 똑같은 삶을 살기가 싫었습니다. 그러나 새로운 선택에는 용기가 필요합니다. 찌르레기처럼 새로운 선택을 해본 적 있나요? 그때 어떤 마음이었나요?

3. 인간은 왜 죽은 자를 위한 무덤을 만들고 의식(제사나 축제)을 치를까요?

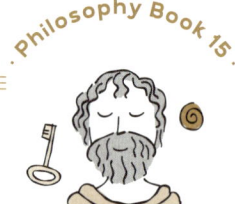

Philosophy Book 15

《자미아의 생각 공부》
이미 아는 것에 질문을 던지자

자미아 윌슨 | 너머학교 | 2022.12

숨어 있던 목소리에 귀를 열자

"교과서에 나오는 위대한 사상가는 왜 대부분 유럽 출신의 백인인가요?"

《자미아의 생각 공부》의 작가 자미아 윌슨은 어릴 때부터 "넌, 질문이 너무 많아!"라는 소리를 듣고 자랐습니다. '왜 우리는 더 다양한 지역 출신의 사상가에 대해 배우지 않을까?' 이 질문에 대해 답을 찾던 자미아는 다양성과 페미니즘Feminism 교육을 전파하는 사회운동가로 활동합니다. 페미니즘은 남성중심적 사고에서 벗어나 여성의 권익 신장을 논하는 사회적 운동이나 사상을 말합니다.

《자미아의 생각 공부》는 기존의 철학책과는 성격이 조금 다른 책입니다. 다섯 가지 주제인 정체성, 삶, 진리, 문화, 창조성을 중심으로 '나와 세상에 대한 큰 질문 20가지'를 던집니다. 전통적 철학의 논쟁인 '타고난 본성이 있어?', '정의가 정말 가능해?', '상상력이 뭐야?', '자유란 뭐야?', '영혼이 진짜 있어?' 이런 주제들 말이지요.

자미아는 누구나 이런 질문을 품지만 그에 대한 대답은 다를 수 있다고 말합니다. 이런 철학적 태도가 그를 다양성과 여성주의 운동으로 이끈 것은 아닐까요? 어떤 사람들은 이 세계의 질서가 백인 중심, 서구사회 중심, 남성 중심으로 이루어져 있다고 비판합니다. 물론 그에 대한 반론도 있습니다. 그런데 확실한 것은 철학이라는 학문에서 대부분 서구 유럽 출신의 백인 남성이 많다는 것입니다.

왜 그럴까요? 여러분도 이 문제가 궁금하지 않나요? 세상의 반은 여성입니다. 여러분, 이제 여성들의 이야기를 들어야 할 때가 된 것 같습니다. '세상의 반'인 그들의 이야기를 듣지 못한다면 그보다 더 적은 집단인 인종간, 종교간, 나아가 우리 사회에 존재하는 소수자의 의견도 존재하지 않을 것입니다. 이제 그들의 목소리에 귀기울여 보는 것은 어떨까요?

여성에 관한 오래된 생각들

내가 누구인지, 내가 존재한다는 사실을 어떻게 아는지는 오래된 철학 주제입니다. '나'는 누구일까요? 나는 마음과 몸, 정신 중 하나일까요?

아니면 이 모든 것의 혼합물일까요? 아니면 뇌에서 이루어지는 생각의 작용일까요? 자미아는 소크라테스, 공자, 플라톤, 아리스토텔레스 등 누구나 다 아는 철학자들 외에도 비유럽권 학자, 여성학자들의 말로 답을 던집니다.

1,000년 전 이슬람 철학자 아비센나Avicenna는 감각 경험 없이도 자기의 존재, 즉 영혼을 느낄 수 있다고 합니다. 500년 뒤 데카르트는 인간이 태어날 때부터 선천적 관념인 본유관념을 가지고 있다고 합니다. 반면 경험론자 존 로크는 인간은 태어날 때부터 백지상태라서 감각기관을 통해 세상을 경험해야 비로소 알 수 있다고 합니다. 이성이든, 경험이든 인간을 규정 짓는 철학적 틀은 뿌리 깊은 전통과 복잡성을 띠고 있는 것은 사실입니다.

인간은 모습, 감정, 생각, 행동이 서로 다른 다채로운 존재입니다. 하지만 현생 인류는 수백만 년 전에 나타난 '원시 인류'라는 공통점을 가집니다. 그러나 인류는 점차 새로운 기후와 환경에 적응하였고, 환경에 맞게 각자 조금씩 다른 피부와 특성을 가진 인종이 되었지요. '인종'이란 개념은 겉모습이 비슷한 집단을 백인종, 황인종, 흑인종 등으로 묶은 것이고, 여기서 특정 무리에 더 유리한 고정관념을 발달시킨 것을 인종주의라고 부릅니다.

현대사에서 백인종의 주도하에 다른 유색인종에 대한 식민주의와 노예제도, 폭력, 차별이 존재했고, 지금도 여전히 세계는 인종문제로 갈등을 겪고 있습니다. 인종주의가 17세기 유럽학자들이 만든 차별적 고정관념이라면 여성에 대한 차별은 1만 2,000년이나 넘게 이어져 왔다고 자미아는 생각합니다. 수렵·채집의 원시 모계사회에서 농경이 시작된 정착 생활이 시작되면서 인류는 점차 부계사회로 넘어갑니다. 공동체가 형성되고, 국가가 만들어지면서 남성과 여성에 대한 생각이 고착화된 것이지요.

17세기 독일 관념론 철학자 헤겔이 '여성의 정신은 과학, 철학 등 고도의 지적 영역에 적합하지 않다. 예술은 더 그렇다'라고 했을 때 여성들이 어떤 활동을 할 수 있었을까요? 사람을 젠더*gender*에 따라 다르게 대하는 규칙은 누가 만들었을까요? 젠더란 생물학적 남녀가 아닌 사회적 환경과 훈련으로 구분되어 만들어진 개념입니다. 이 개념은 다음과 같은 고정관념과 의문점들을 가져왔지요. '남자가 왜 분홍색을 좋아해?', '남자는 강해야 해!', '인형은 여자만 가지고 노는 거야.', '여자는 집안일을 잘해야 해.'

350~370년 경 최초의 여성 철학자이자 수학자인 히파티아*Hypatia*는 여성도 남성과 같은 교육을 받으면 얼마든지 위대한 성과를 낼 수 있음을 보여주었습니다. 그럼에도 불구하고 여성에 대한 교육과 환경의 중요성을 말한 여성학자는 1,600년이 지난 후 등장한 여성 철학자 시몬 드 보부아르*Simone de Beauvoir*가 아닐까요? 보부아르는 저서 《제2의 성》에서 '여자는 태어나는 것이 아니라 만들어지는 것이다'라고 말하면서 여성들에게 자기 삶의 주체로서 자기 회복을 위한 투쟁을 해야 한다고 주장했습니다.

히파티아 이후로 1,600년 동안 또 다른 뛰어난 여성학자들은 없었을까요? 있었지만 남성 중심 사회에서 드러나지 않고 묻히거나, 아니면 여성의 목소리에 아무도 귀 기울지 않았던 걸까요? 나이지리아의 페미니스트 작가 치마만다 응고지 아디치에*Chimamanda Ngozi Adichie*는 이렇게 말합니다.

"우리는 여자아이에게 움츠리라고, 위축되라고 가르친다. 야망을 품어도, 너무 많은 야망을 품지는 말라고 말한다."

여전히 전 세계적으로 사회 각 분야에서 여성에 대한 유리천장은 존재하며, 특히 사회적으로나 종교적으로 여성을 향한 폭력과 억압이 존재하는 곳도 있습니다.

우리를 인간답게 하는 것

삶이란 인간이 살아 있다는 의미이고, 산다는 것은 존재한다는 것입니다. 그러면 우리는 왜 존재할까요? 이 물음은 수많은 철학자나 과학자, 종교인의 연구 주제입니다. 인간이란 존재는 과학에서 말한 진화의 결과일까요, 아니면 신이 만들었을까요? 혹은 환경의 변화로 나타났을까요? 그것도 아니라면 생명의 불꽃 같은 걸까요? 예전부터 철학자나 과학자들은 세상이 아무것도 없는 상태에서 만들어진 건지, 아니면 처음부터 존재했던 무언가로부터 나온 것인지를 연구했습니다.

그렇다면 죽음은 어떤 것일까요? 삶이 존재한다면 그 끝은 분명 어딘가에 있겠지요. 지구에 있는 모든 변화하는 것들은 언젠가 그 끝을 향해 달려갑니다. 영혼의 존재를 믿었던 아비센나에게 죽음이란 몸과 영혼의 분리입니다. 하지만 쾌락주의자 에피쿠로스에게 죽음이란 단순한 감각의 상실에 불과하기에 의식도, 두려움도 없습니다. 철학자들이 생각하는 죽음과 다르게 우리는 이별했던 사람들에 대한 기억과 추억을 가지고 있는 존재입니다. 그들로부터 얻은 삶의 지혜와 교훈과 함께 말이지요. 어쩌면 이런 생각들이 우리를 인간답게 하는 건 아닐까요?

인간의 특징을 연구해 온 많은 사상가 중에서 과학자들은 우리의 감정과 행동이 선조들로부터 물려받은 유전자에서 찾았으며, 철학자 중 아리스토텔레스는 추론 능력, 사회적 욕구, 강력한 상상력이 인간의 특성이라고 보았지요. 이런 생각은 인간이 타고난 본성을 따르는지, 아니면 환경이나 학습에 따라 변화하는지에 대한 철학적 논쟁을 던집니다. 왜냐하면 인간 본성이 선과 악 그리고 도덕적, 사회적, 이기적인 특성으로 복잡하기 때문이지요. 그래서 인간은 불안하고 불확실하여 삶의 무게와 고통 속에서 힘들어합니다. 그래서 고대 그리스 작가 소포클레스Sophocles는 인간을 인간답게 하고, 삶의 무게를 견디게 해주는 것으로 인간이 가진 '사랑'에서 찾습니다.

무엇이 옳고 그른가

우리는 모두 어느 정도의 편견과 선입견을 가지고 있는지도 모릅니다. 자신의 믿음에 기반한 진리, 정의, 옳음과 선함 등으로 다른 사람의 관점과 믿음을 판단하려고 합니다. 내가 가진 의견 중에는 다른 사람으로부터 받은 것, 공동체와 생활 환경에서 습득한 지식 등이 뒤섞여 있을 수 있습니다. 그러므로 사람들이 편견에 따라 행동한다는 사실을 스스로 깨달아야 하며 반성하고 멈출 수도 있어야 합니다.

동서양을 막론하고 인간의 본성이 선한지, 악한지는 철학적으로 주요한 주제입니다. 예일대학교 심리학자 폴 블룸*Paul bloom*은 인간이 옳고 그름에 대한 감각을 타고난다고 합니다. 또 우리는 어릴 때부터 선한 시민이 되기 위해 교육을 통해 규칙과 법을 배우고 행동하지요. 사실 옳고 그름을 정하는 것은 다양하고 상대적입니다. 철학적으로 옳고 그름에 대한 물음은 우리가 '자유의지'를 가졌는가를 중요하게 봅니다. 인간에게 자유의지가 없다면 선과 악을 판단하여 처벌할 수 없습니다. 자유의지를 가졌다면 칸트가 말했듯 보편적 법칙에 준하는 행동이 가능합니다.

그런데 사람마다 정의에 대한 생각도 같을까요? 인간은 지역, 환경, 역사, 공동체의 가치에 따라 살아온 모습도, 생각도 제각각 다릅니다. 그래서 편견과 선입견을 가지고 있다면 정의에 대한 이해도 다르지 않을까요? 2,000년 전 플라톤은 '권력이 곧 정의인 곳에서는 정의를 기대할 수 없다'고 선언했지만 지금도 보이지 않은 폭력과 억압이 여전히 진행 중입니다.

"정의롭지 않은 일에 맞서기에 힘이 부족할 수 있지만 그렇다고 저항하는 걸 포기해서는 안 된다." 노벨평화상 수상자 엘리 비젤*Elie Wiesel*의 이 말이 가슴에 와 닿습니다.

상상은 우리의 자유다

상상력은 경험보다 우리 영혼의 강력한 영역이라는 생각이 듭니다. 아인슈타인은 상상력이 지식보다 중요하다고 했지요. 상상력은 나와 세계를 연결해주는 마법과 같은 활동입니다. '여자라서', '장애가 있어서'라며 스스로 포기하거나 또는 사회적 선입견을 가지고 바라본다면 상상력은 발휘되지 못하고 더 이상 발전도 없습니다. 왜냐하면 상상력이 모든 성취의 원천이기 때문이죠. 또한 상상력은 인간이 가진 자유이기도 합니다.

1948년에 유엔에서 발표한 '세계인권선언문'은 많은 나라에서 민주주의 국가의 법률의 기초가 됩니다.

"모든 인간은 태어날 때부터 자유로우며 그 존엄과 권리에서 동등하다. 인간은 천부적으로 이성과 양심에 부여 받았으며 서로 형제애의 정신으로 행동하여야 한다."

우리 헌법에는 사상의 자유, 표현의 자유, 언론의 자유, 종교의 자유, 행복 추구의 자유 등이 있습니다. 이 자유의 힘이 젠더, 인종, 장애, 출생 등과 관련된 불공정과 차별을 금지하고 있지요. 이런 자유가 완벽하게 구현되는 이상사회가 있을까요? 사람들은 저마다의 복잡하고 다채로운 사상과 가치관을 가지고 있습니다. 우리 인간이 완벽하지 않는데, 그럼에도 불구하고 이상사회를 건설할 수 있을까요?

이 모든 것의 철학적 의미는

자미아는 묻습니다. '아름다움이 뭘까요?', '지식은 대체 무엇일까요?', '영혼이 있을까요?'라고 말이죠.

아름다움이란 보고, 듣고, 느끼고, 만지고, 경험할 수 있는 것일까요? 경험으로 알 수 있다면 사람마다 아름다움의 척도는 다를 것입니다. 그런데 어떤 미술 작품을 보고 누군가 아름답지 않다고 말한다면 그 작품의 미학적 가치가 덜해질까요? '황금분할'이란 미술이나 수학에서 사용되는 개념으로, 1대 1.618(5대 8)의 비율을 가리킵니다. 동서양의 구분 없이 가장 아름다운 비율을 뜻하며 미술이나 수학뿐 아니라 사진, 태극기, A4 용지 등에서 다양한 비율로 사용됩니다. 그렇다면 아름다움이란 경험 이전에 존재하는 것은 아닐까요?

여러분, 우리는 살아가면서 수많은 의문과 궁금증을 가지고 살아갑니다. 영혼이 있다면 이 영혼은 유대교나 기독교, 이슬람교, 힌두교에서처럼 영원불멸의 존재일까요? 아니면 불교에서처럼 헛된 환상일 뿐일까요? 아니면 미국 실용주의 철학자 윌리엄 제임스의 말대로 정신 현상에 불과할까요? 신에 대해서도 이런 의문을 가질 수 있습니다. 신이 있다면 인종주의, 혐오, 전쟁 같은 부도덕하고 잔학한 행위가 일어나지 않아야 하는 것이 아닐까요?

《자미아의 생각 공부》는 누구나 다 가지고 있는 의문들, 어쩌면 인류 역사가 시작된 이래로 계속된 질문들을 다룹니다. 단 그 질문과 대답 속에서 소외되었던 비유럽권 사람들, 유색인종 그리고 여성에 대한 이야기를 주로 많이 담았지요. 어쩌면 우리 자신의 이야기는 아닐까요?

1. 남자는 분홍색을 좋아해도 될까요, 안 될까요? 그 이유는 무엇인가요?

   남자는 분홍색을 좋아해도 (된다 / 안 된다).

   왜냐하면

2. 나는 누구일까요? 나를 나답게 하는 것은 나의 '몸'일까요, '정신'일까요? 그 이유를 설명해봅시다.

   나를 나답게 하는 것은 나의 (몸 / 정신) 이다.

   왜냐하면

3. 인종주의란 무엇일까요?

《쓸모없어도 괜찮아》
누구나 특별하고 소중한 존재예요

희망철학연구소 | 동녘 | 2015.7

쓸모없는 것은 없다

한 어린나무와 큰 넓적 바위가 있었습니다. 어린 소나무는 넓적 바위가 도무지 마음에 들지 않습니다. 아무짝에도 쓸데없는 넓적 바위에 치여 자신이 크게 자라지 못한다고 생각했지요. 그 옆에 크고 울창한 나무들은 큰 줄기와 가지를 뻗으며 힘차게 하늘을 향해 자라고 있었습니다. 한편 넓적 바위도 자기의 위세만큼 큰 나무가 옆에 버티고 있어야 하는데 작은 나무가 있어서 불만입니다. 어느 날 나무꾼이 와서는 옆에 있는 큰 나무들만 골라 베어 가지고 갔습니다. 그제야 작은 나무는 안도의 한숨을 쉬며 넓적 바위에 고마움을 느낍니다.

세월이 흘러 작은 나무는 어엿한 큰 나무로 자랐고, 사람들은 이 나무의 가지에 천을 두르고 기도를 하기도 했습니다. 어느 날 사람들이 마을 저수지의 둑 공사를 한다며 바위들을 깨뜨려 가지고 갔지요. 넓적 바위는 자신도 깨어질까 두려웠는데 사람들은 바위 옆 큰 나무가 마을을 지키는 사당이라며 넓적 바위 위에 과일이나 곡식을 두고서는 절을 했습니다.

나무와 바위는 서로에게 아무런 쓸모없는 존재였지만 시간이 지나고 보니 그 쓸모없는 점이 오히려 자신들을 더 크고 건강하게 자랄 수 있게 만든 엄청난 쓸모가 있는 것이었지요.

《쓸모없어도 괜찮아》는 철학을 통해서 사회의 변화와 발전을 도모하고자 뜻을 모은 아홉 명의 철학 교수들이 쓴 동화책입니다. 무한한 상상력과 가능성을 열어주는 동화를 통해 읽는 사람들이 스스로 깨닫고 실천할 수 있는 힘을 키울 수 있다고 생각했습니다.

쓸모 있는 것과 쓸모없는 것은 누가 결정할까요? 그것을 비교하는 대상은 누구일까요? 쓸모없음으로부터 상처받고 좌절하는 것과 반대로 떨쳐 이겨내고 한층 성장하는 것은 또 누구일까요? 철학 교수들이 쓴 열다섯 개의 이야기를 통해 쓸모없음에 대한 성찰의 시간을 가져보면 어떨까요?

저마다 어떤 쓸모가 있을까?

'낙우송落羽松'이라는 소나무가 있습니다. '새의 깃털처럼 떨어지는 소나무'란 뜻으로, 이름처럼 가지에 달린 잎사귀는 새의 깃처럼 축 처진 데다 그마저 가을이 되면 우수수 떨어지고 맙니다. 다른 소나무가 서릿발 눈이 내리는 추운 겨울에도 의연한 모습을 지키는 것과 비교됩니다. 금강송이나 다른 소나무들은 경복궁 같은 문화재의 재목으로 쓰이고, 엄나무나 두릅나무는 봄날 맛있는 새순을 돋아나게 해 맛있는 제철음식이 됩니다.

어느 날 담비가 낙우송에게 '주엽나무가 왜 사나운 가시가 있는지 아느냐?'라고 물었습니다. 사실 어린 주엽나무는 잎이 맛있어서 사람들이 어린 새순을 따서 먹곤 했습니다. 그래서 주엽나무가 사방으로 가시를 가지는 것은 사람이나 짐승들로부터 스스로 보호하기 위함이었지요.

"금강송이나 참나무가 좋은 목재로 쓰이는 것은 사람에게 이로운 거지. 그래서 목숨을 잃게 만드는 일이야. 쓸모 있다는 게 꼭 좋은 것만은 아니라는 뜻이야."

쓸모 있음과 쓸모없음은 사람이 정한 기준이지 낙우송이 정한 기준은 아닙니다. 유용하게 쓸모 있는 금강송과 참나무는 그 쓸모 때문에 크게 자라지 못하고 적당한 재목이 될 때쯤 사람들로부터 베어집니다. 그리고 집을 짓거나 가구를 만들 때 혹은 다른 건축재료로 쓰이지요.

쓸모없음 덕분에 낙우송은 50미터나 되는 큰 나무로 자라서 줄기를 쭉쭉 뻗어 연못가에 시원한 그늘을 드리웁니다. 멀리서 보면 고깔의 모습을 하고 있어 수목원을 대표하는 상징이 되지요. 수목원을 찾는 사람들은 모두 낙우송이 만든 그늘에서 쉬었다 갑니다.

《장자》에 무용지용無用之用이라는 말이 있습니다. 우리말로 풀이하자면 언뜻 쓸모없는 것으로 보이는 것이 오히려 크게 쓰인다는 것을 이르는 말이지요. 나무의 재목이 좋으면 그 쓰임에 따라 일찍 베이고, 좋은 열매를 맺는 나무들은 사람들이 열매를 얻기 위해 가지를 부러뜨리기도 합니다. 자신의 강점 때문에 도리어 피해를 본다면 어찌 그것을 강점이라 할까요? 오히려 약점 때문에 손해를 보았던 일이 훗날 장점이 되어 나에게 큰 도움이 될 수 있지 않을까요?

서로 다름을 존중해주세요

여러분, 차이와 차별을 구분할 수 있나요? 차이는 서로 다름이며, 차별은 차등을 두어 구별하는 것입니다. 이 두 단어는 서로 비슷하지 않음에도 불구하고 우리는 이 두 단어를 너무 자주 혼동하곤 합니다.

키 큰 해바라기 아래에서 올망졸망 꽃을 피운 키 작은 채송화는 해를 가리는 해바라기 때문에 화가 납니다. 그래서 채송화는 해바라기가 쓸데없이 키만 커서 땅 밑에서 흐르는 물이 들려주는 아름다운 노랫소리도 못 듣는다며 지적합니다. 해바라기는 채송화를 보고 난쟁이 똥자루만 해서 시원한 바람도, 따뜻한 볕도 맘껏 쐬지 못해 얼굴이 얼룩덜룩하다며 놀렸지요.

벌이 날아와서는 해바라기와 채송화에 서로 잘났다고 싸우기만 하니 다른 삶은 모른다고 핀잔을 줍니다. 두 꽃이 서로 잘났다며 싸우자 나비가 화해를 시킵니다.

"해바라기야, 너는 키가 커서 해바라기잖아. 채송화 너는 키가 작아서 채송화고. (…) 해바라기는 키가 커서 시원한 바람을 맞고, 채송화는 키가 작은 대신 땅속 시냇물 소리를 들을 수 있잖아."

땅바닥에 줄기를 눕혀 비스듬히 자라는 채송화가 해바라기처럼 2미터 정도까지 크게 자란다면 제대로 자랄 수도 없습니다. 사람만한 큰 꽃을 피우는 해바라기가 채송화처럼 땅바닥에 붙어 있다면 이 또한 상상이 되질 않습니다.

해바라기 덕분에 채송화는 뜨거운 햇볕을 피해 여러 개의 가지로 수없이 많은 꽃을 피울 수 있고, 채송화 덕분에 해바라기도 시원한 바람과 따뜻한 햇볕의 소중함을 알 수 있습니다. 다름을 알고 그 차이를 인정하니 서로가 소중한 존재임을 알 수 있지요. 나의 특성으로 다른 사람을 정의하는 것은 불공정하고, 결국 서로를 차별하게 될 뿐입니다. 차이는 차별이 아닌 존중이 아닐까요?

나와 남을 가르는 담을 허물자

오소리, 담비, 토끼 그리고 고집불통인 너구리가 사는 동물 마을이 있습니다. 너구리 때문에 동물들은 기분이 나쁘지만 늘 토끼가 나서서 친구들과 너구리를 화해시키는 역할을 합니다. 어디에서나 이런 친구들이 꼭 있지요. 개성이 강한 친구, 고집불통인 친구 그리고 두루두루 잘 지내는 친구 말이에요.

아픈 동생 때문에 너구리와 놀지 못한 토끼에게 너구리는 "다시는 너하고 안 놀거야!"라고 화를 냅니다. 친구들과 울타리 만들기 놀이를 하다가 말다툼이 벌어지니 또 너구리는 "다시는 너희랑 안 놀아!" 하고는 가버립니다. 혼자 노는 게 편해진 너구리는 울타리 담장을 높게 쌓기로 마음을 먹습니다. 담장을 높게 쌓았지만 오소리가 놀자며 뛰어들어와서 너구리는 더 높게 담장을 쌓습니다. 그리고 아무도 못 들어오게 이중 담장을 쌓습니다. 같이 놀자는 친구들의 방문도 거절합니다. 드디어 친구의 소리도 들리지 않고, 바람도 잘 통하지 않고, 햇볕도 들지 않는 견고한 성이 만들어집니다.

하지만 겨울이 되고 감기에 걸린 너구리는 콜록거리며 기침을 해댔지만 아무도 그 소리를 들을 수 없습니다. 친구도 없고, 마음도 허전하고 외롭습니다. 수리부엉이에게 너구리의 소식을 들은 토끼가 팥죽을 끓여 방문하자 너구리는 왈칵 눈물이 솟구칩니다.

담(벽)이란 나와 너, 우리와 다른 사람을 나누는 경계입니다. 나를 위해 쌓은 담장이 오히려 나를 고립시키는 벽이 될 수 있지요. 그 벽이 높으면 높을수록 두 진영 간 의사소통은 더욱더 멀어지고, 그만큼 마음의 벽도 견고해집니다. 13세기 몽골제국을 건설한 징기스칸은 '성을 쌓으면 망하고 길은 내면 흥한다'라는 말로 유라시아 대륙을 지배하게 됩니다. 애초에 지킬 것이 없던 유목민족이 성을 쌓아 자신들의 것만 지키려 했던 농경민족을 지배한 경우이지요.

역사적으로 볼 때 근대화 과정에서 쇄국정책을 펼친 나라들은 대부분 제국주의 국가의 식민지로 전락하고, 근대화에 성공한 나라들은 오늘날에도 선진국으로 존재하고 있습니다. 현대에 이르러서도 징기스칸의 말은 여전히 유효합니다. 특히 지하자원이 없고, 오로지 기술 혁신으로 살아가는 우리나라는 물류의 이동(무역)을 통해 부강하게 생존할 수 있는 나라입니다.

만약 절대반지를 갖게 된다면

반지를 소유하면 남을 사랑하게 되고, 남도 나를 사랑하게 되는 조상 대대로 내려오는 한 반지가 있습니다. 아버지는 가짜 반지를 세 개 만들어 아들에게 나눠주고 자신이 죽으면 모든 재산을 물려주겠다고 선언합니다. 그리고 랍비에게 능력 있고 착한 아들에게 진짜 반지를 전해 달라고 은밀하게 부탁을 합니다.

아버지가 죽자 랍비는 세 아들에게 능력을 발휘해서 돈을 벌어오게 합니다. 아들들이 돈을 벌어오자 랍비는 아버지의 초상화를 정확하게 그리라고 합니다. 이번에도 세 아들이 임무를 수행하자 랍비는 아버지의 초상화를 과녁에 붙이고 그 초상화에 활을 정확하게 쏘는 사람에게 반지를 주겠다고 선언합니다. 첫째 아들의 화살은 아버지의 코에, 둘째 아들의 화살은 아버지의 이마에 정확하게 꽂힙니다. 그러나 셋째 아들은 활을 쏘지 못했지요. 그는 이렇게 말했습니다.

"비록 초상화이긴 하지만 아버지의 얼굴을 향해 활을 쏘느니 차라리 반지를 포기하는 편이 낫겠습니다."

여러분, 진짜 반지와 함께 아버지의 재산은 누구에게 갔을까요? 누구라도 이 이야기의 결말을 알 수 있을 겁니다. 왜냐구요? 그게 바로 이 이야기의 목적이며 누구나 말하지 않아도 알 수 있는 교훈이지요. 바로

'사람의 도리'라는 것입니다.

플라톤의 저서 《국가》에 '기게스의 반지'라는 이야기가 나옵니다. 목동 기게스는 동굴에서 죽은 거인으로부터 반지를 얻고서 투명인간이 되지요. '보이지 않는 힘'을 갖게 된 기게스는 왕궁으로 들어가 왕비와 간통을 저지르고 왕을 죽인 후에 스스로 왕이 됩니다. 플라톤이 기게스의 반지를 통해 말하고자 하는 것이 무엇일까요?

그런 힘을 가진 반지를 낀 사람은 자신의 모습이 누구에게도 보이지 않으면 마음대로 무엇이든 하고 싶은 욕망과 권력이 생기지 않을까요? 사회적 규범과 도덕적 책임을 지킬 의무를 따르고 싶을까요? 우리 행동의 결과가 아무런 비판 없이 자유로울 수 있다면 우리는 도덕적으로 행동할까요?

맹자는 인간은 본성이 선하다고 하며, 칸트는 '도덕적으로 행동하라'라고 합니다. 여러분이 영화 〈반지의 제왕〉의 주인공처럼 절대적 힘을 가진 반지를 얻는다면 어떻게 행동할까요? 여러분, 그런 반지를 가지고 싶나요? 그러면 옳음과 그름에 대해 또 자율적 행위와 타율적 행위에 대해 토론하고 알아야 합니다. 그래서 철학을 공부하면 더 좋지요.

《쓸모없어도 괜찮아》는 열다섯 개의 아주 짧은 동화를 통해 우리가 어려운 철학의 문제를 쉽게 이해하도록 돕습니다. 그 이야기들은 아주 특별하고 대단한 이야기가 아니라 나의 이야기이자 우리 모두의 이야기입니다.

 철학자처럼 생각하기

1. 《장자》에 나오는 '무용지용'이라는 말의 뜻에 해당하는 예를 찾아 써봅시다.

2. 차이와 차별이라는 개념은 각각 정의가 다릅니다. 차이와 차별에 해당하는 예를 하나씩 써봅시다.

   차이의 예:

   차별의 예:

3. 만약에 무엇이든 다 가능하게 만드는 '절대반지'를 갖게 된다면 무엇을 하고 싶나요? 그 이유는 무엇인가요?

   내가 절대반지를 갖게 된다면 (   )을/를 할 것이다.
   왜냐하면

《어린이 철학 카페》
128개의 궁금증을 해결하다

고노 데쓰야 외 3인 | 북뱅크 | 2019.8

세상의 모든 게 궁금해!

초등학생들이 한결같이 궁금해하는 것이 있습니다. '학교는 왜 있어요?', '공부는 왜 해야 돼요?', '왜 어린이는 화장하면 안 돼요?' 같은 불평과 불만의 질문들이지요. 또 '왜 모든 것에 이름이 있어요?', '정직한 사람은 손해를 볼까요?', '인간은 왜 존재할까요?' 이런 철학적 질문도 있고, '나이를 먹으면 왜 치매에 걸릴까요?', '지구가 소멸할 수도 있나요?', '병은 왜 걸릴까요?' 같은 과학적 질문들도 있습니다. 이뿐 아니라 '귀신은 정말 있나요?', '사람이 죽으면 어떻게 되나요?', '사람은 왜 죽을까요?' 같은 영적 세계의 질문도 많이 합니다.

이런 질문들을 자세히 보면 여러분이 친구나 부모님, 선생님에게 한

번쯤 했던 질문들일 거예요. 질문이 많다는 건 세상 모든 게 궁금하다는 뜻 아닐까요? 이런 궁금증을 해결해주는 책이 있습니다.

《어린이 철학 카페》는 제목 그대로 세상의 모든 것이 궁금한 여러분을 위한 책입니다. 서른두 개의 주제를 가지고 각 주제에 네 개씩 총 128개의 궁금증을 해결하는 철학적 답을 들려주지요.

카페에서 한 잔의 음료를 마시듯, 이 책에 나오는 '어린이 철학 카페'에서 궁금증을 하나씩 시원하게 해결하면서 우리 마음에 즐거움을 주는 것이 어떨까요?

우리가 학교를 다니는 이유

책의 가장 첫 번째 주제가 바로 '학교'입니다. 코로나가 전 세계를 휩쓸 때 많은 학생이 학교에 가지 못하고 집에서 시간을 보내야 했습니다. 집에 있다 보니 스스로 공부도 안 되고, 친구를 만날 수도 없고, 맛있는 학교 급식도 먹을 수 없고, 무엇보다 세상과 단절되고 고립되는 기분을 느꼈을 겁니다. 그래서 가장 생각나고 그리운 곳이 학교였을 거예요. 학교란 어린이들에게는 집만큼 소중한 배움과 우정, 성장의 공간이지요.

코로나가 사라지고 일상이 정상으로 돌아왔으니 이제 매일 학교에 가야 하고, 선생님의 잔소리를 들어야 하고, 어려운 수학과 쓰기 싫은 글쓰기도 해야 합니다. 더 놀고 싶은데 쉬는 시간의 종소리는 왜 그렇게 빨리 치는지 아쉽기도 하고요.

여러분, 학교는 왜 있을까요? 학교가 없다면 우리는 들로, 산으로, 강으로 뛰어나가 물고기도 잡고 온종일 놀 수 있지 않을까요? 학교의 존재에 대해 책의 작가는 '어린이의 직장'이라고 말합니다. 직장이라고요? 직장은 돈을 벌기 위해 부모님이 가는 일터잖아요. 학교는 학생들에게 월급을 주지는 않아요. 그런데 직장이라니?

작가는 공장에서 작업하기 전에 기계의 구조나 재료 취급법을 공부하듯 학교에서 하는 공부도 어떤 일을 시작하기 전의 준비운동을 하는 것이라고 말합니다. 어른들이 회사나 공장에서 하는 여러 가지 일들이나 사회에서 하는 많은 일을 하기 위해 학교에서 우선 첫 단계를 밟는 셈이지요. 또 학교가 집과 다른 특별한 곳이며 사회의 축소 모형이라고도 합니다.

무엇보다 학교는 우리에게 '친구'라는 단어를 떠올리게 하지 않나요? 어른들은 학교에서 진정한 친구를 사귀라고 합니다. 그러면 진정한 친구는 어떤 친구일까요? 어른들에게 동료가 있듯 학교의 같은 반에는 나의 친구들이 있지요. 아리스토텔레스는 '모두에게 친구인 사람은 누구에게도 친구가 아니다'라고 했습니다. 나를 편안하게 해주고 또 나와 대화가 잘 통하는 사람과 서로 믿을 수 있는 관계를 쌓은 것부터가 진정한 친구를 사귀는 시작이 아닐까요? 그러면 아리스토텔레스가 말하는 '두 개의 몸에 깃든 한 개의 영혼'이라고 부를 만한 진정한 친구를 만날 수 있을 거예요.

여자다움, 남자다움 말고 나답게

'여자답다'는 말이 의미하는 바가 무엇일까요? 남자다움의 반대일까요? 흔히 남자다움이란 남성적인 힘, 진리 앞에 진실한 철학적 용기, 아픔을 드러내지 않고 속으로 참아내는 인내 등 학자마다 정의하는 바가 다양하지만 학문적으로 정립된 것은 없습니다. 마찬가지로 여자다움 역시 학문적으로 정의하기가 어렵습니다. 우선 여자다움이라는 걸 누가 정할까요? 여성에게 요구되는 능력인지 아니면 남성이 생각하는 여성에 대한 관념인지부터 불분명합니다.

전통적으로 분홍색 책가방은 여자아이의 것이고, 남자는 치마를 입지 않으며 남자와 여자의 말투가 다르고, 행동 방식 또한 다르다고 배우며 살아왔지요. 그래서 철학자 보부아르가 자신의 책 《제2의 성》에서 '여자는 태어나는 것이 아니라 만들어지는 것이다'라고 주장했고, 이는 여성주의 운동의 시발점이 되었지요.

여자아이는 긴 머리, 남자아이는 짧은 머리를 해야 하고, 여자는 분홍색을, 남자는 파랑색을 좋아해야 한다며 규정 짓고 바라보는 관점이 오랫동안 지속되면 결국 사회적 관념으로 굳어집니다. 그에 따라 남자는 남자답게 용감하고, 우람한 근육을 가지고, 거침없이 행동하며 집 밖에서 힘을 쓰는 중요한 일을 해야 합니다. 울어서도 안 되지요. 반면 여자는 부드럽고 우아하게 행동해야 하며 집에서 자수를 놓거나 요리를 하고 집안일을 맡아서 해야 합니다. 그렇게 교육을 받고 길러지는 것이 여자답게 만들어지는 과정이지요.

고대에서 근대에 이르기까지 많은 사상가가 여자는 남자보다 열등

한 존재로 보았으며, 역사적으로 중요한 일은 전부 남자가 하는 것으로 여겼습니다. 교육에서부터 그렇게 가르쳐 왔던 거지요. 그러나 '여자다움', '남자다움'이라는 고정관념을 따르는 것보다 더 멋지게 '나답게' 사는 사람이 되는 것이 어떨까요? 책의 작가는 남자든, 여자든 상관없이 누구나 자기 자신을 사랑하고 싶고, 다른 사람에게도 사랑받는 인간이 되고자 한다고 말합니다. 주체적인 생각을 가지고 스스로 멋진 삶을 살아가는 것이 더 아름다운 모습 아닐까요?

우리에게 이름이 있는 이유

이름이 없는 세계를 상상할 수 있나요? 동물원에 있는 사자와 호랑이가 서로 싸우는 것을 보았다고 가정해봅시다. 동물들의 이름이 없다면 이 장면을 어떻게 표현해야 할까요? '이 짐승과 저 짐승이 이곳에서 서로 싸워요'라고 해야 되겠지요. '짐승', '동물'이라는 개념도 일종의 이름입니다. 그럼 '이것과 저것이 서로 물고 뜯고 뒹굴고 있네요'라고 해야 될까요? 따지고 보면 '싸우다', '물다', '뒹굴다'라는 것도 동작을 가리키는 이름입니다. 이렇듯 세상 모든 만물과 움직임은 그것을 표현하는 이름이나 개념을 가지고 있군요.

그러면 이름이 없는 경우도 있을까요? 예를 들어, 교실문에 들어서는 한 사람을 그냥 '사람', '학생', '남자'라고 한다면 그 사람을 정확하게 구분할 수 있는 이름이 될까요? 절대로 구분할 수 없겠지요. 지구에는 80억 명의 사람이 있고, 그 안에 수십억 명의 학생이 있으며 인류의 절반이 남자입니다. 그러니 누군가를 정확하게 구분하고 부르기 위해 이름을 붙여야 합니다. 세상에는 이름이 없는 동식물이나 사물들이 매우 많이 존재할 수 있어요. 그 모두를 정확하게 구분하고 의미를 부여하기 위해 이름을 붙여야 합니다. 이름이 없다면 그 존재의 의미도, 존재 자체도 세상에 없는 것과 다름없습니다.

"내가 그의 이름을 불러 주기 전에는 그는 다만 하나의 몸짓에 지나지 않았다. 내가 그의 이름을 불러 주었을 때 그는 나에게로 와서 꽃이 되었다."

시인 김춘수의 〈꽃〉이라는 시입니다. 시인의 생각처럼 이름을 부른다는 것은 그 대상이 의미 있는 존재로 나에게 다가오는 것이 아닐까요? 이름을 가진 우리 모두는 '의미 있는 존재'입니다.

마음은 어디에 있을까?

마음은 어디에 있을까요? 선생님이 시험 성적을 발표할 때 내 마음은 마치 지진이 난 듯 두근두근거려서 나를 당황하게 만듭니다. 그럴 때 내 마음은 분명 내 안에 있습니다. 수학 문제 하나가 해결되지 않아 밤새 이리저리 머리를 굴려봤지만 도무지 풀리지 않습니다. 이럴 때 머리가 지끈거리는 걸 보면 마음은 내 머릿속에 있는 것 같습니다. 또 달나라로 여행을 가고 싶은 내 마음 때문에 눈을 감아도 달에 발을 내딛는 내 모습이 떠오르니 이때 내 마음은 이 세계, 아니 우주 전체에 있는 것 같습니다. '내 마음'이니까요.

한편 인지과학자나 뇌과학자들은 마음을 뇌의 한 작용으로 봅니다. 그렇다면 마음은 뇌에 있을 수도 있겠네요. 뇌가 정상적이지 않은 치매 환자들은 마음까지 정상이 아니기에 얼마나 슬프고 가슴 아플까요?

그런데 애초에 마음이 존재하지 않는다고 생각하는 사람도 있습니다. '슬플 때 가슴이 아프고, 화날 때 속이 뒤집어진다'라는 표현을 보세요. 마음이 있어서 가슴이 아프고, 속이 뒤집어 질까요? 이는 슬픔과 분노라는 감정 때문에 일어난 신체 상태의 변화입니다. 우리가 마음으로 느끼는 것을 마음이 있다고 착각하는 게 아닐까요?

경험주의 철학자 데이비드 흄은 감각기관으로 보고, 듣고, 느끼는 경험이 '인상'이고, 인상에 대한 기억이 '관념'이라고 합니다. 예를 들어 불에 데이면 무척 아프고 쓰라립니다. 이 경험을 인상이라고 하고, 화상을 당한 기억이 관념이지요. 그래서 각각의 인상이 모여 새로운 관념이 만들어집니다. 슬플 때 가슴이 아픈 것은 슬픈 경험이 인상으로 남아 내 안에서 아픔이라는 관념으로 들어 있는 거예요. 그걸 '마음'이라고 착각한 것은 아닐까요?

확실한 것은 신체 일부가 불편하면 마음이 편치 않고, 계획된 일이 잘 풀리지 않아도 마음이 편치 않은 것은 사실입니다. 마음이 가슴에 있든, 영혼에 있든, 감각이 만든 관념일 뿐이든, 뇌에서 작용하는 전기적 작용이든 그 어떤 곳에 '마음' 같은 것이 있는 것은 사실입니다.

죽음과 삶

아이들이나 어른들 모두 궁금해 하면서도 어려워 하는 주제가 바로 '죽음'입니다.

"사람은 죽으면 어떻게 되나요?"

"영혼은 어디로 가나요? 마음은요?"

사람이 죽으면 시신을 땅에 묻고 몇 개월이 지나면 그 시신은 분해되고 흙이 되겠지요. 이는 과학이자 자연의 이치입니다. 그러나 종교나 철학에서 어떤 사람들은 마음도 신체와 함께 사라진다고 보기도 하고, 또 다른 사람들은 마음이나 영혼은 불멸이라 신체가 죽어도 계속 존재한다고 믿습니다.

말도 안 된다고요? 여러분, 명절날 우리가 제사나 차례, 성묘를 지내는 이유가 무엇일까요? 바로 나를 있게 해준 조상님이 돌아가신 날에 조상의 혼백이 우리를 찾아오기에 식사를 대접하는 겁니다. 돌아가신 조상을 위해 예를 차리는 의식은 무려 수천 년 동안 전 세계 모든 지역에서 이루어져온 조상을 숭배하는 문화입니다. 인류는 피라미드 같은 엄청난 규모의 무덤을 만들기도 했는데 이런 유적은 문화유산이라는 이름으로 더욱 숭고하게 보존됩니다. 죽은 사람과 현재를 살아가는 사람 사이의 만남이 이루어지는 장소라는 가치를 인정받기 때문입니다.

이러한 의식을 통해 단지 숭배뿐 아니라 죽은 사람과 산 사람의 대화가 이루어지기도 하지요. 산 사람들은 죽은 조상에게 절을 하면서 자신의 바람을 말하고, 가족의 건강과 안녕을 빕니다. 죽은 사람과 살아 있는 사람의 대화가 이루어지는 상황이지요. 그러고 보면 죽은 사람은 잊힌 존재가 아니라 우리의 기억 속에 계속 함께 살아가는 존재가 아닐까요? 그래서 죽음 때문에 살아 있는 이 순간이 더 소중하게 느껴지고요. 그런데 궁금한 것이 있습니다. 그 기억의 끝은 언제일까요?

　세상의 모든 것이 궁금한 여러분을 위한 《어린이 철학 카페》를 읽고 충분한 답을 얻었나요? 아니면 더 궁금한 것들이 많아졌나요? 이런 게 철학의 재미 아닐까요?

 철학자처럼 생각하기

1. 어린이는 화장을 하면 될까요, 안 될까요? 그 이유를 써봅시다.

   어린이는 화장을 해도 (된다/ 안 된다).

   왜냐하면

2. 누구에게나 이름이 있습니다. 만약 나를 부르는 이름이 없다면 어떤 일이 일어날까요?

3. 마음이라는 존재가 있을까요? 있다면 어디에 있을까요? 없다면 왜 그렇다고 생각하나요? 그 이유를 써봅시다.

   마음은 (있다/ 없다).

   왜냐하면

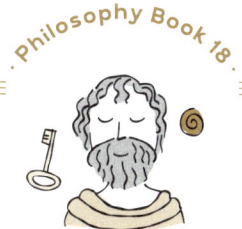

Philosophy Book 18

《달라도 괜찮아 우린 함께니까》
나와 너, 우리가 사는 세상

김선욱 | 자음과모음 | 2019.9

운동장 따먹기 축구 시합

학생 수가 1천 명이 훨씬 넘는 학교가 있습니다. 운동장에 나오는 학생들이 너무 많아 점심시간에도 제대로 놀 수 없습니다. 그래서 학교에서는 점심시간을 3부제로 나누어 실시했지만 여전히 운동장은 좁습니다. 3, 4학년도 운동장에서 축구를 하고 싶어서 항상 갈등과 다툼이 벌어졌습니다. 이 문제를 해결하기 위해 3, 4학년 학생들이 모여 토론을 했고, 그 결과 축구 시합으로 운동장 독점 사용권을 갖기로 의견을 모았습니다. 그리고 체육 선생님에게 심판을 맡아 달라고 부탁했습니다. 이 소식을 들은 교장 선생님은 기가 차서 껄껄 웃었습니다. "요 녀석들, 운동장이 자기들 것인가? 땅따먹기 시합을 하게?"

결국 월요일마다 시합을 치러서 이긴 학년이 일주일 동안 운동장을 사용했고, 지면 운동장 구석이나 자투리 공간에서 피구를 하거나 술래잡기 놀이를 했습니다.

아이들이 공동체 생활을 하다 보면 자신의 취미와 특기, 성격과 자라난 환경이 다르게 때문에 언제나 갈등이 있고, 그래서 대화와 토론이 필요합니다. 이 학교의 3, 4학년들은 제한적 공간으로 생긴 갈등을 서로 협의하여 문제를 해결하는 방식을 취했습니다. 모두가 만족하는 방법은 아닐 수 있지만, 더 큰 갈등을 막고 문제를 해결하고자 합의한 이런 방식은 '정치'라고 할 수 있지요.

《달라도 괜찮아 우린 함께니까》는 독일 태생의 유대계 미국 철학자 한나 아렌트Hannah Arendt의 정치철학을 들려주기 위해 초등학교에서 벌어지는 일상적인 일로 접근해 이야기합니다. 전체주의가 어떻게 탄생하며, 정치적 동물이란 무엇을 의미하는지, 왜 생각하며 사는 것이 중요한지 이 책을 통해 알아볼까요?

편견과 차별이 생기지 않으려면

호곤이네 반은 다른 반과 다르게 매달 반장 선거를 합니다. 이번 달은 공부도 잘하고, 운동도 잘해서 친구들에게 인정받는 호곤이가 당연히 반장이 될 거라고 누구나 생각했습니다. 그런데 갑자기 선생님이 스승의 날이 있는 달이니 직접 반장을 뽑겠다며 결정해 버렸습니다. 독재자처럼 말이죠. 선생님이 뽑은 반장은 승진이였습니다. 공부도 못하고, 몸에서 냄새가 나며 말도 버벅거리고, 행동도 느려서 반 아이들이 썩 좋아하지 않는 인기도 없는 학생이었습니다. 한마디로 왕따였지요.

호곤이는 그런 승진이가 너무나 싫고 미웠습니다. 집에 온 호곤이는 〈피아니스트〉라는 영화를 보며 눈물을 흘리는 엄마를 보았습니다. 엄마는 영화 속 내용처럼 실제로 제2차 세계대전이 일어났을 때 독일 나치가 유대인을 600만 명이나 학살했다며 안타까워했습니다. 호곤이는 왜 유대인이 학살되었는지 궁금했지요.

셰익스피어가 쓴 《베니스의 상인》에는 돈만 밝히는 유대인 '샤일록'이 나옵니다. 사람들은 유대인이 높은 고리대금으로 돈장사를 하는 민족이라며 비난했습니다. 유대인이 예수 그리스도를 십자가에 못 박은 이후로 기독교가 지배하는 유럽에서 유대인에 대한 비난은 늘 있어 왔습니다. 하지만 몇몇 유대인의 행실로 유대인 전체를 나쁘게 바라보고 규정 짓는 것은 편견입니다.

이런 편견들은 모두 우리 머릿속에 고정관념으로 자리를 잡습니다. 그렇게 쌓인 잘못된 고정관념은 또 다른 편견을 낳고, 혐오와 차별을 만들고 결국 반(反)유대주의가 형성됩니다. 그래서 600만 명의 사람이 희생되는 무시무시한 결과가 초래된 거지요.

한나 아렌트는 《전체주의의 기원》에서 19세기 말에서 20세기 초 제국주의 시대에 유대인은 자신들을 지키는 정치 활동을 하지 못했다고 결론을 내립니다. 유대인이 위원회를 만들고 나치에 저항했더라면 참사를 막았을 것이라고 주장하지요. 그의 말처럼 유대인이 정치 활동을 취했더라면 편견과 혐오에 저항해 잘못된 고정관념이 자리잡는 일을 막을 수 있었을 것입니다.

인간은 정치적 동물이에요

호곤이네 반 친구들은 선생님이 임시로 뽑은 반장일 뿐이라며 사사건건 승진이를 무시합니다. 그리고 반장 노릇을 하지 말고 자신들이 시키는 대로만 하라고 주먹까지 쥐어 보이며 위협했습니다.

스승의 날을 맞아 학교에서 진행한 특별수업에 호곤이의 아버지가 일일 선생님으로 오게 되었습니다. 호곤이 아버지는 대학에서 정치학을 가르치는 교수님이었습니다. 아버지가 반 대표인 승진이와 악수를 했는데 더럽고 불결한 승진이의 손을 잡는 아버지를 보며 호곤이는 말리고 싶었습니다.

호곤이 아버지는 아리스토텔레스가 말한 '인간은 사회적 동물이다'를 '인간은 정치적 동물이에요'라고 바꾸어 말했습니다. 이에 반 친구 중 하나인 주영이가 '인간은 사회적 동물이다'라는 말이 맞다며 왜 그렇게 말씀하시냐고 따져 물었습니다.

맞아요. 인간은 혼자서는 살 수 없고, 서로 도우며 살아가니 사회적 동물인 것이 맞습니다. 그러나 다른 동물 중에도 침팬지나 고릴라, 코끼리 등 일부 동물들도 서로 협력하며 함께 살아가는 모습을 보입니다. 그래서 이 방식은 인간만이 가진 특별한 점이 아닌 겁니다.

한나 아렌트는 《인간의 조건》에서 인간이 인간답게 살기 위해서는 정치적 행위가 필수적이라고 합니다. 물질적으로만 풍요하다고 인간이 행복해질까요? 자유가 없이 돈이 많은 노예로 사는 것이 행복하다고 할 수 없겠지요. 행복한 삶을 위해서는 물질적 풍요뿐 아니라 자유가 필요합니다. 자신이 다른 사람과 다름을 표현하기 위해서 자유로운 의사 표현이 반드시 필요하지요. 아렌트에게 정치란 다름을 바탕으로 사람들이 함께 살아가기 위한 행위라고 말합니다.

　호곤이는 일일 선생님, 아니 아빠의 수업을 들을수록 친구들이 승진이에게 수모를 주고 반장 자리에서 쫓아내 학급의 평화를 찾겠다는 생각이 과연 정치적 활동인지 의심이 들기 시작했습니다.

모두가 진정으로 참여하려면

드디어 호곤이네 반 친구들이 반장을 욕보일 때가 다가왔습니다. 바로 학급회의 시간이지요. 바보 같고 말도 더듬는 호곤이가 학급회의를 정상적으로 이끌기는 힘들 것 같았습니다. 반장 노릇도 그만하라고 윽박질러 놨으니 한 사람의 희생으로 반 전체가 기분이 좋다면 좋은 거지요. 특히 말도 논리적으로 못 하고, 결정도 내리지 못해 안절부절한다면 더 좋고요.

　회의에서 학급 환경미화 심사로 커튼을 바꾸기 위해 학급비를 걷자는 의견 때문에 논쟁이 생겼습니다. 집이 부유한 준기의 말에 반 아이들 모두 찬성했지만 반장인 승진이가 어눌한 말로 반대 의견을 내놓았습니다. 반 친구들의 형편이 모두 같지 않으므로 돈을 똑같이 내는 것은 공평하지 않다면서요. 결국 이 문제는 갑론을박을 거치며 좀처럼 해결될 기미가 보이지 않았습니다.

그래서 승진이는 모금함을 만들자는 의견을 냈습니다. 그러나 반 아이들은 모두가 만족할 만한 방법이 아니라며 전체를 위해 소수가 희생해야 한다고 목소리를 높였습니다. 회의가 길어지자 아이들은 미화부장에게 맡기자고 다그쳤지만 승진이는 주눅 들지 않고 쉽게 물러서지 않았습니다.

학급회의는 함께 모여 서로 대화하고 토론하여 문제를 해결하는 정치 행위입니다. 그러나 첨예하게 대립하는 문제를 결정해야 할 때 우리는 다수결로 결정하지요. 그러나 충분한 의사 표현과 제대로 된 검토 없이 무조건 다수결로 결정하는 것은 옳은 결정은 아닙니다. 무엇보다 다수결은 소수의 의견을 철저히 무시하는 결정입니다. 이는 자칫 다른 의견을 내지 못하는 전체주의로 빠질 수도 있습니다.

전체주의는 전체를 위해 개인을 희생시키는 정치 체제를 말합니다. 전체주의 사회에서 사람들은 진정한 자발성으로 참여하는 것이 아니라 공포심에 의존해 움직이게 되지요. 그래서 아렌트는 전체주의는 결국 무너진다고 보았습니다. 진정한 정치의 힘은 서로에 대한 이해에서 나오기 때문이에요.

누가 누굴 감히 괴롭힐 수 있을까?

반 친구들은 승진이를 혼내주려고 계획을 짜는데 호곤이는 마음이 괴롭습니다. 호곤이 아버지가 두 번째 특별수업에서 이렇게 말했지요.

"아렌트는 여성으로서, 유대인으로서 그리고 미국에서는 국적이 없이 살아가는 난민으로서 남들과 다르게 많은 수난을 겪게 되지요. 여러분이 흔히 쓰는 말로 왕따인 셈이었으니까요."

유대인인 아렌트가 나치의 박해를 받는 유대인들을 도우려는 행위가 왕따 취급을 받을 행위일까요? 독일에서 살지 못하고 프랑스로 도망갔다가 수용소에 수감된 일이 왕따를 당할 행위일까요? 프랑스를 탈출하여 미국에서 난민 신세가 된 것 역시 왕따가 될 행위일까요?

우리는 우리와 조금 다르다는 이유로 또 의견이 다르다는 이유로, 우리와 함께 하지 않는다는 이유로 왜 편견을 가지고 차별할까요? 그리고 누군가를 혐오하면서 폭력을 가할까요? 승진이를 향한 반 친구들의 차별과 혐오는 매우 폭력적입니다. 승진이는 친구들을 미워하거나 누군가에게 피해를 준 적이 없습니다. 그럼에도 승진이를 미워하고 차별하려는 사람은 누구일까요?

아돌프 아이히만은 나치 독일의 친위대 장교로, 유대인 관련 업무 최고 책임자였습니다. 그는 상부에서 내려오는 지시를 충실히 체계적으로 수행하기 위해 최선을 다했습니다. 그 결과 수백만 명의 유대인이 학살되었지요. 아이히만는 아무런 죄책감 없이 자신에게 부여된 임무를 수행했습니다.

예루살렘에서 열린 전범재판소에서 아렌트가 직접 목격한 아이히만의 모습은 그저 약하고 온순하게 생긴 평범한 한 사람이었습니다. 그는 《예루살렘의 아이히만》이라는 책에서 그 모습을 '악의 평범성'이라 일컬으며 이렇게 말했지요.

"악이란 뿔 달린 악마처럼 별스럽고 괴이한 존재가 아니며, 사랑과 마찬가지로 언제나 우리 가운데 있다."

아렌트는 아이히만의 평범한 모습에 놀랐고, 그가 자행한 악행들이 그 평범함에 기초하고 있다는 사실을 깨달았습니다. 하이히만에게 가장 힘든 것은 규칙을 어기는 일이었고, 그저 자신이 하는 일에 충실했을 뿐이지 무슨 일을 하는 건지 정확히 이해하지 못했습니다. 그는 자신의 행위가 어떤 일인지, 어떤 영향을 미치는지 전혀 사유(사고, 생각)하지 않았습니다. 아이히만은 스스로 사유하거나 타인의 관점에서 생각하는 능력이 전혀 없었던 것입니다. 독일 나치라는 전체주의가 한 인간을 생각 없이 살도록 만든 것은 아닐까요?

생각하는 삶을 살아야 해요

호곤이 아버지의 두 번째 특별수업이 끝난 후 승진이를 혼내주겠다고 벼렸던 친구들은 모두 바쁘다는 핑계로 집에 가버리고 호곤이가 승진이와 함께 승진이의 집에 가게 됐습니다.

집에 가보니 교통사고로 장애를 앓아 사지가 뒤틀린 어머니가 계셨지요. 그런 어머니를 위해 승진이는 직접 기저귀를 갈아 줍니다. 승진이의 몸에서 나는 냄새의 정체를 알게 된 순간이었지요. 큰 회사에서 인정을 받던 승진이의 아버지는 장애를 앓는 어머니를 위해 장애인을 위한 시민단체에서 일을 하고 있었어요.

호곤이는 승진이에게 사과를 하고 싶었지만 오히려 승진이가 호곤이의 손을 꼭 잡는 바람에 호곤이도 말없이 승진이의 손을 꼭 잡았습니다.

여러분, 정치는 우리의 삶과 떼려야 뗄 수 없을 정도로 깊이 연결되어 있기에 우리 인간은 '정치적 동물'일 수밖에 없습니다. 우리가 사는 사회는 여러 다양한 사람이 함께 살아가는 곳입니다. 다양성이 인정받고 서로 다름을 인정할 때 우리는 어울려 살아갈 수 있지요.

왜 아렌트가 아리스토텔레스의 '인간은 사회적 동물이다'라는 철학을 '인간은 정치적 동물이다'라고 해석했는지 이해가 됩니다.

철학자처럼 생각하기

1. 편견을 가지게 되면 왜 혐오와 차별이 생길까요? 그 예를 찾아보고 설명해 봅시다.

2. 무언가를 결정할 때 우리는 대부분 다수결에 따라 결정을 합니다. 다수결의 결정이 항상 옳을까요? 다수결의 결정 때문에 피해를 본 적이 있나요? 나의 생각을 써봅시다.

3. 철학자 한나 아렌트가 말한 '악의 평범성'이 무슨 뜻인지 친구에게 설명해 볼 수 있을까요? 직접 써봅시다.

《딱 한마디 철학사》
궁금하거나 고민될 때 철학하기

안소연 | 천개의바람 | 2023.10

철학은 지혜의 나침반

영국 철학자 프랜시스 베이컨은 인류 문명의 수준을 한 단계 끌어올린 발명품으로 인쇄술과 화약, 나침반을 꼽았습니다. 나침반이 발견되기 전, 인류는 먼 거리 여행을 할 때 별과 북두칠성의 위치를 보고 항해했습니다. 그러나 매번 어두운 밤에 항해를 하는 건 불가능했습니다. 나침반의 발명으로 인류는 먼 거리 항해가 가능해졌고 정확하게 목적지에 도착할 수 있었습니다. 그 결과 신대륙을 발견하게 됐고 전 세계적으로 사람과 물자가 서로 넘나들기 시작했습니다.

《딱 한마디 철학사》의 안소연 작가는 철학이 인류에게 지혜의 나침반 역할을 한다고 합니다. 세계와 인류의 근원적 물음과 앞으로 나아갈 인류의 미래에 대해 궁금할 때, 참된 삶과 앎에 대해 고민하며 이리저리 헤맬 때, 나침반은 우리에게 지혜의 길을 선물할 것입니다.

《딱 한 마디 철학사》에는 여러 명의 철학자가 등장합니다. 시대적으로 가장 앞선 동양철학의 창시자 공자와 철학을 인간의 문제로 최초로 생각한 소크라테스, 모든 서양철학의 시발점이 된 플라톤, 성리학에서 주기론을 이끈 조선의 율곡 이이도 있습니다. 또 '아는 것이 힘'이라고 말한 베이컨, 근대철학의 시작을 알린 데카르트, 계몽철학의 선구자 루소, 인식론의 전환을 일으킨 칸트도 있습니다. 마지막으로 인류의 역사를 절대정신으로 본 헤겔, 신은 죽었다며 서양철학에 망치를 든 니체, 존재보다 실존이 앞선다는 사르트르Sartre도 나옵니다.

마치 동화책을 읽는 것처럼 철학자들의 삶과 사상을 흥미롭고 쉽게 풀어내 들려줍니다. 이들의 이야기를 읽어보면서 여러분이 나아갈 길을 한번 생각해보는 것은 어떨까요?

신을 논리적으로 증명한다고?

서로마 제국이 멸망한 476년부터 동로마 제국이 멸망한 1453년까지 약 1천 년의 시기를 중세시대라고 합니다. 토마스 아퀴나스가 살던 중세는 종교가 세상을 지배하는 시대로, 황제나 왕도 카톨릭 교황의 말 한마디에 무릎을 꿇었던 시대입니다. 그러나 사람들 마음속에는 항상 의문점이 있었지요.

'신은 존재할까?', '신이 존재하는데 왜 세상에는 악인이 있을까?'

아퀴나스는 이성적인 생각으로 이 문제를 해결할 수 있다고 보았습니다.

아니, 신이 존재함을 증명한다고요? 신이란 논리적으로, 과학적으로 증명하는 존재가 아니라 그냥 '믿는 것' 아닌가요? 이성이란 인간이 가진 본유관념으로 하는 지적 활동을 상징하는 철학 용어입니다. 그런데 인간의 이성으로 신학을 해석한다니요? 아퀴나스는 신이 존재한다는 근거로 다음의 다섯 가지를 이야기합니다.

첫째, 세상 모든 사물은 변화(운동)하는데 변화하려면 처음 변화를 일으킨 존재가 있어야 합니다. 바로 그 존재가 신이지요. 날아가는 야구공은 그 공을 던진 사람이 있어야 하는 것처럼요.

둘째, 모든 결과에는 원인이 있습니다. 그 원인에는 또 다른 원인이 존재하고, 그 무엇도 그 자체가 원인이 될 수 없습니다. 원인을 거슬러 올라가면 오직 최초의 원인은 신밖에 없지요.

셋째, 세상에는 우연과 필연이 있는데 만약 우연한 존재만 있는 거라면 태초에 아무것도 없을 수도 있습니다. 그래서 우연적 존재에는 필연적 존재자, 즉 신이 있어야 합니다.

넷째, 세상의 모든 사물은 비교할 만한 완전한 무엇이 존재해야 합니다. 현실에 존재하는 모든 사물에는 플라톤이 말한 것처럼 완전한 이데아가 있어야 하지요. 완전한 무엇이 바로 신입니다.

다섯째, 세상은 모두 질서정연하게 어떤 목적을 향해 나아갑니다. 그 목적을 정해주는 것이 신입니다.

아리스토텔레스의 논리학적 방법으로 신의 존재를 증명한 아퀴나스는 《신학대전》을 통해 아리스토텔레스 철학과 기독교 신앙을 융합한 스콜라철학을 완성하였습니다.

배우면 성인이 된다고?

율곡 이이가 1577년에 어린이나 학문을 처음 시작하는 사람들을 위해 쓴 《격몽요결》에는 '사람이 태어나 공부하지 않으면 올바른 사람이 될 수 없다'라는 말이 있습니다. 이이는 이 말을 스스로 삶에서 직접 실천한 철학자입니다.

이이는 조선시대에 천재 중의 천재였습니다. 무려 열네 살에 과거시험에 1등을 하고, 이후 여덟 번이나 더 장원을 하여 '구도장원九度壯元'으로 불린 공부의 신이었습니다. 구도장원이라고 불린 이유는 그가 총명하기도 하지만 남들보다 더 늦게 자고 더 일찍 일어나 공부했기 때문입니다.

"공부는 사람다운 사람이 되기 위해 누구나 해야만 하는 것이며 특별한 사람만이 하는 것은 아니다."

학문은 뜻을 올바로 세우는 것에서부터 시작되고, 뜻을 세운다는 것은 인간이라면 누구나 성인聖人이 될 수 있다는 것을 깨닫는 일입니다. 흔히들 성인이라고 하면 최고의 인격을 갖추고, 현실에서 만날 수 없는 완성된 도덕군자를 말하지만 이이는 매일 자기 반성을 통해 학문을 닦으면 누구나 성인이 될 수 있다고 했지요.

성리학의 대가인 퇴계 이황은 불완전한 기氣보다 완전한 이理를 중시한 근본적 이상주의를 강조했습니다. 그보다 나이가 서른다섯 살이 더 적은 이이는 상대적으로 이 못지 않게 기도 중요하다고 보았습니다. 그래서 이이는 기가 움직여서 보여지는 경험적 현실세계를 중시하고 사회제도의 개혁을 강조했지요. 조선 중기는 부패한 관리들로 사회 질서가 무너지고 사회 제도의 개혁이 필요한 시기였습니다. 그래서 이이는 여러 차례 상소를 올렸지만 번번히 신하들의 반대에 부딪히고 말지요. 이후 조선은 임진왜란을 겪고 엄청난 시련에 봉착하게 되니 이이가 주장한 사회 개혁이 옳았음이 증명되었습니다.

조선 중기에 정치를 한 관료로서, 그리고 이황과 더불어 성리학의 쌍벽을 이룬 대학자로서 이이는 조선시대에도 아주 드물게 학문과 정치를 동시에 실천한 철학자라고 할 수 있습니다.

아는 것이 힘이라고?

베이컨은 철학자이자 수필가, 변호사였으며 정치적으로도 하원의원, 검찰 총장, 대법관을 역임해 살아서 모든 명예와 영광을 다 누린 인물입니다. 그가 살던 때는 '지구가 태양의 주위를 돈다'는 지동설이 등장해 신보다 인간 중심의 시대로 막 접어드는 시기였습니다.

이런 변화의 영향으로 관찰과 실험을 통해 자연의 비밀을 풀어내는 자연과학이 발달하였습니다. 당연히 '아는 것이 힘'인 시대가 되었지요. 나무에서 사과 열매가 땅으로 떨어지는 것은 신의 섭리가 작용한 것이 아니라 지구가 끌어당기는 힘, 즉 중력으로 발생하는 현상이지요. 과학의 발달로 이제 철학도 중요한 기로에 서게 됐습니다. 전통 철학에서는 지식이란 인간이 가진 이성에 따라 자연적으로 인간의 관념(지식)으로 자리잡는다고 생각했거든요.

과학적으로 새로운 지식을 습득하는 시대가 되자 베이컨은 과학적 판단에 방해가 되는 편견을 깨야 한다고 생각했어요. 그 편견이란 다음 네 가지 우상을 말합니다.

첫째, '종족의 우상'은 모든 것을 인간 중심으로 해석하기 때문에 생기는 편견입니다. 인간은 어떤 견해를 수용하면 그것이 오류를 범해도 헛된 믿음을 고집하려고 합니다.

둘째, '동굴의 우상'은 각 개인이 가진 특성으로 생기는 편견입니다. 사람은 환경, 성격, 처지 등 각자 살아온 세계가 다르기에 서로 다른 편견을 가집니다. 그래서 특정 주제를 선호하거나 집착하게 되지요. 마치 우물 안 개구리처럼 자신이 경험한 것만이 진리라고 생각합니다.

셋째, '시장의 우상'은 언어 때문에 생기는 편견을 말합니다. 존재하지 않는 것을 지칭하는 단어를 만들어 쓰면서 실제 존재하는 것으로 착각하는 우상입니다. 예를 들어 용, 악마, 천사는 인간의 상상으로 만들어진 말일 뿐인데 실제로 존재한다고 착각하기도 하지요.

넷째, '극장의 우상'은 권위 있거나 유명한 사람의 말을 아무런 비판 없이 믿고 받아들이면서 생기는 편견입니다. '저 교수가 말했으니 무조건 옳아', '대기업에서 만든 상품이니 제일 좋겠지' 등 말입니다.

베이컨은 올바른 지식을 얻기 위해서는 편견을 버리고, 관찰과 실험을 반복해서 진리를 발견해야 한다고 합니다. 신앙으로 눌렸던 이성에 과학적 방법으로 근대 과학의 발전과 경험주의 철학에 큰 영향을 미칩니다.

자연으로 돌아가라고?

인간이 악한 존재인지, 선한 존재인지는 인류의 역사만큼이나 오래된 논쟁입니다. 루소는 중국의 맹자처럼 인간은 본래 선한 존재라고 생각했습니다.

"모든 것이 신의 손으로부터 나올 때는 선하나 인간의 손에 들어오면 타락한다."

그래서 루소는 인간이 선한 본성을 회복하기 위해 자연으로 돌아가야 한다고 말합니다. 그가 살았던 18세기 유럽은 계몽주의 시대입니다. 계몽주의란 '어둠으로부터 빛을 밝힌다'는 뜻으로, 이때 어둠이란 인간의 무지함을 말하고 빛은 이성을 뜻합니다. 즉 인간의 무지함을 이성으로 깨우쳐야 한다는 사상이죠. 18세기는 이성을 강조하며 인류와 세계에 급속하게 근대화가 진행된 시기였습니다. 이때 루소가 뜬금없이 자연으로 돌아가라고 한 것이죠. 이성으로 계몽되는 시대인데 다시 자연으로 돌아가라는 게 이해가 안 됩니다.

자연상태란 문명사회가 등장하기 전의 사회입니다. 자연상태에서 인간들은 자유롭고 평등했지만 거친 자연에 맞서면서 점차 집단이 만들어지고 강자와 약자가 생겨났습니다. 계급이 나누어지기 시작했고 사회불평등이 등장했습니다. 결국 이성과 문명이 인류를 불평등하게 만든 것이지요.

루소는 《사회계약론》에서 자연상태에서 인간은 선하고 자유롭지만 어쩔 수 없이 계약을 통해 국가를 만들어야 한다고 말합니다. 국가는 국민의 이익을 추구해야 하며 국가의 주권은 국민에게 있다고 강조하지요. 그래서 독재자가 나오면 시민들은 저항하고 정부를 다시 세워야 합니다. 루소의 사상은 당시엔 매우 급진적이어서 결국 조국을 떠나 여러 나라로 망명 생활을 하게 되었습니다. 하지만 《사회계약론》은 프랑스 대혁명에 불을 지폈고, 오늘날 민주주의의 초석이 되었습니다.

말할 수 없으면 침묵하라고?

20세기 가장 영향력 있는 인물 100인에 철학자로는 유일하게 이름을 올린 사람이 있습니다. 철학자들이 수천 년 동안 고민했던 것이 실상은 '언어'의 문제임을 밝힌 철학자 비트겐슈타인 *Wittgenstein* 입니다.

비트겐슈타인은 언어의 세계와 사실의 세계가 일치한다고 보았습니다. 책이 책상 위에 있으면 우리는 '책상 위에 책이 놓여 있어'라고 말하지요. 언어가 마치 그림을 그리듯 세계를 그려주니까 우리는 언어라는 거울에 비친 세계를 보고 그 세계를 이해합니다.

그동안 철학자들은 '진리가 무엇일까?' 등 신, 인간, 존재, 도덕에 대한 근원적인 물음에만 관심을 가졌습니다. 말할 수 없는 것을 대상으로만 논하려고 할 때 철학의 문제가 발생한 것은 아닐까요? 그래서 비트겐슈타인은 말할 수 있는 것과 말할 수 없는 것을 구분하며 말할 수 없는 것에 대해서는 침묵하라고 합니다. 철학의 문제는 언어를 제대로 사용하지 못해서 생겨난 것이라고 지적했지요.

비트겐슈타인의 언어 그림 이론은 훗날 언어의 게임 이론으로 바뀝니다. 예를 들어 아이가 '나 배고파'라고 했을 때 그림 이론에서는 '나는 현재 배고픔 상태를 느끼고 있다는 사실을 그렸다'라고 설명합니다. 반면 게임 이론에서는 '빨리 밥 줘요'라는 요청이라고 해석합니다. 언어의 쓰임새를 규칙을 가진 게임으로 보는 것이지요. 우리가 사용하는 언어는 특정 목적을 가지고 있으니까요.

여러분, 철학자들은 참 희한하고 대단하기도 합니다. 생각해보면 별 것도 아닌 것을 어려운 언어(개념)로 설명하려 하고, 그 언어(개념)를 이해하지 못한 우리는 철학자들이 하는 말을 어려워 합니다. 하지만 언어(개념)를 이해하면 훨씬 이해가 쉬워집니다. 비트겐슈타인의 '내 언어의 한계는 내 세계의 한계다'라는 말이 무엇을 의미하는지 알 것 같습니다.

1. 철학자 프랜시스 베이컨의 '네 가지 우상'은 무엇일까요?

2. 철학자 루소는 사회 불평등이 생기는 원인을 무엇 때문이라고 생각했나요?

3. 철학자 비트겐슈타인은 왜 말할 수 없으면 침묵하라고 했을까요?

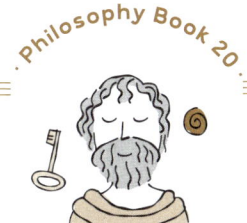

《동양철학자 18명의 이야기》
나의 가치관을 세우자

이종란 | 그린북 | 2011.7

어려운 동양철학, 왜 알아야 해요?

여러분, 동양철학이 뭘까요? 한국을 포함한 중국, 인도, 일본 등의 아시아 국가에서 다룬 철학을 말합니다. 너무 낯설고 처음 들어본 말처럼 들리지만 여러분이 동양철학자를 모르는 것은 아니에요. 어릴 때부터 귀가 아프도록 들었던 '공자 왈, 맹자 왈'이라는 말에서 나오는 공자와 맹자가 바로 동양철학자입니다. 그런데 왜 우리는 '철학'이라고 하면 서양철학을 떠올리고, 동양철학에 대해서는 관심이 없을까요?

  중국철학이나 한국철학을 공부할 때 알아야 하는 한자는 초등학생들이 이해하기에 쉽지 않습니다. 예를 들어 공자의 인仁을 들으면 어른들은 바로 이해하지만 초등학생에게는 쉬운 개념이 아니죠. '의義' '성性' '리理'라는 개념도 마찬가지입니다. 조선시대에서처럼 다섯 살 때부터 천자문을 배우고, 《소학》을 공부했다면 아무 문제 없겠지요. 그럼에도 우리는 동양철학자들을 알아야 해요. 왜냐하면 그들이 우리의 전통과 삶의 뿌리를 있게 한 주인공들이기 때문입니다.

《동양철학자 18명의 이야기》는 동양철학에서 중요한 열여덟 명의 철학자를 등장시켜 시대별로 그들의 주요 사상을 쉽게 설명하고 있어요. 그리고 이 책의 부제는 '중학생이 되기 전에 꼭 알아야 할'이라는 문장입니다.

여러분도 중학생이 되기 전에 우리의 철학, 우리의 정신세계를 탐구해보는 게 어떨까요?

도덕이냐? 자연이냐?

기원전 770년부터 진나라가 중국을 통일한 기원전 221년까지 약 500년을 춘추전국시대라고 합니다. 주나라 멸망 후 약 100여 개의 나라가 난립하여 어지러운 때에 유가, 도가, 묵가, 병가, 법가 등 수많은 제자백가 사상이 등장하였는데 대표적인 것이 유가와 도가입니다.

유가(유교, 유학)의 대표적 인물인 공자는 혼란하고 어지러운 천하를 바로잡기 위해 주나라의 예법으로 다시 돌아가야 한다고 합니다. '천자-제후-대부-사(선비)-서민'의 봉건적 질서에 따라 지켜야 할 예법이 있고, 이는 사회질서 유지의 근본이라는 것이지요. '군군신신 부부자자

'君君臣臣 父父子子'는 임금은 임금답고 신하는 신하답게, 아버지는 아버지답고 아들은 아들답게 행동해야 한다는 공자의 정명론正名論을 보여주는 말입니다. 사람의 직책에 맞는 바른 자리를 주는 것이 명분이고, 그것이 정치입니다. 그래서 공자는 사람과 사람 사이의 올바른 관계를 통해 도덕을 세워야 하며, 이를 인이라고 불렀습니다. 인이란 예법에 맞게 다른 사람을 아껴주고 사랑하는 것입니다. 인과 예를 실천하면 혼란한 세상을 바로잡을 수 있습니다. 공자는 큰 뜻을 펼치기 위해 여러 나라를 다니면서 인과 예를 가르쳤지만 살아 있는 동안 꿈을 이루지 못했습니다. 그러나 그의 가르침은 이후 동아시아의 정신과 사상에 큰 영향을 미쳤지요.

도가(도교)의 대표적 인물은 노자입니다. 공자가 '인'으로 도덕성을 회복하여 이를 통해 사회를 개혁하려고 한 것에 노자는 반대합니다. 노자는 인위적인 것을 버리고 자연법칙에 따라 행동해야 한다는 '무위자연無爲自然'을 주장합니다. 무위(전혀 손대지 않는다)라고 해서 아무것도 하지 않는 것이 아니라 욕심을 버리고 자연의 질서에 따라 물 흐르듯 살아야 한다는 것이지요. 인간의 의지로 만드는 '인위'적인 것이 오히려 사회를 더 망친다고 보았습니다. 있는 그대로의 진리인 도道를 찾아 그것을 따라야만 비로소 올바른 삶을 살 수 있다고 주장했습니다. 도는 만질 수도, 볼 수도 없습니다. 우주와 자연의 원리 같은 것이기 때문입니다.

여러분의 생각은 어떤가요? 사람답고 올바른 삶을 살기 위해 도덕이 우선인가요? 아니면 인간과 자연이 있는 그대로 조화를 이루며 살아가는 자연적인 삶이 우선인가요?

부처의 말씀이냐? 부처의 마음이냐?

신라시대 원효는 당나라 유학길에 토굴 속에서 잠을 자다가 갈증을 느끼고 옆에 있던 물을 마십니다. 깨어나서 보니 물은 해골에 담긴 물이었고, 잠을 잔 곳도 토굴이 아닌 낡은 무덤이었습니다. 이에 원효는 '모든 것은 마음에 달려 있다'는 일체유심조一切唯心造의 이치를 깨닫습니다. 세상은 시간이 지남에 따라 변하므로 참모습은 깨달은 사람만이 알 수 있습니다. 석가모니는 누구나 깨달으면 부처가 될 수 있음을 몸소 실천으로 보여주었습니다. 원효 역시 모든 중생이 깨달으면 부처가 될 수 있다고 생각하고 일심一心 사상을 설파합니다. 일심 사상은 서로 다른 어떤 세계라도 모두 한마음 안에서 생겨나니 문제 또한 한마음으로 해결할 수 있다는 것입니다.

원효는 백성들에게 어려운 불교 이론 대신 '나무아미타불'(아미타 부처님을 믿고 의지합니다)만 외치면 극락에 가고 부처님의 말씀을 깨달을 수 있다고 말합니다. 인간은 누구나 불성을 가지고 있어 부처가 될 수 있다고 외친 원효의 가르침으로 불교는 널리 퍼지게 됩니다.

원효가 불교의 대중화에 기여했다면 지눌은 한국 불교의 사상적 기초를 수립했습니다. 고려시대 불교는 신라불교의 전통을 이어받아 여전히 석가모니의 말인 경전을 중시하는 교종이 다수였습니다. 여기에 불교의 진리를 말이 아닌 마음으로 가르침을 깨닫는 선종이 지방호족 사이에 유행했습니다. 이러한 교종과 선종 사이에 갈등이 심화되자 지눌은 '정혜쌍수定慧雙修'의 논리로 갈등을 해소하고자 합니다. '정'은 선종의 수행방법이며, '혜'는 지혜를 뜻하는 교종을 말합니다. 지눌은 부처님의 마음(선종)과 말씀(교종)의 가르침을 함께 닦아야 한다고 말했던 것이지요. 그리고 그는 돈오점수頓悟漸修의 자세, 즉 갑자기 진리를 깨닫더라도 몸과 마음을 계속 수행해야 한다고 합니다. 지눌 역시 마음 밖에서는 진리를 찾을 수 없다고 본 것이지요. 인간의 마음을 들여다보고 내적 깨달음을 중시한 불교 철학은 유학(성리학)에 큰 영향을 주었습니다.

인간의 본성이냐? 인간의 마음이냐?

유학은 인간의 윤리와 정치에 관심을 두었을 뿐 도교나 불교처럼 우주나 자연, 인간 심성에 대한 심오한 철학은 없었습니다. 송나라의 주희는 공자와 맹자의 유학에 도교와 불교의 사상을 결합하여 유학을 새로 해석하였습니다. 이를 '신유학'이라 하였고, 주자학 또는 성리학이라고도 불렀습니다.

성리학은 성즉리性卽理에서 나온 말로, '인간의 본성이 하늘의 이치'라는 뜻입니다. 인간의 본성이 하늘이므로 사람은 원래부터 선합니다. 그러면 모든 사람이 선해야 하는데, 악한 사람이 있는 이유는 자신의 본성을 깨닫지 못했기 때문이라고 봅니다. 스스로 노력하여 숨겨진 본성을 깨닫고 본성대로 행동하면 착한 사람이 됩니다. 착한 사람이 되기 위해 리理를 탐구하고 발견하여 마음이 밝아져 자신의 성품을 깨닫게 되면 착한 사람이 되는 것입니다.

리와 기氣는 성리학에서 아주 중요한 개념입니다. 리는 만물의 존재와 생성의 이치이자 법칙이며, 기는 모든 구체적 사물의 형태와 움직임을 말합니다. 과학으로 비유하자면 비, 바람, 눈, 이슬, 천둥은 자연현상으로 기에 해당하고, 이러한 자연현상을 일어나게 한 과학적 원리이자 법칙이 바로 리입니다.

주희가 성즉리를 주장하며 만물에 이치가 들어있다고 한 반면 왕수인은 심즉리心卽理를 주장하며 '내 마음이 곧 천리'라고 합니다. 여기서 마음이란 순수한 마음으로, 왕수인은 이를 양지良知라고 부릅니다. 양지는 사람이라면 누구나 가지고 있는 본성으로 진리를 바깥에서 찾을 것이 아니라 자신의 마음에서 찾자고 합니다. 그래서 왕수인의 유학을 양명학 또는 심학이라고 합니다.

양지를 깨달았다고 해서 바로 성인이 되는 것이 아니라 양지를 넓혀가는 공부를 일상생활에서 계속 해야합니다. 이 같은 도덕적 앎인 양지와 행동이 하나가 되는 것을 지행합일知行合一이라고 합니다. 아는 것과 행동하는 것이 일치해야 한다는 거죠.

리와 기, 무엇이 중요한가?

명나라가 양명학을 받아들일 때 조선은 철저하게 성리학적 질서로 국가를 만들어 갑니다. 그리고 성리학은 조선에서 독특한 한국식 유학으로 발전하게 되지요. 1천 원짜리 지폐에 등장하는 이황과 5천 원 지폐에 등장하는 이이가 대표적 성리학 사상가들입니다.

이황은 리와 기를 구분하는 이기이원론理氣二元論을 주장하며 리가 기보다 더 중요하다는 주리론主理論을 내놓습니다. 여기서 기대승과의 유명한 4단 7정四端七情 논쟁이 시작되었지요.

맹자가 말한 4단은 인간의 본성에서 우러나오는 마음의 단서입니다. 측은지심, 수오지심, 사양지심, 시비지심을 말하며 선천적이고 도덕적 마음입니다. 7정은 인간의 본성이 사물을 접하면서 표현되는 기쁨(희), 노여움(노), 슬픔(애), 두려움(구), 사랑(애), 미움(오), 욕망(욕)의 일곱 가지 자연적 감정을 가리킵니다.

한번 생각해봅시다. 아기가 기어가고 있는데 앞에 우물이 있습니다. 이를 본 사람이 바로 뛰어가서 아기를 구합니다. 인간이라면 누구나 가지고 있는 측은한 마음(측은지심) 때문이지요. 반면 도덕적으로 옳은지 그른지와는 상관없이 내가 원하는 일이 잘 풀렸을 때 우리는 무척 기분이 좋습니다. 기쁜 감정(희)이 일어나는 것이지요. 이렇게 4단과 7정은 우리 내부에서 일어나지만 그 기원과 정도가 조금 다릅니다.

이황은 4단은 리가 움직여 생기는 마음이고, 7정은 기가 움직여서 느낀다고 말합니다. 그러면서 착한 일은 리에서, 나쁜 일은 기에서 나온다고 했지요. 리가 더 고귀하고 중요하기에 리와 기를 구분합니다. 그러자 기대승은 4단과 7정은 대립관계가 아니며 4단과 7정 모두 정情으로 귀결되며 7정 속의 선한 부분이 4단일 뿐이라고 반박합니다. 구체적인 마음의 작용에서 리와 기를 구분할 수 없다는 거지요. 10여 년간 100여 통의 편지로 벌인 논쟁 끝에 이황은 자신의 입장을 조금 수정합니다. 4단은 리가 발하여 기가 따른 것이고, 7정은 기가 발하여 리가 올라탄 것이라는 이기호발설理氣互發說(리와 기는 서로 발한다)을 주장합니다. 리와 함께 기의 주도성도 인정한 거지요.

그런데 이이는 여기서 한발 더 나아가 리와 기는 각각 둘로 보이지만 사실은 하나라며 이기일원론理氣一元論을 외칩니다. 형체가 없는 리는 움직일 수 없기에 형체 있는 기가 움직일 때 기에 타서 움직인다는 독창적인 주기론主氣論을 제시하지요. 이이의 주기론을 물에 비유해 물은 리, 그릇은 기로 보면 어떨까요? 물은 형체가 없습니다. 담는 그릇이 무엇이냐에 따라 달라지지요. 이이가 10만 양병설이나 토지개혁, 수취제도 개혁 등 사회의 폐단을 바로잡고 현실적인 개혁을 한 것은 도덕적 이상보다는 무엇을 담아야 할까에 대한 실천적 지혜, 정치적 현실을 직시한 것은 아닐까요?

철학은 우리 삶의 일부

《동양철학자 18명의 이야기》에는 최한기, 정약용 등 조선 후기 실학자들도 등장합니다. 그 외 일본 계몽사상가 후쿠자와 유키치ふくざわゆきち, 비폭력·불복종으로 인도의 독립을 이끈 간디, 베트남의 독립과 사회주의 기초를 마련한 호치민을 소개합니다. 그리고 이들의 사상과 생각, 배경 등을 알기 쉽도록 마인드맵으로 정리해서 한눈에 볼 수 있도록 구성되어 있습니다. 아쉬운 점이 있다면 주리론자 이황과 쌍벽을 이루는 주기론자 이이에 대한 소개가 없다는 점입니다. 이황과 이이로 대비

되는 철학적 관점이 조선 중기에 동인과 서인, 남인과 서인, 노론과 소론으로 나뉘어 왕권과 신권의 갈등, 예법에 관한 논쟁인 예송논쟁으로 이어졌기 때문입니다. 또 오랑캐(청나라)와 선비(조선)의 본성이 같은가와 같은 철학적 논쟁과 정치적인 당파로 치열한 대립을 이어 나갔지요.

여러분은 이 책에 나오는 열여덟 명의 철학자로부터 철학이 크게는 국가의 이념을, 작게는 한 인간의 가치관을 형성할 수 있다는 사실을 배울 수 있습니다. '저런 철학이 나하고 무슨 상관이야?'라고 한다면 부모에 대한 효를 생각하고, 관혼상제의 예법을 따르고, 교육을 중시하는 가치를 이해하지 못할 수 있습니다. 조선 왕조 500년의 바탕이 된 성리학은 알게 모르게 한국인의 정신세계를 지배해왔고, 지금도 여전히 우리는 그 영향 속에 있기 때문입니다.

이제 여러분은 부모님 세대와 달리 과거의 전통과 현대의 교육과 문명을 통해 더 많은 철학적 영향을 받고 있습니다. 그러니 자신만의 가치관으로 올바른 철학관을 갖는 것이 중요합니다.

1. 원효는 '모든 것은 마음에 달려 있다'라는 이치를 깨달았습니다. 원효가 겪은 일과 같은 경험을 일상생활에서 해본 적 있나요? 한번 써봅시다.

2. 맹자가 말한 4단(측은지심, 수오지심, 사양지심, 시비지심) 중 하나를 골라 그 예를 설명해봅시다.

3. 지금 우리의 일상생활에서 성리학의 영향을 받은 문화나 전통은 무엇이 있을까요? 그 이유도 설명해봅시다.

3장

어떻게 살아가야 할까?
: 올바른 삶 고민하기

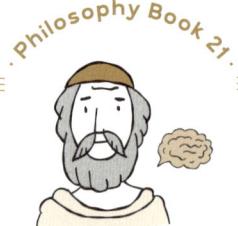

Philosophy Book 21

《공자 아저씨네 빵가게》
배움과 관계의 가치는 무엇일까?

김선희 | 주니어김영사 | 2012.1

빵집 아저씨가 된 공자

"선생님, 세계 4대 성인이 있잖아요. 그런데 왜 이분들을 성인이라고 불러요?"

"성인이란 덕과 지혜가 뛰어나 모든 사람이 우러러 받드는 인물로, 모든 사람의 스승이 될 만한 분을 말한단다."

4대 성인이 누구인지 아나요? 2,500여 년 전 불교의 창시자 석가모니, 유교의 창시자 공자, 서양철학의 아버지 소크라테스 그리고 2,000년 전 기독교의 창시자 예수입니다. 소크라테스를 제외하면 세 사람의 공통점은 종교와 관련이 있지만 유교는 종교뿐 아니라 학문적으로도 동아시아에 큰 영향을 미쳤기 때문에 공자와 소크라테스는 동·서양철학의 아버지라고 부를 수 있습니다. 두 사람은 자신들의 학문으로 인간과 국가의 근본을 세우려고 했고, 수많은 제자를 키워 오늘날에도 여전히 철학과 사상, 인간과 사회에 대한 올바름을 묻게 하지요.

공자는 온갖 학문과 학설이 난무하던 춘추전국시대에 인과 예로서 인간을 사랑하고 올바른 행동과 의식을 토대로 한 개인과 한 마을 그리고 국가의 나아갈 방향을 제시하였습니다. 그의 사상은 제자들에게 승계되어 다양하게 해석되어 전해졌고 오늘날에도 동아시아의 정신세계를 지배하는 이념으로 자리잡고 있습니다.

《공자 아저씨네 빵가게》는 인류의 위대한 사상가이자 동양철학의 스승인 공자가 2,500년의 시간여행을 떠나와 빵집 아저씨로 등장해 펼쳐지는 이야기를 들려줍니다. 빵집 아저씨 '공구'가 된 공자는 아버지의 사업 실패로 위기에 처한 '환희'라는 아이와의 만남을 통해 그의 철학 사상을 초등학생들도 쉽게 이해하도록 펼쳐냅니다. 마치 2,500년 전 제자들에게 그랬던 것처럼 말입니다. 우리도 공자를 한번 만나볼까요?

배우고 익히면 즐겁지 아니한가?

매일 힘든 일을 하는 어머니, 사업에 실패하여 방황하는 아버지, 치매에 걸려 먹을 것만 찾고 대소변을 가리지 못하는 할머니 그리고 중학생 형과 주인공인 환희. 지하 월세방에서 살고 있는 이들의 하루하루는 전쟁과 같은 삶입니다. 가난한 학생에게 따로 주는 급식 지원서를 받기가 부끄러워 식당에서 밥을 먹지 못하는 환희가 우연히 길가에 새로 생긴 빵집을 발견합니다. 빵가게의 주인은 공구 아저씨로, 공자의 진짜 이름이 공구입니다.

중국에서는 위대한 학문적 성과를 올린 사람에게는 존경의 뜻으로 이름의 성에 '자子'를 붙여 높이 칭송합니다. 공자, 노자, 맹자, 순자, 장자, 주자 등 모두 요즘 말로 하면 '선생', '스승'이라는 뜻의 '자'를 붙여 부르는 호칭이지요. 공자의 이름은 공구孔丘입니다. 이름에 쓰인 '구'는 언덕이란 뜻으로, 공자의 이마가 언덕처럼 솟아올라 붙인 이름이랍니다. 키는 무려 2미터 정도라니 엄청난 거구였던 것 같습니다.

이상하게도 공자 아저씨는 환희의 사정을 전부 알고 있습니다. 그런 환희에게 빵을 나눠주며 두 사람은 친해졌지요.

환희는 집이 가난해서 학원을 다니지 못합니다. 4학년 때까지 친구 진섭이와 성적이 비슷했지만 5학년이 된 지금은 계속 학원을 다닌 진섭이가 환희보다 훨씬 공부를 잘합니다. 환희도 공부를 열심히 하고 싶지만 집도 가난하고, 더군다나 어릴 때부터 수재였고 좋은 대학을 나왔음에도 집안사정을 힘들게 만든 아빠의 모습을 보니 공부가 딱히 필요 없게 느껴집니다.

공자 아저씨는 그런 환희에게 학교에 왜 다니냐고 물었고, 환희는 좋은 대학교를 나와서 훌륭한 사람이 되려고 다니는 거라고 대답합니다. 공자 아저씨는 이렇게 말하지요.

"옛날 학자들은 자기 자신을 위해 공부했단다. 하지만 요즘 사람들은 남에게 보여주기 위해서 배우지."

그리고 진정한 학문이란 누군가에게 과시하기 위해서 혹은 돈을 많이 벌고 높은 지위를 얻기 위해서 하는 게 아니라 자기 자신을 발전시키기 위해서 해야 한다고 힘주어 말합니다.

공자 아저씨의 말에 감명을 받은 환희는 성적이 아니라 자기 자신을 위해 공부하기 시작했습니다. 하나를 알면 둘을 알고 싶고, 둘을 알고 나면 셋을 알고 싶다는 생각이 처음으로 들기 시작했습니다. 더 넓은 세상을 보고 싶고, 더 멀리 가보고 싶은 생각도 들었습니다.

중간고사가 끝나고 환희는 96점이라는 높은 성적을 받았습니다. 환희의 성적을 본 공자 아저씨도 엄청 좋아하면서 환희에게 말합니다.

"배우고 때때로 익히면 즐겁지 아니한가!"

《논어》의 '학이學而' 편에 나오는 말로 학문을 익히는 즐거움을 표현한 말입니다.

우리는 서로를 사랑해야 해요

어느 날 환희가 가장 아끼는 MP3가 없어지는 사건이 발생합니다. 2년 전 생일날에 엄마가 사준 선물로 환희에게 보물 제1호입니다. 환희는 형을 의심했고, 평소 형에게 많은 걸 양보했던 환희는 결국 형과 치고받는 싸움을 하고 맙니다. 아빠에게 꾸중을 듣고 싸움을 멈추었지만 형에게 사과할 마음은 없습니다. 그런데 그날 저녁 침대와 벽 사이의 벌어진 틈에서 MP3를 발견합니다. 아마도 침대 옆에 둔 것이 떨어졌나 봅니다. 하지만 환희는 형에게 사과를 하지 못합니다.

다음날 빵가게를 가니 공자 아저씨는 상황을 다 알고서 환희에게 인仁에 대해 이야기를 합니다. 사랑은 남녀 간의 사랑도 있지만 부모와 자식 간의 사랑, 형제 간의 사랑, 친구 간의 사랑, 스승과 제자 간의 사랑, 임금과 신하 간의 사랑 등 여러 종류가 있는데 이때 사람을 사랑하는 것을 인이라고 설명합니다. 그중 가장 중요한 것은 바로 가족 간의 사랑이라고 말하지요.

"아버지는 자식을 사랑하고, 자식은 아버지를 존경하고, 형제 간에 사랑하면 가정이 화목해지고 가정이 화목해져야 비로소 나라가 안정되고 부강해지거든."

공자에게 인은 두 명('둘 이二')의 사람('사람 인人')의 만남, 즉 사람과 사람 사이의 관계입니다. 사람의 내면에 이러한 인이 형성되면 인은 예禮라는 형태로 나타나지요. 공자는 부모와 자식 간의 관계를 가장 이상적인 인으로 보았으며 인은 효孝라는 예로 나타납니다. 효도의 마음을 형제 간에도, 마을의 공동체에서도, 나아가 국가와 천하를 이루는 이치로 삼고자 했던 거지요. 그래서 조선 왕조는 어쩌면 공자의 인과 예를 실천하려고 했던 세계에서 유일한 국가였는지도 모릅니다.

어려울 때 사람의 진가가 드러난다

환희의 집은 늘 분위기가 심상치 않습니다. 치매에 걸린 할머니는 매일 사고를 치고, 그 일로 엄마와 아빠는 늘 말다툼을 합니다. 오후 늦게 집에 돌아오면 혼자 계시는 할머니 때문에 집안은 대소변으로 역한 냄새가 가득합니다. 그때마다 환희가 할머니를 씻겨드리는데 참 착한 손자입니다. 어릴 때 환희가 밖에서 놀다 오면 언제나 할머니가 환희를 깨끗하게 씻겨주었던 것을 기억하기 때문이지요.

자신의 처한 상황과 집안의 분위기로 기분이 좋지 않은 환희는 공자 아저씨와 등산을 가게 됩니다. 아저씨는 지혜로운 사람은 물을 좋아하고, 어진 사람은 산을 좋아한다면서 어진 사람은 '자기 마음을 다스릴 줄 아는 사람'이라고 합니다.

"소나무와 잣나무 잎이 늦게 시든다는 사실은 날씨가 차가워진 뒤에야 깨달을 수 있다는 말이야. 사람의 진가는 어려운 상황이 되어야 드러난다는 뜻이지."

《논어》'자한子罕' 편에 나오는 이 말은 인간이 지켜야 할 도리를 뜻하며, 큰일을 당하고 나면 그 사람의 절의와 지조를 알 수 있다는 말이죠.

우리는 가끔 일상의 소중함을 잊곤 합니다. 추운 겨울을 겪어보아야 따뜻한 봄의 소중함을 알게 되고, 심하게 아파보아야 건강의 소중함을 알게 되지요. 또 큰일을 겪고 나면 무료하고 재미없다며 불평했던 평범한 일상이 얼마나 소중한지를 아는 법이지요. 무성한 잎으로 가득한 여름과 알록달록 단풍으로 물든 가을에는 소나무와 잣나무의 푸르른 잎은 눈에 띄지 않습니다. 추운 겨울이 되어 모든 나무의 잎이 떨어져 가지가 앙상할 때 소나무와 잣나무만이 푸른 잎사귀를 묵묵히 드러내며 추위를 이기고 있습니다. 그래서 후대에 절의와 지조를 갖춘 선비들을 칭송할 때 이 말이 자주 쓰였습니다. 조선 후기 추사 김정희가 8년간 제주도 유배되어 있을 때 그를 찾아온 이상적에게 그려준 〈세한도〉는 공자의 이 구절이 표현되어 변하지 않는 선비의 절의를 엿볼 수 있습니다.

등산을 마치고 집에 온 환희는 아빠와 형을 위해 라면을 끓이고 설거지를 하면서 집안을 깨끗하게 청소합니다. 환경은 바꿀 수 없지만 생각은 바꿀 수 있으니까요. 밤 늦게 일을 마치고 돌아온 엄마는 그런 환희를 꼭 안아주었습니다.

진심으로 존경하는 마음

할머니가 세상을 떠나고 환희는 매우 슬퍼하는 엄마의 모습을 보게 됩니다. 하지만 할머니의 요양원 문제로 아빠와 말다툼이 잦았던 엄마의 모습이 잘 이해되지 않았던 환희에게 공자 아저씨는 말합니다.

"부모님에게 그냥 잘하기만 하는 건 효도가 아니란다. (…) 진짜 효도란 부모님에 대한 공경심을 갖는 것이란다."

내 몸의 살과 피를 만들어준 부모님을 마음 깊이 공경하는 마음, 이런 공경심이 있으면 저절로 잘해 드리고 싶어진다고 말이지요.

여러분, 효도란 무엇일까요? 공자는 주나라 시대의 질서를 회복하는 것을 목표로 삼았고, 실현 방법으로 정명사상을 내세웠습니다. 정명은 각 계층에 있는 사회구성원들이 자신의 직책과 직분에 충실한 것을 가리키며 그에 따라 사회가 순조롭게 움직인다고 말합니다. 이러한 질서는 반드시 도덕적 관념인 인을 기초로 하여야 합니다. 그래서 공자는 교육을 통해 도덕적 인을 완성하고자 했지요. 도덕적 인은 예라는 형태로 사회 곳곳에 영향을 미치며, 그중 부모에 대한 예가 바로 효입니다.

그래서 예, 효, 제悌, 충忠, 서恕 등은 인의 실천 방법입니다.

내가 원치 않는 건 남에게 강요말라

여러분, 《공자 아저씨네 빵가게》는 2,500년 전의 공자의 사상을 현재의 일상생활 속 이야기로 풀어내 쓰여져 있습니다. 책의 작가는 공자의 방대한 사상을 인이라는 주요 개념 하나로 쉽게 이해하도록 이야기합니다. 이 책의 마지막에 공자 아저씨는 환희에게 친구와의 사이에서도 지켜야 할 '서'라는 개념을 중요한 가르침으로 주고서 떠납니다.

공자의 제자 자공이 '평생 실천해야 할 한 글자가 있습니까?'라고 스승에게 물었습니다. 공자는 '그건 바로 서다'라고 답합니다. 서는 '관용', '관대함'으로 해석할 수 있습니다. 그러면서 '내가 원치 않는 것은 남에게도 강요하지 말라'라고 당부합니다. 인간이 살아가는 삶의 과정에서 공자가 말한 서의 가치가 바로 적용된다면 사람들 사이에 갈등은 쉽게 해결될 수 있을 겁니다. 특히 학교에서 많은 친구와 하루종일 같이 생활하는 여러분에게 공자의 서는 더욱 필요한 인의 실천 방법입니다. 내가 하기 싫은 것은 남도 하기 싫겠지요. 부모를 섬기듯 웃어른을 섬기고, 형제를 섬기고, 친구들을 섬긴다면 공자의 말대로 도덕의 완성자 즉, 군자君子가 될 수 있지 않을까요?

 철학자처럼 생각하기

1. 《논어》에 '배우고 때때로 익히면 즐겁지 아니한가'라는 학문의 즐거움을 표현한 말이 있습니다. 공부를 하거나 무언가를 배울 때 즐거웠던 기억이 있나요? 한번 써봅시다.

2. 공자가 말한 인이란 어떤 사랑을 말하는 것인가요? 인을 실천하면 어떤 점이 좋을까요?

    인의 정의:

    좋은 점:

3. 공자가 제자 자공에게 평생 실천해야 할 한 글자로 '서'(관용, 관대함)를 말합니다. 공자는 왜 서의 가치를 평생 실천해야 한다고 했을까요?

Philosophy Book 22

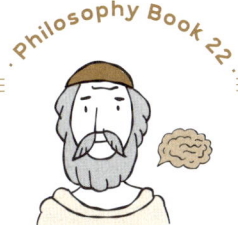

《예술이 뭐예요?》
우리 삶에 예술이 필요한 이유

오스카 브르니피에 | 상수리 | 2008.8

소변기가 예술 작품이라고?

"선생님. 이게 뭐예요? 뒤집힌 소변기가 예술 작품이라고요? 예술에 대한 모독이에요. 금동미륵보살반가사유상에서 느낀 아우라, 그런 게 예술이지!"

"예술은 아름다움이잖아요. 소변기를 '샘'이라고 한다 해도 누가 아름답다고 느껴요? 그럼 누구나 다 예술가 되겠네요? 그냥 소변통입니다. 소변통!"

미술시간에 프랑스 미술가 마르셀 뒤샹의 〈샘〉이라는 작품을 보고 아이들은 자기들끼리 배꼽을 잡으며 웃습니다. 뒤샹은 1917년 남성용

소변기를 사서 뒤집어 놓고 '리처드 머트 1917'라고 적은 후 뉴욕 독립 미술가협회전에 출품합니다. 자신의 이름을 감춘 채 쓴 '머트_mutt_'란 이름으로 서명했는데 '무의미하다'라는 뜻을 가지고 있습니다. 예술에 대한 새로운 시각일까요? 아니면 예술에 대한 조롱일까요?

아이들이 금동미륵보살반가사유상에서 느꼈다는 아우라는 예술 작품이 갖는 흉내낼 수 없는 고고한 분위기를 말합니다. 아이들의 눈에 금동미륵보살반가사유상과 〈샘〉은 비교대상이 될 수 없는 듯 합니다. 기존의 관점으로는 뒤샹의 〈샘〉에서 예술적 가치를 찾기가 어려워 보입니다.

이런 미술 사조를 다다이즘_dadaism_이라고 합니다. 다다이즘은 기존의 모든 가치나 질서를 부정하고 야유하면서 비이성적, 비심미적, 비도덕적인 것을 지향하는 예술 사조를 말합니다. 전시가 끝난 후 작품 〈샘〉은 누군가 쓰레기인 줄 알고 버렸다는 얘기가 전해집니다.

예술의 사전적 정의는 '아름다움을 표현하고 창조하는 일에 목적을 두고 작품을 제작하는 모든 인간 활동과 그 산물'입니다. 결국 아름다움을 표현하는 것이지요. 그러나 《예술이 뭐예요?》는 예술에 대한 진지한 고민을 우리에게 던집니다. 예술이 아름다움을 추구한다면 그 기준은 무엇이며, 아름답다의 정의는 무엇이라고 생각하는지 묻지요. 또 우리도 예술가가 될 수 있는지, 예술이라는 것이 자유로운 창작을 하는 행위인 것인지 질문합니다.

아름다움의 기준은 뭘까?

아름다움은 모양이나 색깔, 소리 등이 마음에 들어 만족스럽고 좋은 느낌입니다. 그런데 아름다움에 대한 생각이 모든 사람에게 같을까요? 그렇지 않습니다. 우리는 자유롭게 생각하는 인간이니 아름다움에 대한 생각도 저마다 다를 수 있습니다. 무엇보다 자신의 문화나 주변 환경, 교육에 따라 얼마든지 다를 수 있습니다.

2018년에 한국의 대중가수들이 북한의 평양에서 공연을 한 적이 있습니다. 2002년 공연 이래로 16년만의 문화 교류였는데 여전히 북한 주민들에게 남한의 대중문화는 생소했던 것 같습니다. 유명한 가수의 공연을 보는 평양 주민들의 무표정한 얼굴에서 문화적 이질감이 보였기 때문입니다. 독일 나치나 사회주의, 공산주의 등 전체주의 국가에서 예술이란 체제 선전과 선동을 위한 수단입니다. 특히 사회주의 국가에서는 이런 예술을 '사회주의 리얼리즘'이라고 합니다. 예술은 사회주의 정신에 따라서 노동자와 인민들을 사상적으로 개조하고 교육시키는 임무를 가지는 거지요. 당연히 이러한 문학과 예술은 체제의 선전을 통해 인민 대중에게 봉사되어야 하기에 개인적 자유나 창의가 발휘되기 힘듭니다. 어릴 때부터 전체주의적 예술 교육을 받고 사회 전체의 문화가 체제 선전과 선동을 요구한다면 예술의 기준은 국가에 있습니다.

그러나 개인의 자유를 우선시하며 자유롭게 창작을 하고 표현하는 자유주의 사회에서 예술이란 자유로운 창조 활동으로, 그 기준은 특정 사상과 계급, 인물이 가질 수 없습니다. 똑같은 그림을 보고도 아름답게 느끼는 친구, 별 반응이 없는 친구, 무서움을 느끼는 친구가 있을 수 있습니다. 특히 추상미술을 보고 어떤 친구는 작가의 탁월한 구상을 칭찬하지만 다른 친구는 전혀 아름다움을 느끼지 못하니까요. 자유주의 사고를 가진 사람들은 취향과 교육, 문화에 따라 예술의 기준이 다릅니다. 그러면 기준을 정하기 위해 아름다움이 무엇인지 알아야 할까요?

그래서 아름다움이란 뭘까?

사람들은 자연 경관을 보면서 '아름답다'라는 말을 자주 합니다. 인간이 보기에 자연은 모든 것이 조화를 잘 이루고 있으니까요. 그런데 인간은 가끔 누군가를 사랑할 때 세상이 유독 아름다워 보이고, 문학 작품을 접할 때 느끼는 아름다움에 울기도 합니다. 밤하늘에 별을 보면서 무한한 우주의 경이로움에 감탄하기고 하고, 자신이 좋아하는 옷이나 장식품을 볼 때도 아름다움이라는 가치를 느끼죠. 무엇보다 미래를 꿈꾸는 것 자체도 아름답게 느껴집니다.

분명 아름다움은 존재하는 것 같은데 딱히 '이게 아름다움이야'라고 말하기가 곤란하군요. 그러나 아름다움을 알 필요가 있습니다. 아름다움에 대해 알면 미美에 대한 기준이나 폭이 넓어질 수 있으니까요. 단순히 소변기로만 보이는 뒤샹의 작품 〈샘〉은 작가의 의도를 알면 다르게 보일 수 있습니다. 뒤샹이 당시 예술이랍시고 으스대는 사람들에게 '예술이란 꼭 그런 것만 있는 게 아니다'라며 기존의 예술적 가치나 질서를 부정하기 위해 이 작품을 내놓았다는 사실을 알고 보면 어떨까요? 또 비이성적이고, 비심미적이고, 비도덕적인 것을 지향하기 위해 노력하는 예술가라면 뒤샹의 〈샘〉에서 영감을 얻을 수도 있습니다. 그의 작품들이 대부분 기존의 예술 작품에 반기를 든 작품들이기 때문입니다.

여러분, 우리는 어떤 음악을 들을 때 작곡가의 마음을 생각하고, 또 미술 작품을 보거나 문학 작품을 읽을 때 항상 작가의 의도를 생각합니다. 아마도 여러분이 어렸을 때부터 교육을 받았기 때문일 수도 있습니다. 작가가 작품에 어떤 뜻을 담고자 하는지 파악하기 위해서죠. 예술가들은 늘 무언가를 말하고 싶어 하고, 지향하고 싶어 하고, 표현하고 싶어 합니다. 이것을 안다면 예술 작품은 나에게 또 다르게 다가올 수도 있습니다.

나도 창작하는 예술가일까?

예술 작품을 보고 있으면 아무나 예술가가 될 수 있는 건 아닌 것 같습니다. 분명 예술가는 일반인과 다른 특별한 재능을 가지고 있으니까요. 그런데 예술가라고 해서 우리의 상상하는 능력과 다른 능력을 가졌을까요? 상상력을 표현할 수만 있다면 우리도 예술가가 될 수 있을 것 같습니다. 우리도 음악과 미술, 문학을 좋아하고 노력한다면 충분히 예술가가 될 수 있습니다.

20세기 최고의 화가라 불리는 피카소는 어렸을 때부터 그림을 잘 그렸지만 엄청난 습작으로 다양한 인체의 모습을 연구했습니다. 자신보다 앞서 작품을 펴낸 선배들, 즉 세계 최고의 미술가들의 명작들을 늘 탐구하며 재해석하는 그림을 그렸습니다. 그리고 그들의 작품을 토대로 끊임없이 자신만의 독특한 기법들을 작품에 녹여내었습니다. 피카소의 그림들은 그렇게 탄생한 것입니다.

　아무리 타고난 천재라도 아무것도 하지 않으면 아무 일도 일어나지 않고, 예술품은 탄생하지 않습니다. 그만큼 자신을 믿고 자신을 사랑할 줄 알아야 합니다. 그래야 자신을 아름답게 표현할 수 있고 자신만의 독창성을 가질 수 있습니다. 맞습니다. 우리는 모두 무언가를 만들고 창조할 능력을 가지고 있습니다. 누구나 아름다움을 좋아하고 상상하기를 즐기며 늘 무언가를 창조하기 위해 노력하기 때문이죠.

　그런데 예술가들은 일반인들과 다르게 자신의 기발한 생각, 독창성, 영감을 적극적으로 추구하며 작업을 합니다. 영감이란 '창조적인 일의 계기가 되는 번득이는 착상이나 자극'을 말합니다. 영감을 기발한 생각, 즉 독창성이라고 해도 될 것 같습니다. 확실히 예술가들은 일반인들과 다르게 기발한 생각이 자주 떠오르는 것 같습니다. 예술가들은 다양한 방법으로 영감을 얻는데, 특히 자기 이전에 창작 활동을 했던 다른 예술가들로부터 얻기도 합니다. 일반인들은 그 작품을 보고 '아, 좋네', '아름답다'라고만 느낄 때 예술가들은 자신의 예술적 재능에 적용하고 재해석하는 방법을 시도합니다. 그러고 보면 예술가들이 확실히 예술을 보는 심미안은 일반인들과는 다른 것 같습니다. 심미안은 아름다움을 볼 줄 아는 눈(안목)을 말하지요.

　그렇다고 예술가들이 항상 영감이 떠올리거나 새로운 생각들을 펼쳐내는 것은 아닙니다. 때론 예술가들도 영감이 떠오르지 않아 자포자기하는 경우도 있고, 먹고사는 문제에서 자유롭지 못해 수준 높은 작품을 만들어내지 못할 때도 있습니다. 이때 예술가들은 심신이 지쳐 아무 것도 하지 못하는 심각한 상황에 놓이기도 합니다. 그래서 예술가들은 '창작의 고통'이라는 말에서 자유롭지 못하지요. 하지만 고통의 순간을 이겨내고 새로운 무언가를 창조했을 때 그 기쁨은 또 이뤄 말할 수 없다고 합니다. 그러고 보면 예술은 쉽지 않은 것 같습니다.

예술이 인간을 아름답게 할까?

창작의 고통에서 만들어진 예술, 그 예술은 어디에 쓰일까요? 예술은 우리 삶의 의미와 세계에 대한 깊이 있는 가치들을 표현하게 해줍니다.

  2016년 전 세계가 깜짝 놀란 일이 있었습니다. 1901년에 처음 노벨문학상이 수여된 이래로 문학가가 아닌 가수이자 작곡가인 밥 딜런이 수상했기 때문입니다. 딜런은 인권과 반전운동, 환경운동과 사회적·정치적 의미 등의 메시지를 담은 노래를 만들고 불렀습니다. 노벨문학상 위원회는 그의 음악이 사회문화적으로 세계에 많은 영향을 미쳤다고 판단한 것이죠. 그의 음악을 들으며 가사를 음미하고, 아름다운 멜로디를 감상하면서 사람들은 같이 즐겼습니다. 그렇습니다. 예술은 사람들을 모이게 하고 서로를 친근하게 만들어 줍니다. 수많은 사람이 베토벤과 모차르트의 음악을 듣고, 미술관이나 박물관에 가서 예술 작품을 감상하죠. 예술은 사람들을 모이게 하는 엄청난 힘을 가진 것이 사실입니다.

  또 예술은 시대를 넘어 죽음까지 뛰어넘게 해줍니다. 미술책을 보면 세계적인 화가들의 그림들이 담겨 있고 각각의 작가를 소개하지요. 우리는 〈해바라기〉와 〈별이 빛나는 밤〉을 보면서 고흐를 기억하고, 〈게르니카〉를 보면서 독특한 입체파 화가 피카소를 떠올립니다. 또 베토벤 교향곡 〈합창〉을 들으며 가족과 연말을 보내기도 하지요. 예술가는 세상을 떠나 사라졌지만 그가 남긴 예술 작품은 이렇게 지금 우리를 통해 영원히 기억될 것입니다.

마지막으로 예술은 현실을 잊게 하고 기분 전환을 도와줍니다. 한 영화감독이 인터뷰에서 이렇게 말한 적이 있습니다. "많은 대중의 평가를 기대하기보다도 힘든 순간을 겪고 있는 사람 중 한 명이라도 이 영화를 만나 위로 받았으면 좋겠습니다." 그의 말처럼 사람들은 고된 하루를 보내고 심신이 피로할 때 좋아하는 음악을 들으며 위안을 얻고 휴식을 취합니다. 일주일의 노동을 마치고 주말에 한 편의 영화를 보거나 미술관이나 음악회를 찾습니다. 예술은 일상적인 삶에서 벌어지는 힘든 현실을 잊게 해주고 고된 마음을 정화시켜 줍니다.

우리 삶에 예술이 더해질 때

1990년대 혜성처럼 등장한 '서태지와 아이들'이라는 가수 그룹이 있었습니다. 그들이 만든 음악은 대중성과 사회참여성으로 한국사회를 들끓게 했고, 그들은 모든 청소년의 우상이 되었습니다. 4집 앨범 〈컴백홈COME BACK HOME〉('집으로 돌아와'라는 의미)의 노래를 듣고, 가출했던 청소년들이 실제 집으로 돌아갔다는 이야기가 뉴스에 등장할 정도였지요.

아메리칸 드림을 꿈꾸며 미국으로 불법 이주한 멕시코 이민자들의 고단한 삶을 노래한 〈돈데 보이 *Donde Voy*〉라는 음악도 있습니다. 멕시코계 미국 가수 티시 이노호사 *Tish Hinojosa*가 1989년도에 발표한 이 노래의 제목은 '어디로 가야 하나?'란 뜻입니다. 미국으로 불법 이주를 시도하는 멕시코 남성이 고향에 남겨둔 자신의 연인을 그리워 하는 노래로 세계인의 심금을 울렸지요.

여러분, 예술은 확실히 우리의 마음을 뒤흔드는 강렬한 힘을 가지고 있는 것만은 확실합니다. '아미*army*'(군대)라는 이름의 팬들이 전 세계적으로 형성되어 한국의 K팝 그룹 BTS의 강력한 팬층이 왜 나타난 건지 이해가 되는 이유이지요. 그런 힘이 예술을 아름답게 하고, 우리의 삶을 더욱 풍요롭게 하는 것이 아닐까요?

1. 예술 작품을 보고 '아름답다'라고 느낄 때 그 아름다움의 기준은 누가 정할까요? 또 그 기준을 특정한 사람, 단체, 국가가 정한다면 어떻게 될까요?

2. '창작의 고통'이라는 말을 들어보거나 그런 경험을 해본 적 있나요? 한번 써 봅시다.

3. 예술이 인간을 아름답게 만들까요, 아닐까요? 그 이유를 써봅시다.

예술은 인간을 아름답게 만든다. (네 / 아니오)

왜냐하면

Philosophy Book 23

《철학, 과학 기술에 다시 말을 걸다》
인간과 기술은 어떻게 공존할까?

이상헌 | 주니어김영사 | 2016.10

로봇이 만든 문제는 누구의 책임?

6학년 과학시간에 미래에 펼쳐질 세상을 그려보면서 아이들은 자율주행차에 관심을 가집니다. 자율주행차는 교통 시스템과 연결되어 교통체증과 교통 사고가 획기적으로 줄어들 것이며 그에 따른 비용도 엄청나게 절약되리라 예상됩니다. 그뿐 아니라 신체 장애와 인지능력 부조화, 노령화로 자동차 운전이 어려운 사람들이 이용하기에 쉽고, 무엇보다 개인 소유보다는 공용자동차의 확대로 환경문제에도 많은 도움이 될 것입니다.

그런데 자율주행차라고 모든 것을 해결하는 건 아닙니다. 윤리적 문제가 여전히 발생합니다. 지금과 같이 사람이 운전하다 사고가 나면 가해자나 피해자가 각각 법을 지켰는지 그 유무를 따져 시비를 가릴 수 있지만 자율주행차는 운전자가 없기에 사고의 책임을 누구에게 물어야 할지 판단하기 어렵습니다. 이것은 기존엔 없는 새로운 윤리적 문제의 등장입니다.

"자율주행차로 가족 여행을 가는데 갑자기 도로로 아이가 뛰어들었어요. 미처 급정거할 시간도 없고, 반대편에는 마주 오는 차가 많고요. 이럴 때 자율주행차는 어떻게 할까요?"

"도로를 걷는 아이를 보호하기 위해 스스로 길 쪽으로 방향을 꺾지 않을까요?"

"그럼 자동차 안에 있는 사람이 위험하잖아요. 자율주행차를 만들 때 차에 탄 사람들의 안전을 우선하도록 했을 텐데요? 인명 피해가 적은 쪽으로 선택하지 않을까요?"

"결국 누군가는 죽거나 다치게 되는데 어떤 선택이든 옳다고 보기는 어렵겠네요."

《철학, 과학 기술에 다시 말을 걸다》는 여러분에게 질문합니다. '이런 상황에서 의사결정은 누가 할 것인가?', '사고의 책임은 누가 질 것인가?'를 말이지요. 직접 운전하지 않은 자동차를 타고 있는 사람들의 책임일까요? 아니면 자동차를 만든 제조업체의 책임일까요? 비단 자율주행차만이 아니라 과학 기술의 발달로 미래사회를 주도할 인공지능이나 로봇, 빅데이터, 가상현실, 유전자 문제에 대해 과학이 윤리적인 대답을 할 수 없는 것은 분명해 보입니다. 그리고 이 문제들은 전통적인 철학이나 윤리의 문제와는 다른 새로운 차원의 문제이지요.

그래서 위기에 처한 과학이 철학에 근본적인 질문들을 던집니다. 미래사회를 이끌어갈 여러분도 이 문제들에 관심을 가져야 할 시대가 되었습니다.

로봇과 인간의 일자리 경쟁

미래사회를 상징하는 가장 대표적인 단어가 인공지능입니다. 기계가 인간의 인지 능력을 뛰어넘는 영역은 계산과 기억 능력입니다. 2016년에 벌어진 인공지능 '알파고'와 프로 바둑기사 '이세돌'의 대결은 계산 능력에 있어 인공지능이 인간보다 우위에 있음을 선언한 대사건이었습니다.

이제 인공지능은 기계의 자동제어뿐 아니라 의료와 미술, 작곡, 글쓰기 등 의학과 문학, 예술의 영역에서도 인간을 뛰어넘는 수준에 이르고 있습니다. 인간의 순수한 사고의 영역인 직관과 추론, 통찰, 상상, 창의 등은 인공지능의 학습 속도에 뒤처지는 상황까지 내몰리고 있지요. 이제 인간은 인공지능 시대의 환상보다는 인공지능이 가져올 충격과 위기에 더 신경을 쓰고 있습니다. 바로 인간의 일자리를 인공지능으로 무장한 로봇이 대체할 것이라는 경고가 들리기 때문입니다.

약 200년 전, 영국에서 발생한 '러다이트 운동*Luddite Movement*'(기계파괴 운동)은 21세기에도 유효합니다. 19세기 초 방적 작업의 기계화로 대량생산이 가능해지면서 수많은 숙련된 노동자가 일자리를 잃고 실업자가 됐지요. 노동자들이 평생을 노력하여 획득한 손기술이 한순간에 쓸모없는 기술이 된 거지요. 분노한 직물공장 노동자들이 공장에 불을 지르고 기계를 파괴하기 시작했습니다. 그러나 방적기는 영국 산업혁명에 큰 영향을 끼치며 영국을 세계에서 가장 부유하고 강한 나라로 만들었습니다. 이처럼 인공지능도 미래사회를 크게 변화시킬 원동력이 될 수 있습니다. 문제는 자의식을 가진 강한 인공지능의 수준을 넘은 '초지능'의 등장입니다. 초지능이란 과학적 창의성, 일반적 지혜, 사회적 지능 등 실제적인 모든 영역에서 인간의 두뇌를 크게 능가하는 지능을 말합니다.

"초지능에겐 인간이 푸는 것을 돕지 못하는 문제란 없다. 질병, 가난, 환경 파괴, 모든 종류의 불필요한 고통 등 (…) 초지능은 나노기술과 밀접하게 연관되어 있다."

나노기술과 결합한 초지능은 인간 세상을 지금까지와는 다른 차원으로 이끌 것입니다. 2,000년 전 아리스토텔레스가 말한 것처럼 인간이 노동으로부터 해방되는 이상사회를 건설할 수도 있지요. 문제는 인공지능이 우리를 대신해서 얻는 이득을 모두에게 어떻게 공평하게 분배할 것인지, 스스로 판단하고 행동하는 자율형 인공지능 로봇에게 도덕적 규범을 적용할 수 있는지, 또 무엇보다도 초지능을 인간이 통제할 수 있는지와 같은 의문입니다. 여전히 정의의 문제와 도덕의 문제가 발생하는 것이지요.

빅데이터 Vs. 개인정보 보호

앞으로 벌어질 사건이나 미래에 대해 인간은 어떻게 예측하고 준비했을까요? 과거에는 미래에 펼쳐질 일에 대해 인류가 축적해 온 지식을 자산으로 미래를 예측하였습니다. 그래서 도서관은 인류의 지적 유산과 각종 자료가 축적된 국가의 힘을 상징하는 곳이었습니다.

그러나 제4차 산업혁명으로 디지털, 스마트통신 시대가 도래하면서 새로운 지식과 정보가 주요한 자원으로 등장했는데 바로 '빅데이터$_{big\ data}$'입니다. 빅데이터란 디지털 환경에서 생성되는 복잡하고 다양한 대규모의 데이터를 말합니다. 규모도 방대하지만 생성 주기도 짧고 형태도 다양한 것이 특징입니다. 빅데이터를 분석함으로써 비즈니스의 기회를 발견하고, 빅데이터를 활용하여 문제를 해결하고, 빅데이터를 통해 미래를 정확히 예측하는 시대가 되었습니다.

예를 들어 한 유명 제과업체는 기상 데이터와 고객의 구매 정보를 연계해 빅데이터를 분석하여 이익을 얻습니다. 그 내용을 살펴보면 이 제과업체는 최근 5년간 전국의 169개 점포에서 수집한 10억 건 이상의 상품 판매 데이터와 기상 관측 자료를 연계해 날씨 판매 지수를 개발했습니다. 그리고 수집한 데이터를 분석한 결과, 온도와 날씨에 따라 판매되는 빵이 따로 있어서 이를 바탕으로 그날 날씨에 따라 빵의 생산량을 조절하고, 중점적으로 홍보하여 세일 품목을 정하는 데 유용했다고 합니다.

제과업체에서는 빵을 사는 고객의 정보를 이용하고 분석하여 자신들의 제품을 판매하는 데 사용한 것입니다. 개인정보를 이용한 것인데

이 경우 개인의 사생활 안전이 보장될까요? 각 개인이 욕구와 필요에 따라 상품을 구매했을 뿐인데 그런 개인적 정보들이 수집되어 한 기업의 상품 판매 전략에 이용되고 있습니다. 이것은 옳은 행위일까요?

정보통신 기술의 발달은 개인의 활동 영역을 더욱 다양하고 무한한 영역으로 확장할 수 있는 기회를 줍니다. 동시에 개인의 사생활을 보호하기 어렵게 만들기도 하지요. 한 개인이 사이버 세상에서 하는 행위들이 모든 대중에게 공개되고, 개인적 취향과 정치 성향뿐 아니라 사적인 비밀까지 모두 노출된다면 우리는 진정 자유롭다고 할 수 있을까요? 사생활은 개인의 자유임에도 그 권리를 침해 받는 것이지요.

사이보그는 기계일까, 사람일까?

두 다리가 없는 육상선수가 올림픽 출전의 꿈을 꾸는 것은 가능할까요? 남아프리카공화국 육상선수 오스카 피스토리우스*Oscar Pistorius*는 장애인 육상 100미터 종목의 세계 신기록 보유자입니다. 종아리 뼈가 없이 태어난 피스토리우스는 무릎 아래를 절단하는 대수술을 받고 의족을 착용한 채 어린시절을 보냈습니다. 특수 보철로 된 의족을 착용한 채, 여러 가지 운동을 섭렵했으며 마침내 장애인 올림픽에 출전해 세계 신기록을 세웠지요. 그가 하계 올림픽 경기까지 출전하는 일이 가능할까요?

여러 이유로 신체의 일부를 사용할 수 없는 장애인들이 있습니다. 그들의 움직임을 도와주는 보철 기계들이 많이 개발되었지만 과학 기술의 발달은 인간의 생각대로 세밀하게 움직일 수 있는 수준까지 기계를 개발하고자 합니다. BCI 시스템은 사람의 두뇌와 컴퓨터를 연결하는 '뇌-컴퓨터 인터페이스 Brain-Computer Interface'를 말합니다. 뇌에서 나오는 신호를 이용하여 의사소통 수단을 제공하는 기술로, 뇌 속의 생각만으로 컴퓨터를 제어하여 기계를 움직이게 합니다. 이 신기술로 하반신이 마비된 환자도 축구를 할 수 있으며, 손과 팔이 없는 사람도 그림을 그리거나 악기를 연주할 수 있습니다.

뇌에 이식한 반도체 칩으로 전신마비 환자가 TV를 보거나 전화 통화도 하고 컴퓨터 게임도 가능합니다. 심지어 뛰어다니거나 집을 수리할 수도 있지요. 언젠가는 영화 〈로보캅〉처럼 마비된 몸을 통째로 기계로 대체하는, 인간과 기계가 완벽하게 결합된 '사이보그'가 등장할 수 있습니다.

"우리가 사이보그가 된다면 초감각, 다른 방식으로 생각하는 능력, 생각만으로 대화하는 능력 등을 얻을 수 있습니다."

그리고 잘만 되면 인간은 빠르게 발달하는 기계 지능을 계속해서 제어할 수단을 확보할 수도 있다고 합니다.

분명 BCI 기술은 몸이 불편한 사람들에게는 삶의 희망을 준 것은 사실이지만 여기서 어쩔 수 없는 '정체성'의 문제가 생깁니다. 뇌를 제외한 나의 몸을 기계로 만든다면 나는 누구일까요? 여전히 인간일까요?

전통적인 철학에서는 인간을 몸과 마음으로 이루어진 존재로 보고, 물질적이지 않고 물리 법칙에 종속되지 않는 마음을 본질로 여겼습니다. 몸보다 마음이 중요하다는 것이지요. 그래서 마음을 이성과 정신으로 보고, 여타 동물군과 다른 특징으로 생각했습니다. 그러나 몸이 없이 마음만으로 인간은 행복할까요? 우리가 아는 많은 사실은 몸으로 체득된 감각으로 들어온 지식들입니다. 특히 인간의 언어는 몸이 활동하는 세계라는 공간 속에서 서로 상호작용을 통해 신체적 경험을 토대로 획득한 것들입니다. 말하고, 쓰고, 몸으로 표현하는 활동을 통해 우리는 언어를 배우고 삶과 역사를 지속해가고 있지요.

유전자를 조립한다고?

모든 생명체는 자신의 조상과 부모로부터 유전적인 정보를 물려받아 태어나고 후세에 그 유전자 정보를 전달합니다. 물론 인간이란 환경과 유전의 복잡한 상호작용 속에 살아가는 존재자이지만 부모세대로부터 받은 유전자의 절대성을 부인할 수도 없습니다.

그런데 과학 기술의 발전은 인간으로 하여금 신의 영역이라는 유전자 편집기술에 발을 딛게 하였습니다. 일명 '유전자 가위'는 유전자의 특정 부위를 절단해 유전체 교정을 가능하게 하는 기술입니다. 유전질환으로 고통받는 환자를 위해 개발되었으나 맞춤형 아기의 탄생이라는 윤리적 문제가 발생할 수 있습니다. 부모로부터 물려받는 유전자가 아니라 마치 쇼핑하듯 마음에 드는 유전자를 골라 조합하여 아기를 태어나게 한다면 어떨까요? 치료의 목적이 아닌 한 사람의 능력을 향상시키는 맞춤형 유전자라면 정당할까요?

철학자 칸트는 인간은 자유로운 존재이자 목적 그 자체라고 말합니다. 이 말은 인간이라는 존재가 어떤 수단의 대상이 되어서는 안 된다는 뜻입니다. 그런데 장차 태어날 아이의 유전자 능력을 키우는 일이 그 아이의 행복 증진에 기여한다면 맞춤형 유전자의 선택을 비판할 수 있을까요? 인간이 살아가는 목적이 행복이라면 태어날 아이의 행복을 위해 맞춤형 유전자를 선택하는 것을 비난할 수만은 없을 것 같습니다.

《철학, 과학 기술에 다시 말을 걸다》는 과학 기술의 시대를 사는 우리에게 많은 문제점에 대해 질문을 던지지만, 책의 작가는 미래를 낙관적으로 봅니다. 인공지능은 인간이 충분히 통제가능하다고 생각하며 과학 기술의 발전이 인류를 보다 나은 사회로 이끌 수 있다고 말하지요.

과학 기술의 발전이 반드시 유토피아(이상사회)와 같은 환상을 주지는 않습니다. 통제 없는 과학 기술의 발전은 미래사회를 돌이킬 수 없는 암울한 디스토피아(이상사회와 정반대 모습을 한 사회)로 이끌 수도 있습니다. 그 열쇠는 과학 기술의 발전이 지금 현재를 살아가는 사람들의 근원적인 질문, 즉 철학적 질문들에 답을 할 수 있는 범위 안에 있어야 합니다. 즉 과학 기술의 발전은 '인간과 세계(자연)'라는 토대 위에 있어야 합니다.

1. 인공지능은 곧 다가올 미래사회를 이끌 최첨단 과학입니다. 인공지능이 등장하면 우리의 일상생활은 어떻게 바뀔까요? 특히 일자리 영역에서는 어떠한 변화가 생길까요?

   일상생활의 변화:

   일자리의 변화:

2. 200년 전 영국에서 '기계파괴 운동'이 일어난 이유는 무엇일까요?

3. 영화 <로보캅>처럼 인간과 기계가 완벽하게 결합된 사이보그가 등장하고, 내가 사이보그가 된다면 그 존재를 '나'라고 할 수 있을까요?

   사이보그가 된 나는 '나'라고 할 수 (있다 / 없다).

   왜냐하면

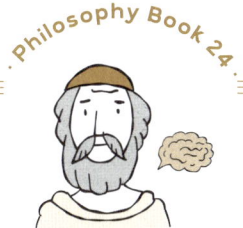

Philosophy Book 24.

《로크 씨, 잘못된 정부는 바꿀 수 있나요?》

왕과 국가, 정치의 탄생에 대하여

이화연 | 눈이깊은아이 | 2015.5

무인도에 남겨진 아이들

윌리엄 골딩의 《파리대왕》은 무인도에 불시착한 소년들을 통해 인간 내면의 사악한 본성과 그 본성이 어떤 방식으로 드러나는지를 그려낸 노벨문학상 수상작입니다. 핵 전쟁으로 무인도에 간 스물다섯 명의 소년들이 처음에는 문명에서 배운 대로 규칙과 민주적 방법으로 생활을 하다가 점점 '소년'이라는 순수성이 사라지고, 서로 권력을 차지하기 위해 야만적이고 폭력적이며 악마 같이 변하는 과정을 보여줍니다.

《로크 씨, 잘못된 정부는 바꿀 수 있나요?》는 《파리대왕》처럼 무인도에 남겨진 아이들이 섬에서 철학자 존 로크를 만나서 펼쳐지는 이야기를 들려줍니다. 여름캠프에 왔다가 배를 놓쳐 섬에 남겨진 아이들. 그 중 '시민이'는 영국의 왕 제임스 2세에게 쫓겨 네덜란드의 한 무인도에 숨어 지내는 '존'이라는 이름의 철학자 아저씨를 만납니다. 존 로크는 오늘날 민주주의의 기틀을 마련한 《통치론》을 쓴 철학자로, 책을 펴낼 당시 가명으로 출간했지요. 왜냐고요?

　17세기 유럽은 절대왕정국가 사회였습니다. 로크는 하늘로부터 부여받은 왕의 권위를 감히 시민들의 힘으로 바꿀 수 있다고 했으니 당시에 얼마나 파격적이고 혁명적인 생각으로 들렸을까요? 결국 그는 죽기 직전에 자신이 《통치론》을 썼다고 직접 밝혔지요. 여러분, 로크가 왜 이런 생각을 하게 되었을까요?

존 로크가 숨어 살았던 이유

아이들이 내린 후 배가 떠나버리고, 무인도에 남겨진 아이들은 집으로 돌아갈 수 있는 섬의 지도가 그려진 안내문을 발견합니다. 아이들 중 시민이는 섬에서 존 아저씨를 만나고 자신이 지금 17세기의 한 무인도에 와있음을 깨닫게 되지요.

　로크는 영국의 철학자이자 의사였습니다. 데카르트 철학을 연구하면서 새로운 인식론에 눈을 뜨게 되었지요. 인간은 태어날 때부터 본유관념을 가지고 태어난다고 말한 데카르트의 합리주의와 달리, 로크는 인간은 태어날 때부터 관념이 전혀 없는 백지상태로 태어난다고 보았습니다. 그래서 경험을 통해 관념(지식)을 형성한다는 경험론을 창시한 것이지요.

이런 철학자가 왜 무인도에 숨어 사냐고요? 로크의 정치적 사상은 당시 매우 급진적이었습니다. 그는 젊었을 때 영국 정치계에서 휘그당(의회파)을 이끄는 샤프츠베리 백작의 간 종양을 수술을 맡아 생명을 살리게 됩니다. 이 인연으로 정치에 관심을 가지게 되는데 당시 토리당(왕당파)이 정권을 잡고 있어서 국가반역죄로 내몰린 샤프츠베리와 함께 로크는 네덜란드로 망명을 떠나게 됐습니다.

이때 영국은 왕의 절대적 권위를 주장한 왕당파와 왕을 견제하고 의회가 중심이 되어야 한다는 의회파가 극심하게 대립하던 시기였습니다. 당시 국왕인 찰스 1세가 의회를 무시하고 시민들을 억압하자 청교도혁명이 일어나 왕은 참수형을 당합니다. 집안 대대로 청교도였던 로크는 의회파를 지지했지요. 왕당파인 토리당의 정치적 억압과 감시에서 숨어 살게 된 이유입니다.

모두가 자유롭고 평등하게 산다면?

무인도에 남겨진 소년들의 삶은 처음엔 모든 게 순조롭고 평화로웠습니다. 아무도 간섭하지 않고 잔소리하는 사람도 없었지요. 단지 배가 오지 않는 것 빼고는 모든 게 좋았습니다. 열대과일도 있고, 물고기와 조개도 구할 수 있었기에 며칠 동안 식량 문제도 없었습니다.

존 아저씨의 동굴에서 시민이는 아저씨가 쓴 글을 발견합니다. 종이에는 '모두가 자유롭고 평등한 상태'라는 글이 쓰여져 있었죠. 시민이는 그런 세상이 되면 모두 제멋대로 할 것이기 때문에 그런 상태에 대해 의심을 합니다.

철학자 홉스는 자연상태를 '만인의 만인에 대한 투쟁 상태'라고 했습니다. 인간은 자기 이익과 탐욕을 위해 서로 싸우고 공격하고 심하게는 죽이는 일까지 벌어진다는 겁니다. 《파리대왕》도 무인도에서 벌어지는 소년들의 악마성을 우리에게 보여주었지요.

하지만 로크는 자연상태를 홉스와는 다르게 해석합니다. 로크에게 자연상태는 '완전한 자유의 상태', '평화의 상태'입니다. 완전한 자유의 상태이기에 자신의 이성적 판단에 따라 행동하고, 평화의 상태이기에 어느 누구도 남보다 더 많은 권력을 가지지 않습니다. 권력이 평등하게 나누어져 있기에 지배하는 사람도, 지배받는 사람도 없습니다.

자연상태라고 해도 그냥 그대로 두는 것이 아닙니다. 로크는 자연상태에서도 인간은 '자연법'을 따라야 한다고 합니다. 자연법에 따라 다른 사람의 생명과 자유, 재산에 피해를 주면 안 됩니다. 자연법은 인간이라면 누구나 지켜야 할 양심이자 '이성의 소리'라고 말했습니다.

왕이 하라는 대로 해!

존 아저씨의 정체를 말하지 않았다는 이유로 '태호'는 시민이에게 화를 냅니다. 시민이는 아저씨의 실체를 말하지 않기로 약속했거든요. 또 친구들은 지금 여기가 17세기 과거인 줄도 모릅니다. 친구들은 시민이를 피하기 시작했고, 각자 따로 행동하기 시작하면서 서로 어울리지 않게 되었습니다. 함께 음식을 나눠 먹지도 않았고요.

사과나무를 발견하자 서로 자기 거라며 싸웠습니다. 신뢰가 깨진 친구들이 서로 믿지 못하고 싸우느라 정신없는 와중에 '서준이'라는 친구를 물에 빠뜨려 버립니다. 수영을 못하는 서준이가 하염없이 떠내려 가자 친구들은 물에 뛰어들어 겨우 구해냈지요.

그때 존 아저씨가 나타나서 대장을 뽑고 공동체를 만들 때가 되었다고 말합니다. 무인도라는 자연상태에서 각자의 자유와 재산, 생명을 보호하기 위해서는 자연법에 따라 행동해야 하지요. 자연법을 어기는 사람으로부터 자신을 보호하고, 그 사람을 처벌할 권리도 가져야 합니다. 남에게 피해를 주는 일이 발생하면 대장(최고통치자, 입법권자)이 잘잘못을 따져야 합니다.

친구들은 싸움과 불신을 막기 위해 태호를 대장으로 뽑는 데 동의합니다. 하지만 대장이 된 태호는 모든 일을 자기 마음대로 결정하고, 마치 왕처럼 행동했습니다. 시민이는 그런 태호의 태도가 마음에 들지 않아 대장을 그만두라고 말합니다.

절대군주란 군주(왕)가 국가 통치의 모든 권력을 장악하고 절대적인 권한을 갖는 정치제도입니다. 국가의 모든 권력이 왕이라는 자리 한곳에 모이니 권력이 집중되어 더욱 독재화됩니다. 왕은 국민들에게 무제한의 정치적 힘을 행사하고, 잘못에 대해 책임을 지지 않았지요.

태호는 친구들의 동의하에 뽑혔지만 대장이 된 순간, 절대군주처럼 행동하고 명령했습니다. 그대로 놔두면 홉스가 쓴 《리바이어던》에 나오는 거대한 괴물이 될 수 있습니다. 태호가 아이들에게 '무조건 내 말대로 해!'라고 외친 것이 그 사실을 증명하지요.

주권은 쟁취해야 해

시민이는 태호가 괴물이 되기 전에 싸워서라도 대장을 바꿔야겠다고 생각합니다. 친구들은 힘이 센 태호편에 서 있지만 시민이의 편도 있었습니다. 마침내 태호와 시민이는 주먹다짐을 하게 됐지요. 이 사실을 알게 된 존 아저씨는 자신이 겪었던 영국의 정치 상황이 떠올랐습니다.

로크가 옥스퍼드대학교를 다닐 때 찰스 1세 국왕이 시민들로부터 왕좌에서 끌려 내려와 처형 당하고 크롬웰이 이끄는 공화당이 정권을 차지했던 것입니다. 공화정은 주권이 한 사람에 있는 것이 아니라 여러 사람의 합의에 따라 권력이 행사되는 정치제도입니다. 청교도인 크롬웰의 활약에 힘입어 왕당파를 몰아내고 의회파가 정권을 잡자 영국 역사상 최초로 왕이 없는 공화국 정부인 '잉글랜드공화국'이 수립됐습니다. 하지만 크롬웰이 의회를 해산하는 등 독재정치를 펼치기 시작했습니다. 그가 죽은 후에 공화정은 붕괴되고 다시 왕정이 복구되었지요.

군주제는 크게 전제군주제와 입헌군주제로 나눌 수 있습니다. 전제군주제는 군주가 모든 정치 권력을 행사하는 체제입니다. 헌법을 초월했기에 군주의 폭정이나 실수를 견제하거나 막을 방도가 없었습니다. 그래서 근대에 이르러 많은 군주국가가 군주를 헌법 아래에 두는 입헌군주제를 택했습니다. 군주는 상징적 존재로 있고, 정치는 의회에서 헌법과 법률에 따라 행사하게 됩니다. 왕은 군림하되 통치하지 않는 것이죠. 대부분 현대의 군주국가들이 입헌군주제를 취하지만 사우디아라비아 등 몇몇 국가는 여전히 전제군주제로 통치하기도 합니다.

우리 사회는 우리 손으로!

대장 자리에서 물러난 태호의 뒤를 이어 친구들은 시민이를 대장으로 뽑는 데 동의합니다. 대장이 된 시민이는 한 사람씩 역할을 분담해서 일을 하자고 합니다. 그리고 다시 집으로 돌아가기 위해 존 아저씨가 잃어버린 '원고'를 찾기 위해 노력합니다. 그 원고는 다름 아닌 존 로크가 쓴 《통치론》이었습니다. 대장이 된 시민이는 원고를 찾지 못하면 모든 책임을 자신이 져야 하기에 고민이 많았습니다. 그런 시민이에게 존 아저씨는 시민사회가 자연권을 지켜준다고 얘기해줍니다.

시민사회란 정치의 주체가 일반 시민이 되는 사회를 말합니다. 그래서 시민이 사회의 주인이므로 개인의 생명과 자유, 재산을 그 누구도 침해하거나 뺏을 수 없습니다. 이를 위해 사람들의 동의를 얻어 법을 제정하고 이를 입법권이라 합니다. 법이 마련되면 국가가 법의 이름으로 시민사회의 규칙을 어긴 개인에 대해 벌을 줄 수가 있는 것이지요. 그런데 입법권도 시민들이 잠시 맡겨놓은 것이기에 시민이 뽑은 최고권력자라도 마음대로 법을 행사할 수 없습니다. 최고통치자가 법을 마음대로 행사할 경우, 시민사회는 얼마든지 최고통치자를 물러나게 만들 수 있지요.

마침내 집으로 돌아갈 수 있는 원고를 발견한 시민이와 친구들은 집으로 돌아가게 되며 이야기는 끝이 납니다.

《로크 씨, 잘못된 정부는 바꿀 수 있나요?》는 존 로크의 정치철학을 이야기 형식으로 풀어 쓴 책입니다. 초등 저학년이나 3, 4학년이 읽기에 좋습니다. 무인도에 남겨진 아이들은 서로 의견이 충돌하고 싸우기도 하면서 때론 협력을 이루는 과정을 통해 합의된 권력(대장)이 필요하다고 생각합니다. 그러나 대장이 권력을 남용하면 시민사회(민주화된 사회)가 자연법으로써 권력을 교체하는 장면을 보여주지요.

홉스는 전쟁과 같은 자연상태를 벗어나기 위해 입법자이자 법률의 수호자가 될 군주를 선출하자고 주장합니다. 자연상태의 인간들은 자신의 권리를 계약에 따라 국가에 양도하는 것이지요. 그리고 국가(리바이어던)는 개인보다 절대적 우위를 가집니다. 절대적 우위는 독재화될 수 있지요. 그러나 로크는 국민은 통치자에게 자신들의 권력을 신탁합니다. 잠시 맡겨 두는 것이지요. 그래서 임시적 권력은 언제든지 국민이 되돌려 받을 수 있습니다. 그리고 권력의 집중을 막기 위해 입법권, 집행권, 연합권으로 권력을 분립합니다.

로크의 사상은 오늘날 많은 국가가 민주주의를 통해 제도적으로 운영하는 데 밑바탕이 되었습니다. 국민은 언제든지 '선거'와 '투표'를 통해 주권을 행사하지요. 그리고 입법권, 행정권, 사법권으로 권력을 나누고 견제와 균형을 맞추어 국가를 운영해갑니다. 로크의 사상은 현대 민주주의의 초석을 놓았다고 해도 과언은 아닙니다.

철학자처럼 생각하기

1. 철학자 홉스가 말한 '만인의 만인에 대한 투쟁'은 어떤 상태를 말하나요? 일상생활에서 이와 비슷한 일을 경험한 적 있나요? 한번 써봅시다.

2. 독재정치가 벌어지는 이유는 무엇일까요? 독재정치를 막을 수 있는 방법을 한두 가지 제시해봅시다.

3. 입헌군주제 국가에서 '왕은 군림하되 통치하지 않는다'라는 말은 무엇을 의미할까요?

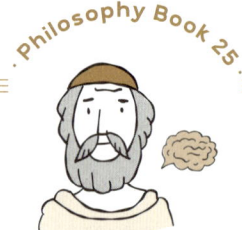

《자유가 뭐예요?》
자유는 스스로 지켜내야 해요

오스카 브르니피에 | 상수리 | 2008.8

우리는 자유롭나요?

4학년 국어 수업시간에 '여러분은 자유롭다고 생각하나요?'라고 물은 적이 있습니다.

"학교를 다녀야 해요. 학교를 마치면 학원도 가야 하고요. 우리에게 자유란 없어요. '이거 해라, 저거 해라.' 매일 엄마의 잔소리를 들어야 하는데 어찌 자유롭다고 하겠어요? 어른들이라면 모르죠."

"얘들아, 그럼 어른들은 자유롭다고 말할 수 있을까?"

"우리한테는 아직 어리다고 어른들이 하는 말을 들어야 한다면서 어른들은 마음대로 하잖아요. 결국 강자만 자유로운 거예요."

아이들의 볼멘소리를 듣다 보면 '자유'라는 개념에 대해 느끼는 바가 어른과 어린이의 간극만큼 차이가 있다는 걸 알 수 있습니다. 자유의 사전적 의미는 '남에게 구속을 받거나 무엇에 얽매이지 않고 자기 뜻에 따라 행동하는 것'입니다. 결국 자유를 논하기 위해서는 '자기 뜻에 따라 행동하는 나'와 '구속하거나 얽매이게 하는 타인(대상)'이 있어야 하겠네요.

《자유가 뭐예요?》는 여느 어린이 철학책처럼 수많은 질문으로 여러분의 생각을 끄집어내려고 합니다. 질문 속에 가끔 정답을 주기도 하지만 그 정답조차 다음 질문을 위한 것이지요. 어린이들이 좋아할 만한 그림이 많은 책이지만 결코 가벼운 내용이 아닙니다. 여섯 가지 주제의 큰 질문 속에 수없이 많은 작은 질문들로 철학적 생각(사고)을 하게 합니다. 여러분, 과연 자유란 내 마음대로 하는 것을 말할까요? 아니면 기본적인 규칙 속에서 자유를 누릴 수 있을까요?

무한한 자유는 없어

우리는 원하는 것은 무엇이든 다 얻을 수 있어야 자유로운 것이라고 생각합니다. 우리가 무엇을 원하는지 알고 또 그것을 간절히 원한다면 당연히 이뤄낼 수 있습니다. 하지만 인간에게는 여러 가지 이유로 자유의 한계가 있지요.

먼저 인간은 신체적, 환경적 한계가 있어 자유롭지 못합니다. 새는 시간과 공간을 초월해서 푸른 하늘을 날아다닙니다. 새처럼 날고 싶은 인간은 대신 비행기를 만들어 꿈을 실현했지요. 하지만 인간은 정해진 시간과 공간 속에서만 하늘을 날 수 있습니다. 공항에 몇 시간 전에 미리 도착해야 하며 항공 노선에 따라 움직여야 하죠. 새처럼 무조건 자유롭지 못합니다. 그럼 여러분은 '새는 자유롭나요?'라고 질문을 하겠지요. 새가 하늘을 나는 것은 본능입니다. 자유란 자유를 느끼고 자유의 의미를 아는 대상에게만 적용되는 가치입니다. 인간은 자유를 선택할 수 있지만 새는 선택할 수 없지요. 그렇다면 새는 진정 자유롭다고 할 수는 없을 것 같습니다.

자유를 스스로 억제하는 사람도 있습니다. 시합을 앞둔 운동선수가 체중 조절을 위해 맛있는 음식을 먹지 못하는 경우가 그렇지요. 달콤한 사탕을 마음대로 먹고 싶지만 한두 개밖에 먹지를 못합니다. 생각은 간절하지만 몸이 그 욕구를 거부합니다. 달콤한 사탕은 우리 몸을 망칠 수 있기 때문입니다. 생각만큼 몸이 자유로운 것은 아니군요.

다른 사람들 때문에 내 자유를 포기할 때도 있습니다. 인간은 다른 사람과 함께 살아가는 존재이기에 사회적 한계에 직면하기도 하지요. 부모님과 선생님은 언제나 우리를 위해서 지도와 간섭을 합니다. 지도와 간섭을 받는 것은 진정한 자유는 아닙니다.

또 우리는 다른 사람을 기쁘게 하기 위해 그들의 생각이나 의견을 따라야 한다고 느낄 때도 있습니다. 나는 A를 선택하고 싶은데 친구들이 모두 B를 선택하면 내 자유를 포기하기도 하지요. 이뿐 아니라 우리가 무언가를 배우고 익히기 위해 다른 사람들이 필요할 때도 있습니다. 다른 사람이 필요할 때 우리는 자유롭다고 할 수 있을까요? 물론 우리는 스스로 지키고 성장할 줄 알아야 합니다. 하지만 다른 사람들이 나의 자유에 영향을 주는 것은 확실합니다.

하지만 부모님이나 선생님의 간섭을 사랑이나 성장으로 받아들인다면 어떨까요? 나와 서로 도와주는 친구의 존재를 인정하고 믿는다면 어떨까요? 이때 자유는 또 다른 의미가 될 수도 있습니다. '함부로 휴지를 버리지 마라', '공공장소에서는 떠들지 마라'와 같은 말을 어른들이 하는 것은 우리가 함께 살아가기 위해 각자의 자유를 조금 포기하는 것, 즉 다른 사람의 자유를 침해하지 않으면서 결국엔 나의 자유를 더 많이 누리기 위해 훈련하는 것은 아닐까요? 그래야 비로소 여러분은 자율적으로 행동하는 사람이 될 수 있습니다.

나의 자유는 나의 책임이에요

여러분은 언제 자기 삶의 주인이 될 수 있을까요? 어른들이 여러분보다 훨씬 더 자유로운 삶을 살까요?

여러분이 생각했을 때 어른들이 항상 어린이들보다 더 자유로워 보일 수 있어요. 가고 싶은 곳, 먹고 싶은 것, 입고 싶은 것들도 마음대로 할 수 있으니까요. 여러분이 하고 싶은 것을 하려면 일일이 부모님에게 허락 받아야 하고 적은 용돈으로는 어림도 없지요. 돈이 있더라도 어리다고 함부로 못 하게 하잖아요.

우리가 성장할수록 할 수 있는 일은 훨씬 많아집니다. 놀이동산에서 키 때문에 놀이기구를 타지 못해서 상처를 받는 일도 없어집니다. 저녁에 집으로 귀가하는 시간도 더 늦어지고, 옷이나 신발도 비싼 것을 스스로 고르고 살 수 있어요. 무엇보다도 용돈이 많아집니다.

그러나 동시에 조금 안 좋은 점이 있어요. 공부해야 하는 시간이 훨씬 더 많이 늘어나고, 살면서 스스로 결정하고 책임져야 할 것들이 많아집니다. 어른이 된다면 어른으로 대접 받고, 아무에게도 간섭 받지 않고, 자신의 일을 혼자 결정합니다. 그렇다 보니 직장 문제, 가정 문제, 사회 문제 등 삶의 모든 것에 스스로 책임을 져야 합니다. 책임의 강도도 훨씬 세집니다. 아무도 대신해주지 않지요. 자신이나 가족을 위해 혼자서 결정할 때도, 혼자서 울어야 할 때도 많아집니다. 어른이 된다는 것은 늘어나는 자유만큼 책임감도 훨씬 커지는 겁니다.

그래서 어른들도 가끔은 어른이 된다는 게 싫을 수도 있습니다. 순수함은 사라지고 항상 편견이나 의심을 가지고 세상을 볼지도 모릅니다. 어른들은 사회적 구속과 책임감 때문에 자유롭지 못할 때가 많습니다.

"어린이가 자신의 삶을 책임지기 위해 자라야 하는 것처럼 어른은 세상과 인생에 대하여 자유로운 시선을 갖기 위해서 어린시절을 떠올려야 한다."

자유로운 시선을 갖기 위해 어쩌면 어른은 어린시절로 돌아가야 하듯이 어린이는 자신의 삶을 책임지기 위해 어른이 되어가야 합니다.

우리는 왜 자신이 해야 하는 일을 두려워 할까요? 나의 일임에도 불구하고 그 일이 두려운 것은 바로 책임 때문입니다. 어른이 되기 위해 여러분은 지금부터 자신의 주위에서 일어나는 일들에 대해 책임을 가질 필요가 있습니다. 우리가 성장한다는 것은 책임을 하나씩 갖는다는 뜻입니다. 그래서 여러분이 어른이 되어간다는 것은 자기의 일을 스스로 해야 한다는 것, 책임이 늘어난다는 것입니다. 다시 한번 생각해보니 자유란 누가 시키지 않아도 스스로 자신의 일을 알아서 하는 것이 아닐까요? 결국 자유를 갖는다는 것은 자기 삶의 주인이 된다는 의미입니다.

자유를 빼앗기면 어떻게 해야 할까

어떤 사람들은 몸은 불편해도 정신은 구속할 수 없다고 말합니다.

"죄수는 감옥에 있어도 얼마든지 상상도 하고, 생각도 하고, 꿈도 꿀 수 있습니다."

감옥에 갇힌 죄수도 자신의 상황을 받아들이고 희망을 간직하고 있다면 자유로움을 느낄 수 있습니다. 하지만 죄수는 사회로부터 법적 제제를 받고 있기 때문에 신체의 자유를 누릴 수 없습니다. 자신이 하고 싶은 행동이나 이동을 실천할 수 없기 때문에 완전히 자유로울 수 없습니다.

그럼에도 불구하고 독재나 전체주의에 맞서 몇 십 년을 감옥에 살면서도 자신의 생각이나 사상을 더욱 발전시킨 사람들이 있습니다. 남아프리카공화국 최초의 흑인 대통령 넬슨 만델라*Nelson Mandela*는 인종차별 정책에 맞서 흑인들의 인권과 자유를 위해 싸우다 27년간의 감옥살이를 합니다. 감옥에서 그는 자유와 인권에 관한 책을 집필하는 등 자신의 사상을 더욱 심화하고 발전시켰습니다. 감옥이 신체를 구속할지언

정 정신까지 가두지는 못하니까요. 만델라는 결국 남아프리카공화국의 대통령이 되어 자신을 구속시켰던 백인들에게서 흑인과 백인의 화합에 기여한 공로를 인정받아 노벨평화상을 수상합니다.

우리는 수업시간에 자유는 인간의 권리 중 하나라고 배웁니다. 인간은 태어날 때부터 존엄하며 그 존엄성을 유지하기 위해서는 반드시 자유가 필요합니다. 생명을 가진 존재가 생명 활동을 하기 위해서는 자유권을 가져야만 하지요.

그러나 당연한 자유임에도 어떤 이에게는 사치로운 가치이거나 꿈 같은 일일 수도 있습니다. 가난하고 배우지 못한다면 우리는 자유로울 수 없습니다. 부유한 나라의 어린이들이 쾌적한 환경에서 국가나 부모로부터 넉넉히 지원을 받아 공부할 때, 가난한 나라의 어린이들은 학교 대신 공장에 가고, 손에 책 대신 괭이나 망치를 들고 일을 합니다. 그래서 유엔UN에서는 1989년에 채택된 '아동권리협약'에 따라 아동에 대한 노동력 착취를 금하고 있습니다. 그럼에도 아직도 많은 가난한 국가의 어린이들이 에너지와 식량, 의료와 교육 분야에서 제대로 된 혜택을 받지 못한 채 여전히 노동력을 착취 당하고 있습니다. 이는 인간으로서 기본적인 자유권의 제한을 받는 일입니다.

심지어 어떤 곳에서는 자유 그 자체를 제한받기도 합니다. 대부분 전체주의 국가나 독재국가에서 이런 일이 발생합니다. 전체주의 국가는 국가 전체의 이익을 위해 개인의 자유를 제한하며, 독재국가에서는 특정 인물이나 특정 계층의 이익을 위해 개인의 자유와 인권이 무시되지요. 우리나라도 오랫동안 군사정권의 독재 치하에서 자유를 위해 싸웠던 때가 있었습니다. 그래서 어떤 이들은 '자유는 피를 먹고 자란다'라고 표현하기도 합니다. 어느 곳에 살든, 어떤 환경에 머물든 인간은 언제나 자신의 자유를 위해서 싸워야 합니다. 왜냐하면 자유가 권리라면 그 자유를 지켜야 할 의무도 따르기 때문이지요.

자유를 사용하는 법

우리는 행복해지기 위해서, 새로운 생각들을 찾기 위해서 자유를 필요로 합니다. 그래서 자유는 꿈을 이루고 행복한 삶을 사는 데 꼭 필요한 것이지요.

"자유는 삶에 대해서 스스로 책임을 지고, 우리 자신을 더 잘 알게 하거나 인생에 의미를 부여하는 하나의 방법입니다. 우리 모두는 언젠가는 모두 죽습니다. (…) 그래서 더 열심히 최선을 다해 살아야 합니다."

철학자 사르트르는 인간은 그냥 우연히 태어나 세상에 미래를 향해 내던져진 존재라고 합니다. 그래서 자신의 존재를 세계 안에서 스스로 창조해나가야 합니다. 스스로 무엇이든 될 자유가 있다는 뜻이지요. 그래서 인간은 '자유롭도록 선고 받은 존재'입니다. 어떤 것으로부터도 도움 받지 않고 끊임없이 스스로 선택해야 합니다. 그 선택은 오로지 자신의 책임이지요.

여러분, 조금 어렵지만 사르트르라는 철학자의 생각이 멋지지 않나요? 인간에게 자유의 날개를 달아준 것 같습니다. 그리고 무거운 책임도 주는군요. 갈매기가 하늘을 나는 것은 자유가 아닙니다. 갈매기가 잘

못 비행하거나 사냥꾼의 총에 맞거나 포식자에게 잡아먹히는 것이 갈매기의 책임은 아닙니다. 동물은 그저 본능에 충실한 존재일 뿐입니다.

  어쩌면 부모님은 여러분의 천진난만한 모습을 보면서 행복해 할 것입니다. 책임질 일도 적으니 여러분은 걱정이 없습니다. 아직 삶의 무게를 완전히 경험하지 못했으니 힘든 일도 적습니다. 그래서 여러분은 세상에 나아가서도 당당하게 즐길 수 있는 것입니다. 하지만 여러분의 부모님은 그렇지 않거든요. 자신과 가족을 위해 많은 고민과 걱정, 힘든 선택을 강요받기도 하고 때론 움츠려들기도 합니다. 부모란, 또 어른이란 그런 존재입니다.

  진정한 자유를 느끼고 경험해보지 못한 사람이 생각하는 '자유'와 일상생활에서 매 순간 부딪히며 자유를 위해 싸우는 사람이 생각하는 '자유'는 분명 차이가 있습니다. 여러분은 지금 주어진 자유를 항상 고민해보고 지키려고 노력해야 합니다. 자유를 잃으면 모든 걸 잃으니까요.

  그런 의미에서 《자유가 뭐예요?》는 '철학하는 어린이 시리즈' 중 가장 대표적인 어린이 철학책입니다.

1. 인간은 자유로운 존재입니다. 자유가 없다면 인간다운 삶을 살기 어렵습니다. 그 이유는 무엇일까요?

2. 여러분은 매일매일 성장하고 있습니다. 성장한다는 것, 즉 어른이 된다는 것은 어떤 의미일까요?

3. '자유는 피를 먹고 자란다'라는 말이 있습니다. 이 말의 의미는 무엇일까요?

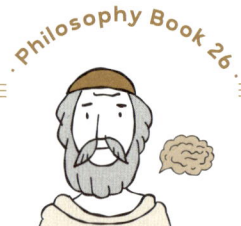

《10대를 위한 공정하다는 착각》
돈과 공부가 세상의 전부인가요?

신현주 | 미래엔아이세움 | 2022.6

돈과 학력이 능력이라고?

"점수가 모자라면 답안지를 조작해 드립니다. 운동을 못하면 운동선수의 사진을 가지고 합성해 이력서를 만들어 드립니다. 돈만 가져오세요. (…) 가짜 점수, 가짜 자격증으로 더 확실한 입학을 보장하지요!"

2019년에 가짜 서류로 명문대학에 입학하여 미국사회를 발칵 뒤집은 대형 입시 부정 사건이 발생했습니다. 부모가 가진 돈으로 불공정하게 입학한 것은 명문대 졸업장을 사회적 성공의 자격증으로 보는 시각 때문입니다. 미국사회만 그런 것은 아닙니다. 현대 한국사회에서도 사회 지도층에 있는 사람들이 허위 상장과 허위 논문, 허위 봉사활동 이력 등을 만들어 자신들의 돈과 힘으로 자녀를 대학에 입학시킨 부정을 저질러 사회적으로 물의를 일으켰습니다.

하버드대학교 정치학 교수 마이클 샌델*Michael Sandel*은 '공정'이라는 개념에 의문을 제기합니다. 돈이 능력인 세상을 증명한 앞의 사건들은 비단 대학 입시에서만 국한된 이야기가 아니기 때문이지요. 능력주의란 부와 명예, 권력 등 사회적 재화가 각자의 능력에 따라 배분되어야 한다는 생각입니다. 능력주의자들은 기부금 입학 정책이나 대학 동문 자녀 우대정책, 사회적 약자 배려정책 등이 평등하지 못하고, 능력주의를 따르지 않아 대학입시 제도가 불공정하다고 합니다.

그러면 학생들을 성적으로만 평가한다면 공정할까요? 수천만 원의 학원비를 들여 공부하는 아이, 가난해서 자신의 힘으로 독학하는 아이, 고등학생 신분으로 대학교 박사급의 논문에 저자로 참여한 아이 등 각자 자신의 노력과 능력을 발휘한 것이라고 봐야 할까요? 아니면 부모의 능력일까요? 그리고 정당하게 시험을 쳐서 들어왔다고 자부하는 사람도 과연 온전히 자신의 능력으로 해낸 것일까요?

《10대를 위한 공정하다는 착각》은 정의와 공정이라는 어려운 개념을 초등학생들도 알기 쉽게 쓴 책입니다. 그리고 끊임없이 묻습니다. '능력주의가 진짜 자신의 능력을 평가하는가?', '왜 가난한 사람이 부자에게 투표하는가?' 등 사람들이 능력주의를 공정하다고 착각하는 것은 아닌지 지적하지요.

가난한 사람이 왜 부자를 뽑았을까?

2016년 미국에서 특이한 현상이 발견되었습니다. 저소득층에게 도움이 되는 복지정책을 축소하고, 부자들의 세금을 줄이겠다는 공약을 내세운 도널드 트럼프가 미국 대통령으로 뽑힌 것이죠. 심지어 대학을 나오지 않은 가난한 노동자들이 많이 사는 지역에서 오히려 트럼프의 표가 많이 나왔습니다. 반면에 부자에게 소득세를 더 많이 걷겠다고 말한 힐러리에게는 오히려 학사 출신의 부자들이 많은 지역에서 지지표가 더 많았습니다. 왜 이런 현상이 일어났을까요?

가난한 사람들은 자신들을 위한 복지정책을 펼치는 후보자에게 투표를 해야 정상이지요. 그럼에도 그와 반대로 투표 결과가 나온 것은 점점 심해지는 빈부격차와 불평등을 자신의 '능력 탓'이라고 감내하며 참아왔던 사람들이 투표를 통해 불만을 터뜨렸기 때문입니다.

이해가 안 된다고요? 같은 해 영국에서 이와 유사한 일이 벌어졌습니다. '브렉시트$_{Brexit}$'는 영국$_{Britain}$이 유럽연합을 탈퇴한다$_{Exit}$는 뜻을 담은 합성어입니다. 전문가들은 영국이 유럽연합을 탈퇴하면 경제적으로 엄청난 손해를 본다고 경고했지만 소득이 적고 교육 수준이 낮은 사람들이 브렉시트에 압도적 지지를 보냈습니다. 그들은 왜 그들에게 불리한 정책에 찬성표를 던졌을까요?

권력을 가진 엘리트들과 전문적 지식 집단은 효율성과 합리성, 시장경제의 원리로 정치적 결정을 내립니다. 시장경제에서 경제적 이익을 낸다는 것은 저임금 노동정책과 '스마트화'라는 이름의 자동화 시스템 등을 통해 인건비를 줄이는 것입니다. 값싼 외국인 노동자들의 유입과 회사 인력의 구조조정, 기계 자동화를 이끄는 기술은 저소득층 임금 근로자들을 더욱 힘들게 합니다. 물론 능력을 가졌다고 자부하는 엘리트들은 그 모든 것이 국가를 위해 필요한 정책이라고 홍보하지요.

저소득층 임금 근로자들의 소득은 점점 낮아지고, 기술관료들의 실질소득은 점점 늘어나게 됩니다. 소득이 오르는 사람들은 자신의 능력이라고 자부합니다. 그 결과 저학력의 사람들은 권력을 가진 엘리트들의 정책에 심한 거부감을 가지고서 외국인 노동자 및 이민을 반대하고, 세계화와 기술 혁신에 분노를 느끼게 됩니다. 능력주의 사회에서 소외된 대중은 엘리트들을 향해 분노했고, 그 분노가 극우적인 성향을 드러낸 후보와 당에 표를 던지게 된 것이지요.

능력주의 사회가 낳은 문제점

세계는 더 넓어지고 부유해지는데 왜 사람들은 더 가난해질까요? 전 세계적으로 빈부격차는 갈수록 커지고 있습니다. 미국 기준으로 가장 부유한 1퍼센트의 미국인이 하위 50퍼센트의 사람들이 버는 돈 전체보다 더 많이 법니다. 학력도 대물림되어 명문대 입학생 중 소득 상위 1퍼센트 집안 출신의 학생이 소득 하위 50퍼센트 집안 출신의 학생 수보다 많습니다. 놀라운 것은 부모의 소득이 자녀의 대학 입학 결과에 그대로 적용된다는 사실입니다. 가난한 부모에게서 태어난 미국인은 성인이 되어도 대개 가난하게 삽니다. '열심히 노력하면 할 수 있어', '교육만 잘 받으면 너도 가능해' 이런 말들은 더 이상 대중들에게 신뢰를 얻기 힘듭니다. 이것은 비단 미국만의 문제가 아닙니다.

그렇다면 전문성을 갖추고, 부자가 되지 못하는 것이 자신의 능력 때문일까요? 능력주의 사회에서 보다 높은 지위와 명예를 얻지 못한 사람은 '자신의 능력이 부족해서'라고 생각할 것입니다. 가난하게 사는 것도 자신의 탓이기에 미래는 달라지지 않는다고 자포자기할 수밖에 없습니다.

하지만 해답이 없는 것은 아닙니다. 캐나다, 독일, 스웨덴 등 일부 유럽국가에서는 보다 높은 계층으로 올라가지 못하는 사람들을 위해 여러 가지 복지제도를 마련해 놓았습니다. 가난한 사람들이 보다 나은 삶을 위해 보건, 교육, 일자리 등 여러 분야에서 정책을 마련해 그들의 삶을 뒷받침해줍니다. 최소한의 복지 제도가 갖추어진다면 사람들은 더 높은 도약을 위해 노력하고 새로운 일에 도전할 수 있습니다. 건강한 사회란 효율성, 합리성보다는 사회적 약자를 보호하고 불평등을 개선하기 위한 복지 제도 등 공동체를 위한 도덕적 방법이 우선되어야 합니다.

명문대를 나와야 정치를 하나요?

스마트폰, 스마트카, 스마트워치 등 디지털 시대답게 요즘 나오는 전자기기들은 하나같이 '스마트*smart*'라는 단어를 붙입니다. 원래 스마트는 사람의 특성을 표현할 때 사용하는 단어로 '영리한', '똑똑한'이라는 뜻인데, 디지털 시대가 되면서 물건의 성질을 나타낼 때도 사용합니다.

그런데 디지털 시대와 능력주의 시대가 합쳐지면서 '스마트 정책',

'스마트 외교', '스마트 교육', '스마트 시장 개혁' 등의 용어로 무분별하게 사용하고 있습니다. 마치 능력 있는 사람이 사용하는 최신 유행어처럼 말이죠. 정책의 옳고 그름이 아닌 효율성과 합리성에 따라 정책의 좋고 나쁨이 결정됩니다. 자신들의 정책에 반대하는 사람들은 '멍청하고 우둔한 집단', '덜 배워서 멍청한 사람'으로 몰아갑니다. 엘리트들은 자신들의 스마트한 정책을 학력이 낮거나 교육을 받지 못한 사람들이 잘 알지도 못하고, 이해도 못 하면서 무조건 반대만 한다고 비판합니다. 그리고 '덜 배운 멍청한 사람들' 때문에 기업의 효율성이 떨어지고, 국가경쟁력이 낮아진다며 비판 여론을 조성합니다.

미국 성인의 3분의 2가 대학을 나오지 않았지만 상원의원 중 100퍼센트가, 하원의원 중 95퍼센트가 학사(대학 졸업자) 출신입니다. 결국 소수의 대학 졸업자 출신들이 대학을 졸업하지 않은 다수의 국민의 삶을 결정합니다. 다른 나라에서도 학력과 정치적 상황에 있어 결과는 대동소이합니다. 그러면 대학교 학위가 있어야만 정치를 할 수 있을까요?

미국 건국의 아버지 조지 워싱턴, 남북전쟁의 승리와 노예 해방을 이끌어 미국인이 가장 존경하는 에이브러햄 링컨, 제2차 세계대전 이후 미국과 유럽의 재건에 힘쓴 해리 트루먼은 대학을 나오지 않은 대통령입니다. 대공황을 극복하게 한 뉴딜정책을 펼친 뛰어난 관료 중에도 대학을 나오지 않은 사람들이 많습니다. 한국의 예를 보면 고졸 출신으로 노벨평화상을 수상한 김대중 대통령은 IMF 금융위기를 극복했으며, 노무현 대통령은 권위주의를 타파하고 지역분권 정책을 실시했습니다. 초등학교 졸업이 학력의 전부인 폴란드의 레흐 바웬사 *Lech Walesa* 대통령은 전기노동자로 일하면서 폴란드의 민주화를 이끈 공로로 노벨 평화상을 수상했지요. 가난해서 초등학교도 졸업하지 못한 브라질의 루이스 이나시우 룰라*Luiz Inácio Lula* 대통령은 국가 부채를 모두 해결하고, 브라질을 세계 8위의 경제대국으로 만들어 놓았습니다. 그러니 좋은 학위가 있어야 정치를 하는 것은 아니며 학위가 '스마트함'을 보장하는 것은 아닙니다.

정치인들이나 기술관료들이 모두 대학 졸업자 출신이라면 그들이 펼치는 정책이 학위가 없는 저학력자들에게 얼마나 가슴에 와 닿을까요? 마치 부자들의 정책이 가난한 사람을 위한 정책이 될 수 없듯 말입니다. 결국 정치로부터 외면당한 사람들은 분노의 투표를 하게 되고, 그 결과 민주주의는 왜곡될 수 있습니다. 2021년 1월 6일에 벌어진 트럼프 전 대통령 지지자들의 미국 국회의사당 난동 사건이 그 결과입니다. 재선에서 진 트럼프와 공화당 정치인, 언론, 지지자들이 가짜 뉴스를 통해 선거 결과를 부정하고 민주주의를 훼손했습니다.

능력이라는 착각

능력주의는 열심히 일하고 규칙을 지켜 경쟁한다면 능력에 맞는 보상을 얻는다고 믿게 하지요. 하지만 운동선수가 열심히 훈련했다고, 노동자가 열심히 일했다고 해서 반드시 금메달을 따거나 임금을 많이 받는 것이 아닙니다. 능력주의는 노력보다는 성과를 중시하고, 높은 계층으로 올라갈 가능성만 추구할 뿐 공동체 전체의 평등을 추구하지 않기 때문이죠.

"능력과 그에 대한 보상은 '우연히' 주어지는 것입니다. '우연히' 갖고 태어난 재능과 그 재능이 인정받을 수 있는 사회, 노력하려는 의지를 가질 수 있는 환경, 재능에 따른 보상까지 모두 '우연한 행운'이지요."

미국 사회철학자 존 롤스John Rawls는 사회에서 인정받는 재능을 '우연히' 가지고 태어난 사람이 그 재능으로 거둔 성과는 공동의 자산이며 공동체가 함께 누려야 한다고 말합니다. 부모의 재산을 물려받은 자식들의 경우, 우연히 그 집에서 태어난 행운아일 뿐입니다. 물려받은 재산에 대해 세금을 매기는 것은 당연해 보입니다. 그러나 특출한 재능으로 엄청난 노력과 훈련을 통해 성공을 이룬 운동선수, 스타트 기업가, 예술·예능인도 '우연히' 성공한 것일까요?

영국의 사회학자 마이클 영Michael Young이 1958년에 펴낸 《능력주의》(원제는 '능력주의의 등장'The Rise of the Meritocracy이다)에서 2033년에 이른 능력주의 사회를 가난한 자와 약자에게 가혹한 곳으로, 즉 부정적으로 예견했습니다. 신분제 사회에서는 나의 가난은 나의 잘못이 아니지요. 신분이 낮은 조상과 부모에게서 물려받은 신분적 한계로 부를 창출해내기 어렵기 때문입니다. 그러나 능력주의 사회에서 능력껏 성공할 수 있다면 공정한 세상이 아닌가요? 능력주의 사회에서 성공하지 못하고 불운한 것은 나의 잘못일까요? 아니면 능력주의 사회가 오히려 능력을 기준으로 새로운 불평등을 만든 것일까요?

세상을 바꾸는 것은 나!

《10대를 위한 공정하다는 착각》은 여러분이 생각하는 '공정'이 능력주의에서 말하는 공정이라면 그것은 착각이라고 말하고 있습니다. 능력주의는 개인의 능력과 성취만을 중시하여 그 결과 사회를 구성하는 공동체에서 개인을 분리합니다. 분리된 개인으로서 가난한 사람들은 부유한 사람들의 재산과 성과를 보고 그들이 자신보다 더 스마트하고, 더 능력 있는 사람이라고 판단하여 그들이 하는 결정이 모두 옳다고 믿습니다. 가난한 사람들이 어떤 부자를 부러워하다가 그보다 더 많은 돈을 가진 부자를 존경하고, 누구보다 더 어마어마하게 돈이 많은 부자를 숭상한다는 우스갯소리가 사실일지도 모릅니다.

여러분, 우리는 투표를 할 때 계급성을 가질 필요가 있습니다. 가난한 사람들은 가난한 사람들을 위한 정책을 펴는 당과 후보에게 자신들의 표를 던져야 합니다. 부자들은 자신들의 부를 지켜주는 당과 후보에 표를 던져야 하고요. 그것이 더 합리적이지 않을까요? 그 속에서 균형과 견제를 찾아야 합니다.

샌델은 각자의 성취를 무시하고 모든 결과를 균등하게 분배하는 '결과의 평등'이 아니라 더 나은 사회를 위해서 '조건의 평등'을 실현하여 누구나 인간으로서 존엄한 삶을 누릴 수 있어야 함을 강조합니다. 인간으로서의 존엄한 삶은 서로 다른 삶을 인정하고, 남들과 타협을 이루며 함께 살아가야 하는 법을 배우는 것입니다. 이것이 샌델이 《정의란 무엇인가》에서 말한 공동체로서 함께한다는 책임과 희생정신을 기르는 법, 바로 공동선을 기르는 방법입니다.

철학자처럼 생각하기

1. 세계는 더 넓어지고 부유해지는데 사람들은 더 가난해지고 있습니다. 빈부 격차도 더 벌어지고 있습니다. 캐나다, 독일, 스웨덴은 이 문제를 어떻게 해결하고 있나요?

2. 철학자 존 롤스는 사회에서 인정받는 재능을 '우연히' 가지고 태어난 사람이 그 재능으로 거둔 성과는 공동의 자산이며 공동체가 함께 누려야 한다고 했습니다. 왜 그럴까요? 한번 설명해봅시다.

3. 인간이라면 누구나 누려야 할 '존엄한 삶'이란 어떤 삶을 말하는지 설명해보세요.

Philosophy Book 27

《비판과 토론 닫힌 세상을 열다》
개인과 전체를 생각하다

이한구 | 자음과모음 | 2020.8

민주주의와 전체주의를 생각하다

1842년 아편전쟁에서 패한 중국(청나라)은 영국에 홍콩 활양과 광둥, 상하이 등 다섯 개 항을 개항하게 됩니다. 그후 홍콩은 자유민주주의 체제를 토대로 동양에서 선진국으로 성장한 도시가 됩니다. 1997년 중국으로 반환된 이후, 홍콩의 주민들은 중국 공산당의 규제와 간섭으로부터 자유롭지 못하게 되었습니다. 중국은 공산당 중심의 1당 독재 체제인 전체주의 국가입니다. 중국 정부는 홍콩 공무원들에게 충성 서약을 강요하고 정부 비판을 금지시킵니다. 자유민주주의 체제였던 홍콩에서 다양성이 사라지고 공산주의라는 전체주의의 통제 아래 놓이면서 홍콩인들의 삶은 앞으로 어떻게 될까요?

《비판과 토론 닫힌 세상을 열다》는 철학자 카를 포퍼의《열린사회와 그 적들》에 담긴 사상들을 초등학교를 배경으로 펼쳐지는 이야기에 녹아내 들려줍니다. 우수 학교를 만들기 위해 동분서주하는 선생님들과 학부모, 학생들이 그 주인공이지요. 환경 평가 점수를 높게 받기 위해 노력하는 교장 선생님과 아이들에게 자율성을 주어 스스로 성장하도록 하는 선생님과 학부모 사이에서 열린 학교와 닫힌 학교의 차이점을 보여줍니다.

자유와 민주주의 아래 개인의 인권과 행복을 추구하는 사회와 개인보다 국가의 이익을 중시하는 전체주의 사회에서 우리는 어떤 선택을 하고, 어떻게 행복을 추구해야 할까요?

소수가 모든 것을 결정해버리면

바이올리니스트가 꿈이었던 '인정이'는 로봇박람회를 갔다 와서 로봇을 만드는 과학자로 꿈을 바꾸었습니다. 음악가인 부모님도 흔쾌히 인정이의 의사를 존중해주었고, 과학 활동도 적극 지지해주었지요.

가족과 저녁식사를 하는데 TV 뉴스에서 교육부 소식이 전해집니다. 교육부가 학교별 환경 평가를 실시하여 우수한 학교에 교육 지원을 해주겠다는 내용이지요. 평가 항목에는 학업 성취도 평가, 학교 시설 및 위생 상태, 이사회 및 학부모 회의 활성화, 학생 자치회의 운영 실태, 학교 내 설문조사 등으로 이루어져 있었습니다.

인정이네 학교 교장 선생님은 학생들에게 공부를 제대로 안 시키고 너무 자유롭게 교육을 운영한다는 학부모들의 민원으로 현재 학교에 나오지 않고 있었습니다. 곧 새로운 교장 선생님이 부임했지요. 새로 오신 교장 선생님은 학교를 우수 학교로 만들겠다며 오자마자 의욕적으로 일을 하기 시작했습니다.

먼저 학생들이 해야 할 일을 정했습니다. 수업을 마친 후 3시간씩 자율학습 하기, 매주 총정리 문제집 한 권씩 풀기, 모든 학생이 매일 청소하고 일주일에 한 번씩 대청소하기, 학생 자치 활동 모임 후 결과물 제출하기 등을 발표했고, 이를 어길 때에는 벌점을 받는다고 말했습니다.

교장 선생님이 정한 이 규칙들은 사실 교장 선생님만의 생각입니다. 학교 선생님들이나 학생들의 생각이 반영된 것은 아니지요. 하지만 이대로만 하면 성적도 오르고, 성적이 오르면 우수 학교가 되니 선생님이나 학생에게도 좋은 일이라고 합니다. 그런데 이 소식을 들은 인정이의 엄마는 학교를 그렇게 운영하면 '닫힌사회'가 될 거라고 걱정했습니다.

닫힌사회는 열린사회의 반대말로, 폐쇄되고 고립된 사회를 가리킵니다. 사회가 닫혀 있다는 것은 의사소통이 잘 되지 않고, 개인보다는 집단을 중요시하는 것을 뜻합니다. 그래서 닫힌사회는 '개인은 집단을 위해 존재한다'라고 보는 전체주의 사회입니다.

닫힌사회가 전체주의 사회라면 집단의 의견과 다른 의견은 무시되고, 모든 결정은 집단의 권력자들이 독단적으로 결정하는 독재사회가 됩니다. 사람들은 통치자의 정책을 비판할 수도 없고, 비판하는 의견을 제시해도 절대 받아들이지 않습니다.

그런데 닫힌사회는 '최대 다수의 최대 행복'을 추구하는 공리주의를 윤리적 이념으로 내세웁니다. 닫힌사회가 모두의 행복을 위한다고요? 그러면 좋은 사회 아닌가요? 여러분, 이 말의 뜻을 조심해야 합니다. 많은 사람에게 좋다는 것은 모두에게 좋다는 의미가 아닙니다. 공리주의는 다수를 위해 소수의 행복을 희생해야 한다고 말합니다. 다수의 행복을 위해 소수의 인권과 자유를 무시한다면 위험한 사회가 될 수 있지요. 그 소수의 사람이 나와 나의 가족이 될 수 있기 때문입니다.

개인을 위한 전체, 전체를 위한 개인

교장 선생님이 발표한 '학생들이 해야 할 일' 때문에 인정이와 반 친구들은 힘들어 합니다. 학원에서 만난 어릴 적 친구인 '지훈이'의 학교는 인정이네 학교와는 완전 딴판이었습니다. 지훈이네 학교도 환경 평가를 준비하는 중이지만 강압적으로 학생들에게 공부를 시키거나 청소를 지나치게 시키지도 않았지요. 무엇보다 지훈이네 학교의 교장 선생님은 학생들에게 결과보다 과정을 중요시 여기며 실험이나 체험 학습을 많이 하게 한다고 합니다. 좋은 환경만 만들어주면 학생들이 스스로 공부하고, 성적은 자연히 오를 것이라고 믿는 교장 선생님을 둔 지훈이네 학교가 인정이는 부러웠습니다. 완전히 열린학교, 열린사회이니까요.

열린사회는 개인주의를 바탕에 둡니다. 전체주의의 경우, 사회를 하나의 살아 있는 유기체로 봅니다. 나무가 잘 성장하기 위해서는 뿌리, 줄기, 가지, 잎이 모두 각자의 일을 잘해야 하지요. 뿌리에서 영양분을 충분히 흡수하지 못하면 영양분이 가지나 잎까지 도달하지 못합니다. 잎이 광합성 작용을 충분히 하지 못하면 결국 나무는 자라지 못합니다. 하지만 열린사회는 독립적이고 자유로운 개인들이 모여 사는 공동체일 뿐입니다. 그리고 카를 포퍼에게 있어 개인주의란 이타주의가 합친 것으로, 때로는 다른 사람을 위해 자신을 희생할 수 있는 개인주의여야 합니다.

열린사회가 개인주의를 지향한다는 것은 개인의 비판을 허용한다는 뜻입니다. 닫힌사회처럼 규범이나 규칙을 강요하여 진리를 독점하는 것을 거부합니다. 물론 비판을 허용한다고 해서 절대적 자유만 추구하거나 국가의 역할을 최소화한다는 의미는 아닙니다. 생각해보면 개인의 자유를 지키기 위해서 오히려 국가가 개입해야 할 때가 있지요. 자유에 제한이 없다면 강한 권력자들에게 약한 시민들의 자유가 침해당할 수 있기 때문입니다.

열린사회는 닫힌사회가 다수의 행복을 위해 공리주의를 취한 것과 반대로, 모두의 행복을 위해 소수의 희생을 강요하지 않고 소수의 행복을 위해 다수의 고통을 요구하지도 않습니다. 포퍼에게 있어 열린사회란 비판을 수용하는 자유사회이자 개인주의 사회이며 모두의 고통을 최소화하려는 인도주의 사회입니다.

열린사회를 막아서는 적들

'학생들이 해야 할 일'을 시작한 지 열흘 째가 되자 인정이네 학교 학생들은 피로가 쌓여 수업 중에 조는 친구도 생기고, 야단치는 선생님들도 늘어났습니다. 그런데 학생들의 피로와 불만이 사라지는 소식이 전해졌습니다. 인정이네 학교가 성취도 평가에서 1등을 차지한 것이지요. 아이들은 힘들었지만 1등했다는 사실에 기분이 좋았습니다. 물론 교장 선생님은 그 성과가 모두 자신의 공인 것처럼 말합니다.

1등 성적에 고무된 학교는 학생들의 학습과 생활지도를 더욱 엄격하게 다그쳤고, 결국 인정이는 과로로 쓰러지고 말았습니다. 인정이 아빠는 학생들에게 억지로 공부를 강요하는 것은 옳지 않다고 교장 선생님에게 건의했습니다. 그러나 교장 선생님은 이렇게 얘기했죠.

"우리 학교가 명문 초등학교로 인정받으면 인정이에게도 좋고, 지역 주민들에게도 좋은 영향을 미칩니다. (…) 교육전문가는 접니다."

교장 선생님의 교육관은 우수 학교가 되면 학생도 좋고, 지역사회도 좋다는 공리주의입니다. 그런데 학생들은 지금 너무 힘든 상황입니다. 공리주의는 소수의 힘든 상황은 중요하게 여기지 않죠. 그리고 교장 선생님이 교육전문가인 자신의 말이 옳다고 하는 것은 다양한 의견을 듣지 않겠다는 뜻입니다.

포퍼는 《열린사회와 그 적들》에서 열린사회의 적으로, 전체주의와 역사법칙주의 그리고 유토피아주의를 신랄하게 비판합니다.

전체주의는 '국가'라는 전체를 위해 개인은 국가에 충성하고 복종하며 봉사해야 한다고 말합니다. 개인의 자율성은 국가의 통제 아래에서의 자유일 뿐입니다. 개인은 옳고 그름을 스스로 판단할 수 없고, 그 판단은 오로지 국가만이 할 수 있을 뿐입니다. 대표적 전체주의 국가는 독일 나치와 이탈리아 파시즘, 일본 제국주의이며 이들이 제2차 세계대전을 일으킨 장본인이기도 하지요.

역사법칙주의는 역사란 법칙에 따라 필연적으로 전개된다는 주장으로, 역사결정론을 말합니다. 역사의 전개 과정이 필연적으로 결정되어 있는 것이라면 역사에서 개인이나 공동체의 노력이 의미가 있을까요? 어차피 역사가 정해져 있다면 사람들은 노력으로 창조해 나가기보다는 그냥 결정된 운명에 자신을 맡기는 노예일 뿐입니다. 역사결정론을 주장한 대표적 철학자는 헤겔과 마르크스입니다. 헤겔은 역사를 세계 정신의 발전 과정으로 보았으며, 마르크스는 인간의 생산 방식과 경제적 활동에 따라 역사가 결정된다고 보았기에 이들은 포퍼에게 비판의 대상이 되지요.

유토피아주의는 유토피아의 청사진을 그려 놓고 인간 세상에서 구현하고자 합니다. 하지만 복잡한 인간 세상에서 하나의 완벽한 이상사회를 구현하는 일은 불가능합니다. 그래서 자신들이 추구하는 이념이나 철학을 비판하거나 반대하는 사람들을 배제하거나 희생시키려고 합니다. 인간은 불완전한 존재입니다. 완전한 사회를 건설할 수가 없습니다. 그래서 하나씩 수정해가며 조금씩 더 좋은 사회로 나아갈 뿐입니다. 포퍼는 이데아라는 이상향을 제시한 플라톤과 공산주의라는 이상사회를 주장한 마르크스를 향해 강도 높게 비판합니다.

모두의 행복을 존중하라

드디어 학교별 환경 평가의 결과가 나왔습니다. 충격적이게도 엄청나게 공부를 강조하고, 매일 청소를 시키며, 학생들이 해야 할 일을 숨막히도록 강조했던 인정이네 학교가 거의 꼴등 수준으로 떨어져 버렸습니다.

교장 선생님의 교육관 때문에 학교가 싫다는 학생들의 설문 조사 결과가 나왔기 때문입니다. 너무 공부에만 열중한 나머지 수업과 실험 실습을 위한 기자재나 학교 시설들을 제대로 활용하지도 못했습니다. 공부 스트레스에 시달린 학생들은 정신적인 문제를 보였으며, 교사와 학생들 사이도 친밀하지 못했습니다.

학생들에게 강압적인 공부와 철저한 생활규칙을 강조했음에도 학교별 환경 평가가 처참한 결과를 얻게 되자 학부모들의 항의가 시작되었습니다. 결국 교장 선생님은 책임을 지고 다른 학교로 떠났습니다. 어쩌면 교장 선생님은 학교의 발전과 학생들의 성적 향상을 위해서 그런 교육방식을 택했을 수도 있습니다. 우수 학교는 모두에게 영광의 성과일 수도 있으니까요. 하지만 학생들과 학부모, 다른 선생님들의 의견과 요구를 고민하지 않은 태도가 문제였습니다. 이는 비이성적인 태도, 비합리적인 태도이지요. 다시 새로 부임한 교장 선생님은 학생들의 꿈과 능력을 믿고, 학생 스스로 판단하고 행동할 수 있도록 교육한다고 합니다.

여러분, 《비판과 토론 닫힌 세상을 열다》는 바로 여러분이 다니는 학교 현장에서 벌어지는 일을 통해 더 크게는 사회 조직 또는 국가라는 이름의 사회가 어떤 사회를 지향하는지를 묻고 있습니다. 닫힌사회와 열린사회를 구분하는 것은 어쩌면 어려울지도 모릅니다. 열린사회가 선거에서 이긴 통치자에 따라 한순간에 여론이 통제되고, 경제 성장과 안보 등의 명목하에 시민들을 통제할 수도 있기 때문입니다. 이는 후진국뿐 아니라 선진국에서도 얼마든지 일어날 수 있는 일입니다.

여러분, 열린사회로 가기 위해 반드시 필요한 것은 이성적으로 판단하고 행동할 줄 아는 합리적 태도입니다. 합리주의는 비판에 귀를 기울이고 실수에서 배울 수 있는 태도입니다. 포퍼는 이성과 비판적인 시선을 가지고 우리 사회를 합리적인 사회로 만들자고 말합니다.

철학자처럼 생각하기

1. 닫힌사회와 열린사회가 각각 무엇인지 비교할 수 있나요? 우리 학교는 닫힌 학교인가요, 열린 학교인가요?

2. 열린사회가 개인주의를 지향하는 이유는 무엇일까요? 그 이유를 써봅시다.

3. 철학자 카를 포퍼의 《열린사회와 그 적들》에서 열린사회의 '적'은 누구이며, 왜 그렇게 생각할까요? 자신의 생각을 한번 써봅시다.

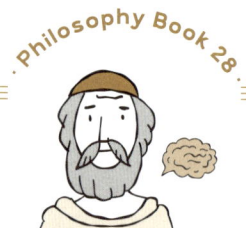

《왜 그렇게 생각해?》
옛날 철학자들은 어떻게 생각했을까?

강창훈 | 웃는돌고래 | 2013.10

동양의 많은 사상가들을 만나다

"선생님, 춘추전국시대에 제자백가諸子百家라는 말이 등장하는데요. 그게 무슨 말이에요?"

제자백가는 중국의 춘추전국시대(기원전 770년~기원전 221년)에 활동한 사람들을 말합니다. '제자'는 여러 철학자들, '백가'는 수많은 철학 학파를 뜻합니다. 지금으로부터 약 3,000년 전 중국에 주나라가 있었습니다. 주나라 왕실은 중국을 직접 통치하지 못하고 자식들과 왕족들에게 영토를 주어 다스리게 했는데 이를 '제후국'이라고 합니다. 각 제후국은 맡은 지역을 통치하면서 나라에 세금을 바치고 전쟁이 났을 때에는 군사를 동원해 도왔습니다. 그런데 시간이 지나면서 왕실은 점점 힘이 약해지고 제후국들의 힘이 강해져 스스로 왕이라 자처하고 나서게 됩니다. 심지어 제후국의 수가 수백 개가 넘자 영토를 차지하기 위해 서로 전쟁을 벌였는데 자신의 나라를 강하게 만들려고 훌륭한 인재를 구했습니다. 이때 수많은 사상가가 자신들의 철학을 가지고 제후국의 통치 이념으로 삼기 위해 뜻이 맞는 사람들끼리 행동했는데 이를 제자백가라고 합니다.

《왜 그렇게 생각해?》는 주인공 서영이와 건우가 고민을 풀기 위해 편지 형식을 통해 10인의 동양 사상가들을 만나게 되는 이야기입니다. 등장하는 사상가들은 유교의 공자와 맹자, 묵자, 순자, 양주, 도교의 노자와 장자, 법가를 발전시킨 한비자, 병가 사상의 손자와 오자입니다.

여러분, 어떤 국가나 조직이든 나라를 튼튼하게 발전시키고 이끌기 위해 통치이념을 가지고 있습니다. 현대 국가에서는 이런 이념들이 헌법에 명시되어 있지만 고대 국가나 왕조국가에서는 왕이나 특정 인물의 생각이 통치이념이 되었습니다. 그런데 조선의 경우 '유교'라는 통치이념으로 국가가 건설되었으니 당시 세계적으로도 매우 특이한 사례라고 할 수 있습니다.

공자와 맹자, 인을 강조하다

유교, 유학의 스승이라고 하면 공자와 맹자가 떠오릅니다. 공자는 춘추전국시대의 어지러움을 바로잡는 길은 인仁과 예로, 주나라의 예법을 회복해야 한다고 생각했습니다. 그 예법이란 왕, 제후, 대부, 일반 백성이 자신의 신분에 맞게 행동하며 사는 것입니다.

"왕, 제후, 대부가 각자 자신의 신분에 맞게 행동하고 서로 예로써 대하는 것이 인이다. (…) 신하는 군주에게 충성하고, 군주는 신하에게 믿음을 주는 것이 바로 사랑이다."

당시는 계급이 있는 신분제 사회였기에 이 질서를 무너뜨리는 것은 세상을 어지럽히는 원인입니다. 공자는 여러 나라를 여행하며 자신의 철학을 받아줄 제후국을 찾았지만 결국 실패합니다.

공자가 죽고 100년 후에 태어난 맹자는 공자의 사상을 계승하고 발전시켰기에 유교에서는 공자와 맹자를 합쳐서 '공맹사상'이라고 합니다. 공자의 사상은 맹자와 순자에게 계승되어 발전되었고 이후 2,000년 동안 동아시아에 큰 영향을 미칩니다.

맹자는 인간이 태어날 때부터 '선善'하다고 하였으며, 순자는 '악惡'하다고 보았습니다. 맹자는 공자의 인(사람을 사랑하는 마음)이라는 개념을 '어진 정치'를 말하는 인정仁政으로 확대했습니다. 어진 마음으로 정치를 하면 백성의 마음을 사로잡고 천하를 손에 넣을 수 있다고 주장한 것입니다. 그런데 맹자의 말처럼 '인정'이 가능할까요?

맹자가 인정을 주장하는 배경에는 성선설性善說이 있습니다. 인간의 본성은 선하다는 것이지요. 맹자는 인간의 본성에서 우러나오는 네 가지 마음의 단서가 있다고 합니다. 불쌍히 여기는 마음(측은지심), 부끄러워하는 마음(수오지심), 사양하는 마음(사양지심), 옳고 그름을 가리는 마음(시비지심)으로, 이는 선천적이고 도덕적인 마음입니다.

그래서 맹자는 어떤 군주라도 어진 정치를 할 수 있다고 보았으며 심지어 군주가 어진 정치를 하지 않는다면 군주를 내쫓는 것이 당연하다고 여겼습니다. 맹자의 사상이 중국이나 조선에서 이뤄진 왕조를 바꾸는 역성혁명의 정당성으로 작용했던 것은 아닐까요?

노자와 장자, 순리를 강조하다

노자와 장자의 사상을 합쳐서 도가사상 또는 노장사상이라고 합니다. 노자의 생애에 대한 정보는 없으며 단지 그의 책 《도덕경》 때문에 널리 알려진 인물입니다. 공자가 인과 예를 중시했다면 노자는 '도道'를 강조했습니다. 도는 사람에게 필요한 '도리'와 '이치'를 가리켜 말하며 자연의 법칙에 따라 순리대로 사는 것을 뜻합니다.

"물은 낮은 장소에 늘 머무른다. 세상에서 물만큼 부드럽고 약한 것이 없지만 단단하고 강한 것을 공격하는 데 물보다 나은 것은 없다. 이런 물의 모습이 도와 가깝다."

물이 '부드러우면서도 강한 것'이라니 이해가 잘 되지 않습니다. 물은 조금 모이면 그릇의 종류에 따라 그 형태도 부드럽게 바뀝니다. 그러나 홍수나 쓰나미처럼 많은 양이 모이면 산을 무너뜨리거나 새로운 강을 만들고 모든 것을 파괴합니다. 또 힘의 세기를 약하게 하면 더러움을 씻어내는 데 쓰이지만 세기를 키우면 바위나 쇠, 다이아몬드도 자를 수 있습니다.

노자는 군주에게 정치를 물처럼 해야 하며, 그러니 백성들에게 세금을 돌려주라고 합니다. 그러나 이는 사실 모두 백성보다 군주를 위한 정치입니다. 세금을 돌려주는 행위는 백성으로 하여금 군주를 믿게 하여 더 많은 세금을 거두기 위함입니다. 노자는 백성들이 글자를 알아서도 안 되고, 세금을 돌려주는 이유도 말해주어선 안 된다고 합니다. 그가 정치를 물처럼 하라고 말한 것은 백성으로 하여금 스스로 복종하게 하여 군주가 더 강력하게 지배하도록 하기 위함입니다.

한편 장자는 춘추전국시대에 수많은 제후국이 전쟁을 벌이고, 그 영향으로 백성들이 가난과 죽음으로 내몰리는 일이 되풀이되는 까닭을 알고자 고민했습니다.

"서로가 다름을 이해하지 못하고, 다름을 존중하기 않기 때문이다."

'나는 옳고 너는 틀리다'라는 생각은 사람 사이에 갈등만 일으킬 뿐입니다. 저마다 옳고 그름의 기준이 다르므로 시시비비를 따지는 대신 자연의 이치를 따르는 것이 순리라고 장자는 생각했습니다. 그의 생각에 따르면 인간과 세계, 자연과의 조화와 균형을 유지하며 살아가는 것이 중요하며 살아 있는 모든 존재는 평등하게 대우받아야 합니다.

묵자와 양주, 민주주의를 강조하다

묵자는 약육강식의 춘추전국시대에 어지러움을 바로잡기 위해서는 차별 없는 사랑인 '겸애兼愛'가 있어야 한다고 주장했습니다. 사람들이 자기만 사랑하고, 자신의 가족만 사랑하고, 자신의 나라만 사랑해서 세상이 혼란스럽고 불행해졌다고 보았습니다.

"천하가 모두 서로 사랑한다면 제후국들이 서로 침략하지 않을 것이다. 다른 집안끼리도 서로 싸우지 않을 것이고, 도둑과 강도도 없어지겠지."

차별 없는 사랑! 무척 멋진 말이지만 당대에 인정받지 못한 묵자의 이 사상은 오히려 인권 존중, 전쟁과 차별 반대 등 현대 민주주의와 비슷한 측면을 가지고 있습니다. 춘추전국시대에 서양의 정치 개념인 민주주의가 있었다니 조금 놀랍습니다.

묵자가 차별 없는 사랑을 강조했다면, 양주는 다른 사람을 사랑하기 전에 먼저 '자기 자신부터 사랑하라'라고 목소리를 높였습니다. 한번은 묵자의 제자가 양주에게 "선생의 털 한 올을 뽑아 세상을 이롭게 한다면 어찌하겠는가?"라고 물었습니다. 그러자 양주는 이렇게 답했습니다.

"내 몸의 털 한 올을 뽑아 세상을 이롭게 할 수 있다고 해도 나는 그렇게 하지 않겠다."

양주의 대답은 마치 자신만 아는 이기주의의 끝을 보여주는 듯합니다. 그러나 털이 아닌 다리를 자르라는 뜻이라면 어찌 받아들일까요? 털이 없으면 피부는 존재하지 않고, 피부가 없으면 사람의 다리는 있을 수 없습니다. 양주의 말은 다리가 아닌 아무리 털 한 올이라도 가볍게 보면 안 된다는 뜻을 내포합니다. 국가 차원에서 봤을 때 나라 전체의 이익을 위해 백성의 이익을 무시한다면 어떻게 될까요? 백성 한 사람 한 사람을 소중히 여겨야 세상도 평화로워진다는 양주의 사상은 현대 민주주의와 그 맥을 같이 합니다. 개인주의는 개인의 권리나 자유를 존중하는 입장으로, 이는 민주주의의 기초가 됩니다. 양주의 사상은 이기주의보다 한 사람의 삶 그 자체를 목적으로 존중하는 개인주의로 보아야 하지 않을까요?

순자와 한비자, 예와 법을 강조하다

맹자가 인간은 선천적으로 선하다는 주장으로 유학을 계승할 때 맹자보다 70년 뒤에 태어난 순자는 인간이 선천적으로 악하다는 성악설性惡說을 주장했습니다.

"사람의 본성은 원래 악하다. 사람은 태어나면서부터 이익을 추구하게 마련이다. 그대로 내버려두면 서로 싸우고 빼앗아 절대 양보하지 않을 것이다" 그래서 모든 사람이 자기 본성대로 행동한다면 세상은 엉망이 되고 말 것이라고 말했습니다.

유가의 전통을 따르면서 성악설을 주장하는 순자를 보면 서양의 철학자 홉스가 떠오릅니다. 홉스는 자연상태인 인간 세계를 '만인에 대한 만인의 투쟁'으로 여겼기 때문입니다. 그러나 순자가 말한 '악'은 나쁘다는 의미보다 동물 같은 본능을 말합니다. 사람 역시 동물일 뿐이고, 본능을 이겨내기 위해 끊임없이 노력하고 예를 배우고 실천해야 한다는 것입니다.

공자보다 200년 뒤에 태어난 순자가 마주한 춘추전국시대 당시에 세상은 훨씬 더 혼란스러워졌고, 전쟁도 빈번히 또 대규모로 일어났습니다. 그래서 맹자의 성선설은 성인군자에게 적용될 뿐 일반 백성들에게는 살아남기 위한 현실적인 욕구(악한 본성)가 더 강했습니다. 그래서 순자는 그 본성을 극복하는 길이 '강한 군주'의 등장뿐이라고 생각했습니다. 백성이 혼자 힘으로 악한 본성을 극복하기 힘들기 때문에 스승의 도움과 사회적 규범(예)를 따라야 한다고 강조했지요.

순자의 '강력한 군주'는 그의 제자 한비자에게 계승됩니다. 한비자는 군주는 어떤 계략을 짜고, 어떤 대책을 세워야 하는지, 군주는 또 무엇을 조심해야 하는지, 군주의 눈과 귀가 막히지 않도록 하려면 어떻게 해야 하는지, 또 어떻게 하면 권력을 독차지할 수 있는지, 군주의 자리를 빼앗기지 않으려면 어떻게 해야 하는지 등을 물었습니다.

한비자는 '법'을 통해 강력하게 국가를 통치하고자 했기에 상과 벌을 잘 운용하는 것이 그가 생각한 군주의 통치 철학이었습니다. 이런 그의 사상을 법가法家라고 일컬었으며 법가 사상은 이후 각 나라의 군주들에게 환영을 받았고, 특히 진나라의 통치 철학으로 반영되었습니다. 법을 통해 나라를 부강하게 하고 군사력을 키워서 마침내 춘추전국시대를 통일한 사람이 진나라의 진시황입니다.

손자와 오자, 병법을 강조하다

제자백가 중에는 병가兵家라고 부르는 군사와 전쟁에 관련된 병법을 연구하는 철학자들도 있었습니다. '적을 알고 나를 알면 백 번 싸워도 두렵지 않다'라는 말로 유명한 《손자병법》을 쓴 손자, 목적을 위해 수단과 방법을 가리지 않았고 전쟁에서 단 한 차례도 패하지 않았던 《오자병법》을 쓴 오자입니다. 이들도 법가 못지않게 군주들에게 인기가 많았습니다.

여러분, 강력한 법의 통치로 국가를 운용한 진나라는 태평성대를 이루며 국가를 잘 유지했을까요? 중국을 통일한 이후 진시황이 죽자 바로 반란이 일어나면서 결국 멸망하고 말았습니다. 법으로 세운 나라가 법을 지키지 못했다며 반란을 일으킨 자는 빈농 출신의 하급 관리인 진승과 오광입니다. 이들은 동아시아 역사에서 지금도 회자되는 유명한 말을 했지요.

"왕후장상의 씨가 따로 있다더냐!"

누구나 왕과 제후, 장군, 재상이 될 수 있다는 말과 함께 그 유명한 한나라의 유방과 초나라의 항우로 다시 분열되어 한나라의 통일로 막을 내립니다.

《왜 그렇게 생각해?》는 동아시아 철학의 뿌리인 제자백가 사상들이 어떤 이유로 세상에 나오고, 어떻게 발전하고 또 사라졌는지를 보여줍니다. 유교는 유학이란 이름으로 지금도 동아시아의 정신 세계에 강한 영향을 미치는 철학으로 우리의 삶에 녹아들어 있지요.

1. 인간은 태어날 때 선하게 태어날까요? 악하게 태어날까요? 그 이유는 무엇인가요?

   인간은 (선/악)하게 태어난다.
   왜냐하면

2. 노자는 물이 '부드러우면서도 강한 것'이라고 했습니다. 군주가 정치를 물처럼 해야 한다고 말한 이유는 무엇일까요?

3. 양주는 "내 몸의 털 한 올을 뽑아 세상을 이롭게 할 수 있다고 해도 나는 그렇게 하지 않겠다."라고 말했는데요. 그는 왜 이렇게 말했을까요?

Philosophy Book 29

《논어, 공자와 제자들의 인생 수다》
2,500년을 뛰어넘은 공자의 가르침

김성호 | 사계절 | 2018.9

너희가 공자를 아느냐?

"선생님, 어제 할아버지께 인터넷 사용법을 설명하니 할아버지께서 '요 녀석이 할애비한테 공자 왈, 맹자 왈 하는구나' 하시던데 그게 무슨 말인가요?"

할아버지, 할머니께서 많이 쓰는 '공자 왈, 맹자 왈'이라는 말은 '공자님이 말씀하셨다', '맹자 가라사대'라는 뜻입니다. 조선시대 유교적 가르침이나 도덕적 가르침을 일컫는 말인데 흔히 어려운 문자(단어)를 써 가며 유식한 체한다고 놀리는 뜻으로 쓰이기도 합니다.

그러면 '공자 왈'이라는 표현이 나오는 《논어》는 무슨 책일까요?

《논어》는 공자의 제자들이 스승의 말씀을 기록한 책으로, 의논하여 편집하다는 뜻의 '논의할 논論'과 공자님의 말씀이라는 것을 나타내는 '말씀 어語'가 합쳐진 말입니다. 공자가 세상을 떠나고 100년 뒤 제자들이 쓴 책입니다. 모두 20편으로 구성되어 있고, 521개의 문장으로 이루어져 있지요. 대부분의 내용이 공자와 제자 간에 있었던 일들이나 대화입니다.

공자는 키 2미터가 넘는 거구인 데다 힘 또한 장사였지만 그의 제자들도 그 못지 않게 건달이거나 전과자, 부자, 가난뱅이, 뺀질한 학생 등 개성이 강한 제자들이었지요. 공자가 그런 제자들과 학문과 정치, 도덕에 대해 토론을 했으니 때론 진지하고 때론 웃기고 기막힌 장면도 있습니다.

《논어, 공자와 제자들의 인생 수다》는 제목 그대로 공자와 제자들이 나눈 수다 같은 이야기들을 담았습니다. 수다란 쓸데없이 말수가 많음을 뜻하지요. 그런데 동양철학의 대학자이자 근엄하고 인자한 공자님이 간혹 제자의 뒷담화를 하기 시작합니다. 이 책을 통해 《논어》에서 밝힌 공자가 의외로 화도 잘 내고, 잘 삐지고, 때론 털털한 성격에 풍부한 감정을 가진 사람이었다는 것, 그래서 공자도 우리와 다를 바 없는 평범한 한 사람으로 느끼게 될 것입니다.

춘추전국시대에 살았던 공자

공자가 살았던 시대는 중국 역사에서 100여 개의 나라로 나뉘어 싸우던 춘추전국시대였습니다. 폭악스러운 은나라의 주왕을 몰아내고 주나라를 건국한 무왕은 자신을 따르던 공신과 왕족들에게 땅을 두루 하사합니다. 이를 제후국이라고 하지요. 그런 주나라도 200여 년의 시간이 흐르자 부패하기 시작했고, 제후국들은 이제 주나라 왕실을 버리고 스스로 왕이라는 칭호를 사용하기 시작했습니다. 140여 개의 제후국들은 진나라의 진시황이 중국을 통일하기 전까지 549년 동안 치열하게 경쟁하고 싸웠습니다.

춘추전국시대는 일명 약육강식의 시대로 백성들이 살기 힘든 시기였습니다. 공자는 이러한 혼란을 바로잡고, 인류가 인간다움을 회복해야 한다고 생각했습니다. 초창기 주나라의 질서로 돌아가야 한다며 정명론을 주장했지요. 왕이라는 명칭에 따라 왕답게, 신하라는 명칭에 따라 신하답게 정치하고 행동하라고 지적한 것입니다. 주나라 왕실이 있음에도 제후국들이 반란을 일으켜 하극상을 벌이는 일들을 비판한 것이지요.

어떤 사회나 조직이든 그에 걸맞는 직책과 책무가 주어집니다. 회사에서 개발팀의 부장이 자신의 직책은 등한시한 채 인사팀 업무에 관여한다면 정상이 아니지요. 영업팀 부장이 영업은 하지 않고 개발팀의 일에 개입한다면 두 팀 모두 제대로 된 일과 성과를 이루기 어렵습니다. 개발팀은 개발자로서의 일, 영업팀은 영업자로서의 일이 있으니 각자 맡은 일을 잘하는 것이 공자의 정명사상입니다. 명분을 바로 세우라는 것입니다.

공자의 조국 노나라도 왕이 있었지만 대부라고 불리는 계손 씨와 숙손 씨, 맹손 씨가 왕보다 더 큰 힘을 발휘했습니다. 이들로부터 쫓겨나게 된 공자는 자신의 사상을 받아줄 나라를 찾아 제자들과 함께 기나긴 여행을 시작했지요.《논어》의 시작입니다.

정의로운 용기가 필요하다

공자의 제자 중 자로는 단순무식하고 힘이 세며 할 말은 하고 마는 급한 성격의 소유자였습니다. 건달이었던 그의 눈에 공자는 점잖은 척, 아는 척, 착한 척하는 재수 없는 인간이었지요. 그런 자로가 공자를 만나 단번에 그의 제자가 됩니다.

자로가 공자에게 "군자는 용기라는 단어를 숭상하겠지요?"라고 물었습니다. 공자는 이렇게 말했지요.

"그렇지 않다. 군자는 용기보다 정의를 중요하게 여긴다."

그러면서 군자가 용기만 있고 무엇이 정의인지 알지 못하면 난을 일으킬 뿐이고, 또한 소인이 용기만 있고 정의로움이 뭔지 모르면 도적이 될 뿐이라고 답합니다.

힘이 세고 자신의 용맹을 과시하고픈 자로에게 공자는 '진정한 용기는 정의를 바탕으로 해야 한다'라고 깨우쳐 줍니다.

한번은 같은 질문에 다른 대답을 한 경우도 있는데 자로와 또 다른 제자 염유, 두 사람이 "옳은 말을 들으면 곧 실천해야 합니까?"라고 물었습니다. 이에 공자는 자로에게 "부모형제가 있는데 어찌 듣는 대로 곧 행하겠느냐?"라고 답하고, 염유에게는 "들으면 곧 행해야 한다."라고 말했습니다. 이 모습을 지켜본 제자 공서화가 같은 질문을 한 자로와 염유에게 다른 답을 들려준 이유를 물었습니다. 공자의 답은 이랬지요.

"염유는 소극적이기 때문에 적극적으로 나서게 한 것이고, 자로는 늘 앞질러 나가는 성격이라 뒤로 물러서도록 한 것이다."

공자는 제자들의 성격까지 고려해 맞춤식 조언, 눈높이 교육을 한 것이 아닐까요? 공자는 특히 싸움을 좋아하고 논리보다는 힘을 내세우고, 원칙보다는 우격다짐에 익숙한 자로에게 진정한 지식은 자신의 무지를 알고 배우는 것이라고 충고했습니다. 그리고 항상 신중하게 행동하기를 바랐습니다.

"자로야, 아는 것이 뭔지 아느냐? 아는 것을 안다고 하고 모르는 것을 모른다고 하는 것, 이게 아는 것이다."

서양철학의 아버지 소크라테스도 '나는 내가 모르는 것을 안다'라고 말하며 사람들이 스스로의 무지를 깨달을 때 철학과 지식이 시작된다고 강조했습니다. 동서양의 두 대학자들이 바라보는 관점이 같아 보입니다.

말보다 행동으로 보여라

자공은 공자의 제자가 되기 전에 손대는 사업마다 대박을 터뜨린 능력 있는 사업가였습니다. 자공의 후원으로 공자의 서당은 재정적으로 어려움이 없었습니다. 자공은 사업 수완뿐 아니라 뛰어난 상황판단 능력과 현란한 말솜씨까지 겸비한 우수한 외교관이었습니다. 강대국 제나라가 노나라를 침략하려 하자 그는 여러 나라를 찾아다니며 노나라를 구합니다. 자공의 명성이 스승보다 더 유명해지는 순간입니다. 그런 자공이 "어떻게 하면 군자가 됩니까?" 하고 스승에게 물었습니다. 공자가 대답했지요.

"먼저 말하고자 하는 바를 실천하고 그 뒤에 말을 해야 한다."

군자란 인을 실천하는 사람입니다. 인이란 다른 사람을 아끼고 사랑하는 마음이지요. 공자에게 군자란 도덕의 완성자이니 공자로부터 들을 수 있는 최고의 칭찬입니다. 그런데 공자의 싸늘한 대답에 자공은 섭섭했을 수도 있습니다. 뛰어난 연설로 노나라를 구한 자신에게 존경하는 스승이 칭찬해줄 줄 알고 던진 질문이었기 때문입니다. 덧붙여 공자는 말했습니다.

"듣기 좋은 말과 상냥한 표정으로 남의 기분을 맞추는 사람치고 진실한 사람은 드물다. (…) 간사한 사람, 아첨 잘하는 사람, 말만 번지르르한 사람, 이 셋과 사귀면 손해를 본다."

공자는 말이 많은 사람을 싫어했습니다. 공자가 한번은 자천이란 제자를 보고 '군자답다'라고 말하자 자공은 자신은 어떻냐고 물었습니다. 이에 공자는 "너는 그릇이다."라고 말했습니다. 자공은 또 크게 실망했지요. 예전에 공자가 '군자는 그릇이 아니다'라고 말했기 때문입니다. 실망한 자공에게 공자는 "자공은 제사용 그릇이다."라고 합니다. 당시 제사용 그릇은 옥으로 만든 귀한 물건이었기에 아직 군자가 되진 못했지만 자공을 큰 그릇으로 인정한 것입니다.

여기서 그릇이란 일반적인 도구, 쓰임, 즉 하나의 수단을 말합니다. 그러나 군자는 도덕의 완성자로서 큰일을 해야 하는 사람입니다. 특정하게 주어진 일을 잘하는 전문가가 되어서는 안 되지요. 자공이 자신의 능력을 믿고 지나치게 오만하고 교만해질까봐 공자가 엄하게 대했던 것입니다. 자공은 훗날 높은 벼슬을 하며 공자가 죽는 순간까지 스승의 곁을 지킵니다. 공자가 죽자 3년 상을 치르며 공자의 업적을 정리하여 훗날《논어》의 탄생에 기여합니다.

효는 공경심에서 우러나온다

불과 100년 전만 해도 부모님이 돌아가시면 자식들은 3년상을 치뤘습니다. 부모님의 묘소 옆에 움막을 짓고, 3년 동안 제사를 지내며 애도를 했던 것입니다.《논어》'재아宰我' 편에서 제자 재아는 3년상이 비효율적이라며 1년으로 기간을 줄여야 한다고 공자와 논쟁을 벌입니다. 공자가 이렇게 말했습니다.

"너는 부모가 돌아가신 지 1년 만에 비단옷을 입고, 고기 먹고, 술 먹으면 편하느냐?"

이에 재아가 그렇다고 하자 공자는 "네가 편하다면 그렇게 하라."라고 합니다. 공자가 살던 당시에도 농사일을 놔두고 3년상을 치르는 것은 비효율적이었습니다. 재아의 말이 논리적으로 틀린 것은 없지만 재아가 자리를 떠난 후 천하의 공자도 제자의 뒷담을 합니다.

"재아는 사랑이 무엇인 줄 모르는 놈이다. 자식을 낳은 지 3년이 된

후에야 자식은 부모의 품에서 벗어난다."

덧붙여 3년상은 온 천하에 공통되는 상례라고 말하며, 재아도 그의 부모한테서 태어나고 3년 동안 사랑을 받았을 텐데 왜 그런 생각을 하는지 안타까움을 감추지 못합니다.

재아는 현실적이고 실리주의적인 태도를 취해 도덕과 예를 자주 가볍게 여겨 공자로부터 늘 꾸중을 들었습니다. 한번은 재아가 학문을 게을리하고 평상에서 낮잠을 자고 있자 "썩은 나무에 조각을 할 수 없고, 썩은 흙으로는 담을 쌓을 수도 없다." 하며 재아를 비난하기도 했지요.

"내가 예전에는 사람을 볼 때 그 사람이 하는 말만 듣고도 그를 믿었다. 이제는 그 말을 들어도 행동까지 보고서야 그 사람을 믿게 되었다. 모두 재아 덕분에 바뀐 것이다."

뒷끝 있는 공자네요. 재아는 3천 명의 공자 제자 중에서도 열 손가락 안에 드는 인재였습니다. 그러나 자신의 주장이 맞다면 스승에게도 배짱 있게 맞선 당돌한 제자였지요.

훌륭한 스승과 훌륭한 제자들

공자의 제자 중 안회는 스승의 말에 질문 없이 듣기만 하여 한때 공자로부터 '바보 아닌가?' 하는 의심을 샀습니다. 학문이 뛰어나고 배운 대로 실천하는 안회를 보고 공자가 '나보다 더 낫다'라고까지 말했지만 안회가 서른한 살의 나이에 세상을 떠나자 공자는 어린애처럼 울었다고 합니다.

재주는 뛰어나지만 소극적이었던 염유는 공자로부터 의지가 부족하다며 꾸지람을 자주 들었습니다. 그런 염유가 노나라 계손 씨 가문에서 벼슬을 하면서 계손 씨 집안의 부를 크게 키우자 공자는 그를 비난했습니다. 계손 씨 가문의 부가 늘어난 것은 백성들로부터 세금을 많이 거두었기 때문이었습니다. 그러나 염유가 소극적이었다는 것은 그만큼 신중하다는 뜻입니다. 염유는 힘 없는 노나라 왕실보다는 힘이 센 계손 씨 가문으로부터 노나라의 희망을 본 것이 아닐까요? 실제 공자가 망명을 끝내고 노나라로 돌아올 수 있었던 것도 염유 덕분이었습니다.

여러분, 공자는 결국 자신의 이상을 실현시키지 못하고 죽고 맙니다. 3천 명의 제자들이 훗날 유교라는 이름으로 공자의 사상을 중국에 뿌리 내리게 합니다. 약육강식의 춘추전국시대는 한비자로 대표되는 법가 사상이 진나라에 받아들여져 결국 진시황이 천하를 통일했지요. 강력한 법치로 천하를 통일한 것입니다. 하지만 진나라는 30년 후, 결국 멸망하고 중국은 다시 혼란의 시대로 접어듭니다. 그후, 유교는 중국의 왕조 국가에서 국가 통치 이념으로 자리잡습니다.

《논어, 공자와 제자들의 인생 수다》는 공자를 옆집 아저씨처럼 인간적으로 그리면서도 우리에게 묵직한 교훈을 던집니다. 2,500년 전 쓴 《논어》가 지금도 읽히는 것은 사람들이 바뀌어도 세상의 이치나 원칙, 진리는 변하지 않고 우리 삶에 녹아 있기 때문입니다. 유교에서 말하는 인의예지와 도덕성 회복은 지금 우리에게도 여전히 필요합니다.

 철학자처럼 생각하기

1. 공자의 정명론을 설명하고 그 예를 한번 써봅시다.

2. 공자는 '듣기 좋은 말과 상냥한 표정으로 남의 기분을 맞추는 사람치고 진실한 사람은 드물다'라고 합니다. 이 말에 해당하는 사람이 누구인지 한번 떠올려 보고 그 모습을 써봅시다.

3. 공자가 자공에게 '너는 그릇이다'라고 했을 때 자공은 실망합니다. 그러나 공자가 자공에게 이렇게 얘기한 이유는 무엇일까요?

《10대를 위한 정의란 무엇인가》
정의로운 사람으로 성장하자

신현주 | 미래엔아이세움 | 2014.11

어떤 선택이 정의로운 걸까요?

시속 100킬로미터의 기차가 선로 위에서 한창 작업 중인 다섯 명의 사람을 향해 달려 오고 있어요. 기차는 절대 멈출 수 없는 상황이지요. 그런데 그때 오른쪽에 비상철로가 보이고 거기서 한 명의 사람이 일하고 있습니다. 어떻게 해야 할까요?

철로를 바꿔 한 사람을 희생하고 다섯 사람의 목숨을 구하는 것이 옳을까요? 더 많은 사람의 목숨을 구한다 해도 죄 없는 한 사람을 죽게 하면 안 될까요? 여러분이 기차를 운전한 기관사라면 어떻게 할 건가요? 그리고 비상철로에 있는 한 사람이 나의 가족이라면 어쩌지요?

《10대를 위한 정의란 무엇인가》는 2010년대에 한국사회에 뜨거운 화두를 던졌던 《정의란 무엇인가》를 10대가 읽을 수 있게 쓴 책입니다. 《정의란 무엇인가》는 공리주의, 자유주의, 공동체주의의 철학을 이해해야만 읽을 수 있는 어려운 철학책인데도 수많은 사람이 이 책을 읽은 것은 그만큼 '정의'에 대해 관심이 컸다는 방증입니다.

한번 생각해봅시다. 다수의 행복을 위해 소수가 희생되는 것, 정당하게 번 돈에 세금을 많이 매기는 것이 정당할까요? 백인이라서 불합격되거나 유색인종이라서 특혜를 받아 합격했다는 차별은 옳은 일인가요? 또 과거 조상의 잘못을 현재의 우리가 사과해야 한다는 생각은 어떤가요? 살아가면서 이런 일들을 많이 겪습니다.

여러분, 조금 어렵게 느껴지지만 반드시 우리가 알아야 할 정의의 세계로 들어가볼까요?

배부른 돼지보다 배고픈 인간이 되리라

영국 철학자 제레미 벤담Jeremy Bentham에게 한 사람이 고통을 받고, 더 많은 사람이 행복하다면 그것은 옳은 선택입니다. 벤담에게 도덕의 원칙은 '행복의 극대화'이기 때문입니다. 이런 철학을 '공리주의公理主義'라고 합니다. 공리주의란 공공의 이익을 우선하는 사상입니다. 사회는 개인이 모여서 이루어진 것이므로 더 많은 사람이 행복한 것이 선이고 도덕인 것이죠.

어떤 선택을 할 때 결정이 나지 않으면 보통 다수결로 정합니다. 일상 속에서 수없이 선택하는 다수결의 원칙이 대표적인 공리주의입니다. 누군가가 더 좋은 것, 즉 쾌락을 선택하는가에 달려 있지요. 그런데 쾌락의 정도가 누구에게나 똑같을까요? 사람마다 차이가 없을까요?

TV에서 음악 프로그램과 스포츠 프로그램이 같은 시간대에 방송되고 있습니다. 어떤 것을 볼까요? 이때 벤담은 어떤 것이든 상관 없고 더 많은 사람이 보는 것이 좋은 것이라 말합니다. 그러나 영국 경제학자 존 스튜어트 밀_John Stuart Mill_은 많은 사람이 행복해야 하지만 행복에도 질적 차이가 있기 때문에 더 높은 차원의 행복을 이룰 수 있게 하는 것이 옳은 일이라고 합니다. 밀은 스승인 벤담의 양적 쾌락을 버리고 질적 쾌락인 '행복'을 선택합니다. 이런 밀의 철학을 '질적 공리주의'라고 합니다.

"배부른 돼지보다 배고픈 인간이 되는 것이 더 바람직하고, 만족스런 바보가 되기보다는 불만족스러운 소크라테스가 더 바람직하다."

자유가 없이 배만 부르면 괜찮다고 보는 벤담의 양적 공리주의보다 밀의 질적 공리주의가 더 나은가요? 밀은 우리가 정의를 실현하고, 시민의 권리를 존중한다면 사회 전반적으로 많은 사람이 더 행복해진다고 합니다.

개인의 권리는 침해하면 안돼

부자에게 더 많은 세금을 부과하는 것은 옳을까요? 찬성론자들은 부자가 세금을 더 많이 내는 것이 사회 전체의 행복을 키운다고 합니다. 반면 개인의 자유를 옹호하는 반대론자들은 정당하게 번 돈에 더 많은 세금을 부과하는 것은 개인의 기본권을 침해한다고 주장합니다.

미국 자유지상주의 철학자 로버트 노직Robert Nozick은 '내가 정당한 방법으로 노동을 해서 얻은 수입에 세금을 매기는 것은 강제 노동하게 한 것과 마찬가지'라고 말합니다. 내가 나 자신을 소유하기에 내가 한 일의 보상을 모두 가져야 한다는 것이지요. 그 어떤 것도 나의 권리를 침해하고 간섭하게 두어서는 안 됩니다.

그런데 내 몸의 주인은 나니까 나의 몸, 나의 소득, 나의 자유를 내 마음대로 한다는 생각이 옳은 것일까요? 왜 국가는 사람들이 자신의 간, 콩팥, 눈 등 장기를 매매하는 것을 금지할까요?

'군대에 지원한다면 월급을 넉넉히 드려요. 그리고 대학 학비와 생활비를 지원해드려요.' 미국의 군인 모집 광고에 적힌 문구인데 자유지상주의자들과 공리주의자들은 이 광고를 찬성합니다. 자유지상주의는 개인들이 자유롭게 합의를 했으니 개인의 자유를 침해하지 말라고 하지요. 공리주의자들도 군대에 가지 않은 사람은 군대에 가지 않아서 행복하고, 돈이 필요한 사람은 돈을 얻어서 행복하니 더 많은 사람이 행복해졌으니 좋은 일이라고 합니다.

그러나 가난 때문에 어쩔 수 없이 군인이 된 사람들이 있습니다. 언제 죽을지도 모르는 전쟁터에 나가야 하는 일을 원하는 사람은 없겠지요. 그리고 국가가 위기에 처했을 때 국방의 의무를 지는 것은 국민으로서 당연한 것 아닐까요? 국방의 의무는 공평한 시민의 책임이므로, 돈으로 병역과 생명을 살 수는 없습니다. '나의 자유'라는 이름으로 병역과 생명을 거래할 수는 없습니다.

현재 남과 북으로 나뉘어 휴전 상태의 국가인 우리나라의 병역법은 징병제입니다. 대한민국에서 국방의 의무는 돈으로 살 수는 없습니다. 그러나 병역특례제도라는 예외적인 경우가 있습니다. 공인된 국제대회나 기관에서 상을 수상해 국익을 떨친 사람에게 병역을 면제해주는 제도입니다. 또 2002년에 열린 월드컵 대회에서 한국 국가대표 축구팀이 4강에 오르자 국가에서 특별법을 제정하여 선수들에게 군 면제 특권을 부여했지요. 그러나 형평성 논란이 끊임없이 일어나 결국 폐지되고 말았습니다. 하지만 급격한 인구 감소로 병역특례제도는 언제든지 논란이 될 가능성이 커지고 있습니다.

우리는 똑같은 출발선에 있을까?

우리는 정의와 평등을 얘기하면서 누구나 똑같이 공평한 기회를 달라고 합니다. 능력위주의 사회란 누구나 공평한 기회를 갖고 오로지 자신의 능력에 따라 자유시장에서 부를 얻을 수 있는 사회입니다. 능력주의 사회는 매우 공정한 사회인 것 같습니다. 그래서 어느 순간 자신이 한 행위에 대해 성공하거나 실패를 해도 모두 '나의 능력' 때문이라고 생각합니다.

달리기 시합을 떠올려볼까요? 모든 사람이 똑같은 출발선에 서서 시합을 합니다. 당연히 발이 제일 빠른 선수가 1등을 하지요. 그런데 빨리 달리는 운동 능력을 타고난 사람이라면 그 능력은 그의 성취인가요?

그건 아닙니다. 우리 사회도 이와 같습니다.

어느 사회에서든지 자신이 태어난 환경에 따라 부와 소득의 분배가 결정되지요. 분명 출발선은 같은데 누군가는 더 많이 갖게 되고, 다른 누군가는 덜 갖게 되는 문제를 어떻게 해결해야 할 수 있을까요?

존 롤스는 능력주의의 불공평함을 없애고자 합니다. 그래서 두 가지 개념을 제시합니다. '무지의 장막'과 '차등의 원칙'입니다. 정의로운 계약이 되기 위해서는 자신이 어떤 성별, 인종, 종교 등을 가졌는지 몰라야 합니다. 무지의 장막이지요. 원초적인 상태에서 도덕적 계약이 가능합니다. 그리고 타고난 재능 같은 자연적인 것을 바로잡아야 합니다. 사회적·경제적 불평등이 있다면 사회적 이익을 가장 어려운 사람들에게 분배해야 합니다. 차등의 원칙입니다.

세계적인 농구선수 마이클 조던은 타고난 재능으로 엄청난 돈을 벌었지만 세금도 많이 내어 재능이 없는 사람들을 도와주어야 하는 것이지요. 그런데 조던은 성공을 위해 엄청난 노력을 한 선수입니다. 그런 노력으로 얻은 결실을 세금으로 많이 내라고 하는 일이 정의로울까요? 하지만 롤스는 노력하고 도전하겠다는 '의지'마저도 그 사람의 노력이 아니라 그가 얼마나 좋은 환경에서 태어났는가를 보여준다고 말합니다. 아니라구요? 미국 농구 스타 르브론 제임스와 자신의 엄청난 노력으로 올림픽에서 금메달을 딴 역도선수를 비교해 생각해봅시다. 이들은 부모로부터 받은 신체적 능력과 엄청난 개인의 노력으로 성공했지만 농구와 역도라는 종목 선택에 따라 각각 발생한 경제적 이익이 너무나 많이 차이 납니다. 이런 경우, 농구를 선택한 것은 우연한 것일까요?

존 롤스의 《정의론》에 담긴 사상은 한국에서도 오래 전부터 제도적으로 반영해 실행하고 있지만, 사회 곳곳에서 공정의 문제로 갈등이 일어나고 있습니다. 왜냐하면 우리 사회는 아직도 출발선조차 공정하지 못하다고 여기는 사람들이 많기 때문입니다. 대표적인 것이 교육 분야의 사회적 배려 대상자 우선 정책입니다. 기초생활수급자 등 경제적 지원을 받는 대상자들에 국한해 상위권 학교나 명문학교에서 우선 선발하는 제도가 있습니다. 그런데 일부 국가 고위층과 전문직 직업군, 대기업 임원, 부자들의 자녀들이 다문화가족, 한부모가족, 조손가정 자녀 등이 받는 제도를 악용해 일반 학생들보다 더 많은 혜택을 받아 상위권 학교에 입학하는 경우가 허다하게 발생합니다.

경제적으로 최상위층에 속하는 자녀들이 부모의 사회적 지위를 이용하여 고등학교 생활기록부를 화려하게 장식하고 국내 최고의 대학에 입학하여 한국사회를 떠들썩하게 만드는 일이 한두 번이 아닙니다. 한국사회에서는 존 롤스의 사회정의론을 이해하기도 전에 능력위주의 사회의 출발선 자체부터 '정의롭지 못하다'라는 사실의 반증입니다.

모든 사람이 가져야 할 미덕

아리스토텔레스는 정의란 사람들에게 그들이 마땅히 받아야 할 것을 주는 것이라고 말합니다. 롤스가 수입이나 부, 기회를 평등하게 나누어야 한다고 하지만 아리스토텔레스는 자격에 따라 차별적으로 정의가 적용되어야 한다고 합니다. 공정한 분배가 이루어지기 위해서 먼저 목표를 이해하고 그에 따라야 합니다. 예를 들어 학교 테니스장을 나누어 사용할 때 교직원이나 학생, 돈을 많이 기부한 사람이 아니라 먼저 테니스 선수부터 쓰게 해야 하는 것이지요. 그러면 사회적 행동의 목적을 따지고 따르는 아리스토텔레스의 정의는 옳을까요?

아리스토텔레스에게 정치의 목적은 좋은 시민을 기르고, 좋은 시민의 덕을 기르는 겁니다. 도덕적 미덕은 그에 준하는 바를 연습해서 습관화해야 합니다. 인간은 더불어 사는 공동체에서 정치에 참여할 때 미덕을 연습하고 실천적 지혜를 가질 수 있습니다. 그래서 정치 권력 또한 최고의 부자나 다수에게 있는 것이 아니라 시민의 자질이 가장 뛰어나고 공동선이 무엇인지 잘 이해하고 실천할 수 있는 사람에게 주어야 합니다. 그래야 더불어 사는 공동체에서 미덕이 형성되고 정의로운 분위기가 조성됩니다.

공동체에서 우리는 과거 조상들의 잘못된 일까지 사과해야 합니다. 나와 우리는 공동체의 일부니까요. 그런데 이것은 또 옳은 일일까요? 과거 역사적 잘못에 대해 내가 책임져야 할 의무는 무엇일까요?

독일은 제2차 세계대전 당시 벌인 유대인 학살 사건에 대해 지금도 반성하고 사죄를 합니다. 그러나 일본은 당시 있었던 수많은 범죄에 대해 해당 피해 국가에 여전히 사죄를 하지 않습니다. 지나간 과거의 일까지 현재 살아가는 사람들의 책임이 있을까요?

함께 살아가는 세상 속의 나

나라는 존재가 자유로운 개인일 뿐이라면 과거에 있었던 조상들의 일에 대해 내가 사과를 할 필요는 없습니다. 그러나 '나'를 공동체의 일부라고 받아들이면 국가라는 공동체의 일원으로서 과거에 일어난 일에 대해 도덕적 책임을 지는 것이 맞습니다.

독일 전 총리 빌리 브란트 *Willy Brandt*가 폴란드의 유대인 추모지에서 무릎 꿇고 사과했듯이 한국의 대통령도 기회가 될 때마다 베트남전쟁 때 일어난 한국군 파병과 민간인 학살에 대해 사과를 합니다. 우리가 진정 어린 사과를 하지 않는다면 우리 또한 일본에 사과를 요구할 수 없습니다.

정의란 어떤 사람에게는 '최대 다수의 최대 행복의 추구'이며, 다른 어떤 사람에게는 '선택의 자유를 존중하는 것'입니다. 또 어떤 사람에게는 '미덕을 키우고 공동선을 고민하는 것'이지요. 샌델은 아리스토텔레스의 입장에 동의합니다. 2,500년 전의 철학자의 사상이 현재에 다시 살아나는군요.

여러분, 정의롭고 좋은 삶을 사는 것이 쉽지 않아 보입니다. 그러나 귀찮다고, 어렵다고, 내 일이 아니라고 외면할 수 없습니다. 정의로운 사회를 위해 시민의식, 희생, 봉사의 미덕을 마음의 습관으로 가져야 합니다. 우리 모두 공동체로서 함께한다는 강한 책임의식과 희생정신이 '정의로운 사회'로 가는 길이니까요.

철학자처럼 생각하기

1. "배부른 돼지보다 배고픈 인간이 되는 것이 더 바람직하고, 만족스러운 바보가 되기보다는 불만족스러운 소크라테스가 더 바람직하다."라는 말의 의미를 설명해봅시다.

2. 존 롤스는 모든 사람이 똑같은 출발선에서 달리기 시합을 하는 것이 왜 공정하지 않다고 말했나요? 여러분의 생각은 어떤가요? 한번 써봅시다.

3. 아리스토텔레스는 정치 권력을 누구에게 주어야 한다고 했나요? 그 이유는 무엇인가요?

아리스토텔레스는 정치 권력을 (　　　　　　　) 에게 주어야 한다고 말했다.

왜냐하면

🌿 **더 읽을거리** 🌿

초등 학년별 철학 필독서

	1~2학년	3~4학년	5~6학년
1	반대 개념으로 배우는 어린이 철학 1, 2 (미래아이)	노마의 발견 1~4 (해냄출판사)	철학통조림 1~4 (주니어김영사)
2	42가지 마음의 색깔 (레드스톤, 2015)	철학자 클럽 (미래아이, 2003)	눈이깊은아이 철학을 말하다 시리즈 (눈이깊은아이)
3	베틀북 초등 철학동화 시리즈 (베틀북)	왜 우리는 생각대로 행동하지 않을까 (시금치, 2019)	나의 권리를 찾는 철학 수업 (알라딘북스, 2017)
4	無·없음에 대하여 생각해 보기 (북비, 2015)	철학하는 어린이 시리즈 (상수리)	초등학생이 알아야 할 참 쉬운 심리학 (어스본코리아, 2022)
5	화가 나는 건 당연해! (비룡소, 2020)	EBS 철학 학교 1~2 (가나출판사)	철학자들의 말말말 (주니어김영사, 2014)
6	행복하다는 건 뭘까? (미세기, 2015)	얘들아, 철학하자! (길벗어린이, 2011)	청소년을 위한 철학 이야기 (미래아이, 2004)
7	거짓말 (길벗어린이, 2009)	초딩, 철학을 말하다 (살림어린이, 2012)	소피의 세계 (현암사, 2015)
8	질문하는 어린이 시리즈 (우리학교)	올망 졸망 철학 교실 (이숲, 2014)	철학의 원리를 사고 파는 철학 상점 (예림당, 2009)
9	그림으로 보는 철학동화 시리즈 (한국헤르만헤세)	그럴 수도 있고, 아닐 수도 있지 (지식공간, 2013)	초등학생이 알아야 할 참 쉬운 철학 (어스본코리아, 2020)
10	칸트키즈 철학동화 시리즈 (엄마마음)	세상에서 가장 쉬운 철학책 (비룡소, 2009)	NEW 서울대 선정 인문고전 60선 (주니어김영사)
11	필로니모 철학 그림책 시리즈 (노란상상)	세상을 이해하는 철학 (형설아이, 2016)	왜 우리는 생각대로 행동하지 않을까 (시금치, 2019)
12	거짓말을 하면 얼굴이 빨개진다 (비룡소, 2006)	어린이 서양철학 1~3 (해냄출판사, 2022)	철학의 숲 (포레스트북스, 2020)
13	철학하는 아이 시리즈 (이마주)	어린이 동양철학 1~2 (해냄출판사, 2022)	안녕 필로 (바람북스, 2022)
14	생각이 꼬리를 무는 철학 수업 (알라딘북스, 2017)	초등학생이 알아야 할 참 쉬운 철학 (어스본코리아, 2020)	4컷 철학교실 (문학수첩 리틀북스, 2008)
15	동화 속 철학 이야기 (다할미디어, 2017)	생각의 힘을 키우는 철학 이야기 (함께자람, 2019)	철학자가 들려주는 철학이야기 1~10 (자음과모음)

초등 철학 필독서 30
초판 1쇄 발행 2024년 5월 13일

지은이 김철홍
펴낸이 정덕식, 김재현

펴낸곳 (주)센시오
출판등록 2009년 10월 14일 제300-2009-126호
주소 서울특별시 마포구 성암로 189, 1707-1호
전화 02-734-0981
팩스 02-333-0081
메일 sensio@sensiobook.com

책임편집 김민혜
디자인 Design IF
경영지원 임효순

ISBN 979-11-6657-149-7 (13590)

이 책은 저작권법에 따라 보호받는 저작물이므로 무단 전재와 복제를 금지하며,
이 책 내용의 전부 또는 일부를 이용하려면 반드시 저작권자와 (주)센시오의 서면동의를 받아야 합니다.

책값은 뒤표지에 있습니다.
잘못된 책은 구입하신 곳에서 바꾸어드립니다.

소중한 원고를 기다립니다. sensio@sensiobook.com